U0906531

传习录

［明］王阳明◎著

王学典◎编译

江苏凤凰科学技术出版社·南京

图书在版编目（CIP）数据

传习录 /（明）王阳明著；王学典编译．— 南京：江苏凤凰科学技术出版社，2018.9（2022.5 重印）

ISBN 978-7-5537-8392-5

Ⅰ．①传… Ⅱ．①王… ②王… Ⅲ．①心学 – 中国 – 明代②《传习录》– 译文 Ⅳ．① B248.25

中国版本图书馆 CIP 数据核字 (2017) 第 130929 号

传习录

著　　者　【明】王阳明
编　　译　王学典
责任编辑　祝　萍
责任监制　方　晨

出版发行　江苏凤凰科学技术出版社
出版社地址　南京市湖南路 1 号 A 楼，邮编：210009
出版社网址　http://www.pspress.cn
印　　刷　天津旭丰源印刷有限公司

开　　本　718 mm × 1 000 mm　1/16
印　　张　18.5
插　　页　2
字　　数　240 000
版　　次　2018 年 9 月第 1 版
印　　次　2022 年 5 月第 3 次印刷

标准书号　ISBN　978-7-5537-8392-5
定　　价　45.00 元

图书如有印装质量问题，可随时向我社印务部调换。

前言

《传习录》是中国明代哲学家、教育家、宋明道学中心学一派的代表人物王阳明的语录和论学书信。王阳明(公元1472—1529年)，原名云，后改名守仁，字伯安，浙江余姚人。因在绍兴会稽山阳明洞侧筑室攻读，创办阳明书院，别号阳明子，世称“阳明先生”。为官至南京兵部尚书。著有《王文成公全书》，其中《传习录》和《大学问》是重要的哲学著作。“传习”一词源出自《论语》中的“传不习乎”一语。《传习录》包含了王阳明的主要哲学思想，是研究王阳明思想及心学发展的重要资料。

《传习录》分上、中、下三卷。卷上是王阳明讲学的语录，由徐爱、陆澄和薛侃所辑而成，卷中主要是出自王阳明亲笔的七封书信，是他晚年的著述，卷下为王阳明去世后陈九川、黄直等人提供并经钱德洪整理的语录，此部分虽未经本人审阅，但较为具体地解说了他晚年的思想，并记载了王阳明提出的“四句教”。该书包含了王阳明学说的全部观点，卷上阐述了知行合一、心即理、心外无理、心外无物、意之所在即为物、格物是诚意的功夫等观点，另外他还强调圣人之学为身心之学，要领在于体悟实行，万万不可把它当作纯知识，仅仅讲论于口耳之间。

王阳明继承了程颢和陆九渊的心学传统，并在陆九渊的基础上进一步批判了朱熹的理学。陆九渊认为心即理，天理、人理、物理只在吾心之中，心是唯一的实在，主张发明本心，无须外求，以“尊德性”为入圣之要，攻朱熹为“支离”；朱熹认为理在心外，以“道问学”为修养阶梯，斥陆九渊为“简易”，两大学派纷争不已。王阳明反对程朱的“知先行后”，主张“知行合一”，说“知是行之始，行是知之成”，行是知的表现形式，是知的补充，“知之真切笃实处即是行，行之明察精觉处即是知”。他反对程朱的“格物致知”，主张“致良知”，说良知即天理，不学而知，不虑而能，为吾心所固有，不假外求；致良知就是“致吾心良知之天理于事事物物，则事事物物皆得其理矣”，使良知明白，就不会违背封建伦理道德的标准。王阳明的学说以“反传统”的姿态出现，实集陆九渊以来心学之大成，并称为陆王心学。明代中期以后，阳明学派影响很大，流行到日本。

《传习录》中提出了“心外无物”“心外无理”的命题，比如深山中的花，“你未看此花时，此花与汝心同归于寂，你来看此花时，则此花颜色一时明白起来，便知此花不在你的心外。”由此强调客体存在价值在于认识主体的依赖作用。《传习录》继承孟子的“良知”说，提出“致良知”的理论。良知既是先天的道德天理，也是七情的自然流行，致良知便是推致实行良知，做到知行合一，此即本体即功夫。他主张从静处体验，在事上磨炼。《传习录》卷下有《朱子晚年定论》，依据部分朱熹思想资料，说明朱子晚年与阳明心学是一致的。

王阳明是明代思想泰斗，他的心学对明后期哲学与文艺影响巨大，其影响一直延续到近代和扩展到东亚。阳明心学强调主体意识和自主精神，反对迷信权威、依傍书本，有平民意识，所以为后世一些进步的社会改革家所赞赏和推崇。当然，他在强调心的作用时，忽视了社会物质条件，也有偏颇的地方。

《传习录》不但全面阐述了王阳明的思想，同时还体现了他辩证的授课方法，以及生动活泼、善于用譬、常带机锋的语言艺术。因此该书一经问世，便受到士人的推崇。本书本着忠实于原著的原则，对原文进行认真核实，并把内容形式分为原文、注释、译文三部分，以便读者更加透彻地解读本书，从中获得熏陶和启迪。

由于编者水平有限，倘有错谬疏漏之处，还望方家不吝赐正。

目录

卷上

爱朝夕炙门下，但见先生之道，即之若易而仰之愈高，见之若粗而探之愈精，就之若近而造之愈益无穷。十余年来，竟未能窥其藩篱。世之君子或与先生仅交一面，或犹未闻其謦欬，或先怀忽易愤激之心，而遽欲于立谈之间，传闻之说，臆断悬度，如之何其可得也？从游之士，闻先生之教，往往得一而遗二，见其牝牡骊黄而弃其所谓千里者。故爱备录平日之所闻，私以示夫同志，相与考而正之，庶无负先生之教云。

徐爱录[1]

※ 原文

先生于《大学》“格物”诸说，悉以旧本[2]为正，盖先儒[3]所谓误本者也。爱始闻而骇，既而疑，已而殚精竭思，参互错综，以质于先生，然后知先生之说若水之寒，若火之热，断断乎“百世以俟圣人而不惑”者也[4]。先生明睿天授，然和乐坦易，不事边幅。人见其少时豪迈不羁，又尝泛滥于词章，出入二氏之学，骤闻是说，皆目以为立异好奇，漫不省究。不知先生居夷三载[5]，处困养静，精一之功[6]固已超入圣域，粹然大中至正之归矣。

爱朝夕炙门下，但见先生之道，即之若易而仰之愈高，见之若粗而探之愈精，就之若近而造之愈益无穷。十余年来，竟未能窥其藩篱。世之君子或与先生仅交一面，或犹未闻其謦欬，或先怀忽易愤激之心，而遽欲于立谈之间，传闻之说，臆断悬度，如之何其可得也？从游之士，闻先生之教，往往得一而遗二，见其牝牡骊黄而弃其所谓千里者。故爱备录平日之所闻，私以示夫同志，相与考而正之，庶无负先生之教云。

门人 徐爱 书

※ 注释

1 徐爱：字曰仁，号横山，浙江余杭人，王守仁的妹夫，也是王守仁的第一位和最得意的门生，有“王门颜回”之称，曾任工部郎中。下文的“爱”即徐爱的自称。2 旧本：指郑玄作注、孔颖达疏解的《礼记·大学》。3 先儒：指程颢、程颐和朱熹。4 “断断乎”句：意为等到百代以后圣人出世也不会有疑惑。语出《礼记·中庸》。5 居夷三载：正德元年（公元1506年），王守仁因上疏抗辩，获罪下狱，后贬谪贵州龙场（今修文县），前后三年。龙场当时尚未开化，故称“夷”。6 精一之功：意为精纯的功夫。语出《尚书·大禹谟》“人心惟危，道心惟微，惟精惟一，允执厥中”。

※ 译文

先生对于《大学》中“格物”等观点，全以“旧本”为准，就是朱熹所说的有很多错误的那本。我刚开始听到时感到很惊讶，继而感到怀疑，过后我苦思冥想，又相互参考比较，又向先生请教，最后我才知道先生的学说就像水之寒冷，火之热烈一样，就算是“百代之后圣人出现也不会有疑惑”。先生天生睿智，为人和蔼坦荡，平易近人，不修边幅。人们只知道先生年少时豪放不羁，又曾经沉溺于诗词文章，钻研佛、道两家的学说，因而突然听到他的学说，都把它看成是标新立异、奇谈怪论，也就不去仔细考究了。他们不知道先生在被贬到贵州的三年里，于困苦中静养修身，精纯的功夫本来就已经超凡入圣，进入绝妙的境界了。

我早晚在先生门下聆听教诲，发现先生的学说，刚接触到时感觉浅显易懂，进而深入研究又觉得十分高深。表面上看好像很粗疏，但认真探究就会觉得越发精妙。刚刚接近时感觉好像很容易达到，但深入到里面去就会越发觉得无穷无尽。十几年来，我竟然没能入门。当下的学者，有的仅与先生有一面之交，有的从未听到过先生的学说，有的开始就怀着轻视、不屑的怨恨之情，因而没谈上几句就急于传闻偏见，主观臆断、妄加揣度。像这样，如何才能真正懂得先生的学说呢？跟从先生的学生，听了先生的教诲，往往是学到一点漏掉两点。就好比相马时，只看见马的雌雄黑黄，而舍去识别千里马的特征这一关键环节。因此，我把平日所听到的言辞完全记录了下来，私底下拿给同学们看，相互考核订正，以不辜负先生的教诲。

学生 徐爱

一

※ 原文

爱问：“‘在亲民’，朱子谓当作‘新民’，后章‘作新民’之文，似亦有据。先生以为宜从旧本作‘亲民’，亦有所据否？”

先生曰：“‘作新民’之‘新’，是自新之民，与‘在新民’之‘新’不同，此岂足为据？‘作’字却与‘亲’字相对，然非‘亲’字义。下面‘治国平天下’处，皆与‘新’字无发明。如云‘君子贤其贤而亲其亲，小人乐其乐而利其利’，‘如保赤子’，‘民之所好好之，民之所恶恶之，此之谓民之父母’[1]之类，皆是‘亲’字意。‘亲民’犹《孟子》‘亲亲’‘仁民’[2]之谓，亲之即仁之也。百姓不亲，舜使契为司徒，敬敷五教[3]，所以亲之也。《尧典》‘克明俊德’便是‘明明德’[4]，‘以亲九族’至‘平章’‘协和’[5]，便是‘亲民’，便是‘明明德于天下’。又如孔子言‘修己以安百姓’[6]，‘修己’便是‘明明德’，‘安百姓’便是‘亲民’。说‘亲民’便是兼教养意，说‘新民’便觉偏了。”

※ 注释

1 “如云”之后所引之语皆出自《大学》。2 “亲亲”“仁民”语出《孟子·尽心上》：“亲亲而仁民，仁民而爱物。”3 “舜使契”二句：舜，传说中的五帝之一。契，商族的始祖，帝喾之子，曾助禹治水有功，被舜封为司徒，掌管教化之职。敷，布、施。五教，五种伦理道德，即父义、母慈、兄友、弟恭、子孝。4 “《尧典》”句：克明俊德，语出《尚书·尧典》“克明俊德，以亲九族”。俊，通峻，高大貌。明明德，语出《大学》，意为弘扬善良的德行。5 “以亲”句：语出《尚书·尧典》“克明俊德，以亲九族。九族既睦，平章百姓。百姓昭明，协和万邦，黎民於变时雍”。6 “修己以安百姓”语出《论语·宪问》：“修己以安百姓，尧舜其犹病诸！”

※ 译文

徐爱问：“《大学》中的‘在亲民’，在朱熹看来应当写作‘新民’，后面一章有‘作新民’一句，好像也可以作为依据。先生认为最好还是依照旧本作‘亲民’，也有什么依据吗？”

先生说：“‘作新民’中的‘新’，是自新之民的意思，与‘在新民’中的‘新’不同，前者怎么能作为后者的依据呢？‘作’与‘亲’相对应，但并不是‘亲’的意思。下面‘治国平天下’等处，都对‘新’字没有发表阐述。如：‘君子贤其贤而亲其亲，小人乐其乐而利其利’，‘如保赤子’，‘民之所好好之，民之所恶恶之，此之谓民之父母。’等等，这些都是‘亲’的意思。‘亲民’就像《孟子》中所说的‘亲亲’‘仁民’，‘亲之’就是‘仁之’的意思。百姓不和睦，舜就让契担任司徒，‘敬敷五教’，用来使他们互相亲近。《尧典》中说的‘克明俊德’就是‘明明德’，‘以亲九族’到‘平章’‘协和’，就是‘亲民’，就是‘明明德于天下’。又比如孔子说‘修己以安百姓’，‘修己’就是‘明明德’，‘安百姓’就是‘亲民’。说‘亲民’就是兼有教化养育的意思，朱熹说‘新民’就显得褊狭了。”

二

※ 原文

爱问："'知止而后有定'，朱子以为'事事物物皆有定理'[1]，似与先生之说相戾？"

先生曰："于事事物物上求至善，却是义外[2]也。至善是心之本体，只是'明明德'到至精至一处便是，然亦未尝离却事物，本注[3]所谓'尽夫天理之极，而无一毫人欲之私'者得之。"

※ 注释

1 知止而后有定：语出《大学》。事事物物皆有定理：这是朱熹对"知止而后有定"的解释。语出朱熹《大学·或问》"能知所止，则方寸之间，事事物物皆有定理矣"。2 义外：语出《孟子·告子上》"告子曰：'食、色，性也；仁，内也，非外也。义，外也，非内也。'"。孟子反对告子义在心外的观点，认为仁和义都在人心之中。3 本注：即朱熹《大学章句》第一章注："明明德新民，皆当止于至善之地而不迁。盖必其有以尽夫天理之极，而无一毫人欲之私也。"

※ 译文

徐爱问："《大学》中的'知止而后有定'，朱熹以为是说万事万物都有特定的道理，这似乎与先生的学说相违背呀？"

先生说："在万事万物上探究至高无上的善，就是把义看成外在的东西了。至高无上的善是心的本体，只要'明明德'达到至精至一的地步便是至善了，显然也没有脱离客观事物。朱熹在《大学章句》中说'只有穷尽天理，而没有一丝一毫的私心杂念'的人才能达到至善境界。"

三

※ 原文

爱问："至善只求诸心，恐于天下事理有不能尽。"

先生曰："心即理[1]也。天下又有心外之事、心外之理乎？"

爱曰："如事父之孝，事君之忠，交友之信，治民之仁，其间有许多理在，恐亦不可不察。"

先生叹曰："此说之蔽久矣，岂一语所能悟！今姑就所问者言之。且如事父，不成去父上求个孝的理；事君，不成去君上求个忠的理；交友治民，不成去友上民上求个信与仁的理。都只在此心，心即理也。此心无私欲之蔽，即是天理，不须外面添一分。以此纯乎天理之心，发之事父便是孝，发之事君便是忠，发之交友治民便是信与仁。只在此心去人欲存天理上用功便是。”

爱曰：“闻先生如此说，爱已觉有省悟处，但旧说缠于胸中，尚有未脱然者。如事父一事，其间温清定省[2]之类，有许多节目，不亦须讲求否？”

先生曰：“如何不讲求？只是有个头脑，只是就此心去人欲存天理上讲求。就如讲求冬温，也只是要尽此心之孝，恐怕有一毫人欲间杂；讲求夏清，也只是要尽此心之孝，恐怕有一毫人欲间杂。只是讲求得此心。此心若无人欲，纯是天理，是个诚于孝亲的心，冬时自然思量父母的寒，便自要求个温的道理。夏时自然思量父母的热，便自要求个清的道理。这都是那诚孝的心发出来的条件，却是须有这诚孝的心，然后有这条件发出来。譬之树木，这诚孝的心便是根，许多条件便是枝叶，须先有根，然后有枝叶，不是先寻了枝叶，然后去种根。《礼记》言‘孝子之有深爱者必有和气，有和气者必有愉色，有愉色者必有婉容[3]’须是有个深爱做根，便自然如此。”

※ 注释

1 心即理：王守仁学说的核心命题。2 温清定省：语出《礼记·曲礼上》。温，冬天让父母温暖；清，夏天让父母凉快；定，夜里让父母睡得安稳；省，早上向父母问安。3“孝子”句：语出《礼记·祭义》。

※ 译文

徐爱问：“只在心中探求至善，恐怕世上万事万物的道理，是不能穷尽的。”

先生说：“心就是天理，世界上哪还有存在于人心之外的事物和道理呢？”

徐爱说：“就像侍奉父亲的孝心，辅佐君王的忠心，结交朋友的诚心，治理百姓的仁心，这其中都有很多的道理，恐怕也不能不去考察吧。”

先生慨叹道：“这种说法蒙蔽人很久了，岂是一句话就能说得清的！现在姑且就你所问的来说。就像侍奉父亲，不能从父亲身上求得孝的道理；辅佐君王，不能从君王身上求得忠的道理；结交朋友、治理百姓，不能从朋友身上、百姓身上求得信和仁的道理。这些道理都在人的心中，人心就是天理。人心没有被私欲蒙蔽，就是天理，不需要从外面增添一分。以这种纯属天理的心，用到侍奉父亲上就是孝，用在辅佐君王上就是忠，用到交友、治民上就是信和仁。只要再去掉心中的私欲、存养天理上用功就行了。”

徐爱说：“听先生这么说，我已经觉得有点醒悟了。但是以前的学说仍然在我心中纠缠，还有没摆脱的地方。比如侍奉父亲这件事，其中使父亲冬暖夏凉、早晚向他问安等等，有很多细节，不也需要讲求吗？”

先生说：“怎么能不讲求呢？只是要有个主次，只要在摒弃私欲、存养天理上讲求就行了。就像讲求父母冬天的保暖问题，也仅仅是要尽一尽自己的孝心，生怕有丝毫的私心杂念存在其中；使父母夏天凉快，也只是想尽尽孝心，生怕有丝毫私欲夹杂在里面。只是讲求这份心。这份心如果没有任何私欲，纯属天理，是颗虔诚孝敬的心，冬天自然会考虑父母的寒冷，于是就会寻求保暖的道理。夏天自然会考虑到父母的炎热，于是就会寻求清凉的道理。这些都是那颗虔诚孝敬的心生发出来的一件件具体的事。只有先有这颗虔诚孝顺的心，然后才能产生具体的事。譬如树木，虔诚孝顺的心便是树根，那么多具体的事就是树的枝叶，必须是先有树根然后才会有枝叶，而不是先找到枝叶，然后才去种树根。《礼记》中说：‘深爱父母是孝子，对待父母一定很和气，有和气的态度一定会有愉悦的气色，有愉悦的气色就一定会有美好的表情。’必须有个深爱做树根，就自然会如此。”

四

※ 原文

郑朝朔[1]问：“至善亦须有从事物上求者？”

先生曰：“至善只是此心纯乎天理之极便是，更于事物上怎生求？且试说几件看。”

朝朔曰：“且如事亲，如何而为温凊之节，如何而为奉养之宜，须求个是当方是至善，所以有学问思辨[2]之功。”

先生曰：“若只是温凊之节、奉养之宜，可一日二日讲之而尽，用得甚学问思辨？惟于温凊时也只要此心纯乎天理之极，奉养时也只要此心纯乎天理之极，此则非有学问思辨之功，将不免于毫厘千里之谬。所以虽在圣人，犹加‘精一’之训。若只是那些仪节求得是当，便谓至善，即如今扮戏子，扮得许多温凊奉养的仪节是当，亦可谓之至善矣。”

爱于是日又有省。

※ 注释

1 郑朝朔：名一初，广东揭阳人，官至监察御史。王守仁任吏部员外郎时，朝朔为御史，曾向阳明问学。2 学问思辨：语出《中庸》“博学之，审问之，慎思之，明辨之，笃行之”。

※ 译文

郑朝朔问：“至高无上的善也需要从具体事物上求得吗？”

先生说：“至高无上的善只是使自己的心达到纯粹天理的境界就是了，怎么能从具体的事物上求得呢？你姑且试着举几个例子看。”

朝朔说：“比如服侍双亲，怎样做到防寒降暑适当、侍奉赡养适度，必须求个得当，才是至善。因此就有了学习、询问、思考、辨别的功夫。”

先生说：“如果只是防寒降暑、奉养适宜的问题，那么一天两天就可以讲完了，还用什么学问思辨？为父母保暖降温、侍奉赡养时，也只要自己的心达到至纯天理的境界就行了，然而要做到这一点，如果没有学问思辨的功夫，将难免差之毫厘失之千里了。所以即使是圣人，仍要用‘精一’的规范。如果只是把那些礼节讲求得适当，就说是至善，就像现在演员在台上恰当表演了许多使父母防寒降暑、侍奉父母的礼节，也可以称作至善了！”

徐爱今天又有所省悟。

五

※ 原文

爱因未会先生知行合一之训，与宗贤[1]、惟贤[2]往复辩论，未能决，以问于先生。

先生曰：“试举看。”

爱曰：“如今人尽有知得父当孝、兄当弟者，却不能孝，不能弟。便是知与行分明是两件。”

先生曰：“此已被私欲隔断，不是知行的本体了。未有知而不行者；知而不行，只是未知。圣贤教人知行，正是要复那本体，不是着你只恁的便罢。故《大学》指个真知行与人看，说‘如好好色，如恶恶臭’[3]。见好色属知，好好色属行，只见那好色时已自好了，不是见了后又立个心去好；闻恶臭属知，恶恶臭属行，只闻那恶臭时已自恶了，不是闻了后别立个心去恶。如鼻塞人虽见恶臭在前，鼻中不曾闻得，便亦不甚恶，亦只是不曾知臭。就如称某人知孝、某人知弟，必是其人已曾行孝、行弟，方可称他知孝知弟；不成只是晓得说些孝、弟的话，便可称为知孝、弟？又如知痛，必已自痛了方知痛；知寒，必已自寒了；知饥，必已自饥了。知行如何分得开？此便是知行的本体，不曾有私意隔断的。圣人教人必要是如此方可谓之知，不然只是不曾知。此却是何等紧切着实的功夫！如今苦苦定要说知行做两个，是什么意？某要说做一个，是什么意？若不知立言宗旨，只管说一个两个，亦有甚用？”

爱曰：“古人说知行做两个，亦是要人见个分晓，一行做知的功夫，一行做行的功夫，即功夫始有下落。”

先生曰：“此却失了古人宗旨也。某尝说知是行的主意，行是知的功夫；知是行之始，行是知之成。若会得时，只说一个知，已自有行在，只说一个行，已自有知在。古人所以既说一个知又说一个行者，只为世间有一种人，懵懵懂懂的任意去做，全不解思惟省察，也只是个冥行妄作，所以必说个知，方才行得是；又有一种人，茫茫荡荡悬空去思索，全不肯着实躬行，也只是个揣摸影响，所以必说一个行，方才知得真。此是古人不得已补偏救弊的说话，若见得这个意时，即一言而足。今人却就将知行分作两件去做，以为必先知了，然后能行，我如今且去讲习讨论做知的功夫，待知得真了，方去做行的功夫；故遂终身不行，亦遂终身不知。此不是小病痛，其来已非一日矣。某今说个知行合一，正是对病的药，又不是某凿空杜撰，知行本体原是如此。今若知得宗旨时，即说两个亦不妨，亦只是一个；若不会宗旨，便说一个，亦济得甚事？只是闲说话。”

※ 注释

1 宗贤：黄绾（公元1477—1551年），字宗贤，号久庵，浙江黄岩人。官至礼部尚书，王守仁的学生。2 惟贤：顾应祥（公元1483—1565年），字惟贤，号箬溪，浙江长兴人。官至刑部侍郎，王守仁的学生。3“如好好色，如恶恶臭”语出《大学》：“所谓诚其意者，毋自欺也。如恶恶臭，如好好色，此之谓自谦。”

※ 译文

徐爱因没有领会先生知行合一的教诲，就与宗贤、惟贤反复争辩，仍不能弄明白，于是就向先生请教。

先生说：“试着举个例子看看。”

徐爱说：“比如现在人人都知道应当孝顺父母、尊敬兄长，但事实上却不能做到孝顺、尊敬。由此可知，知与行分明是两件事。”

先生说：“这种人的知行已经被私欲隔断了，不再是知行的本来面目了。没有知而不行的；知而不行，只是不知。圣贤教育人认识、实践，就是要恢复知行的本来面目，不只是简单地教教如何认识、实践就罢了。所以《大学》给出了一个真正知行的例子让人看，说‘就如喜好美色，厌恶腐臭’。看见美色属于知，喜欢美色属于行，人仅仅看见美色就自然喜欢上了，而不是看见之后又另生个心去喜欢；闻到腐臭属于知，厌恶腐臭属于行，一闻到腐臭就自然厌恶了，并不是闻到之后而又另生出个心去厌恶。比如鼻子不通的人即使看到腐臭的东西在面前，鼻子闻不到，也就不会太厌恶，也只是因为不曾认识到臭。就像说某人知道孝敬父母、尊敬兄长，一定是这个人已经有了孝顺、尊敬的行为，才可以说他知道孝顺、尊敬。不然，只知道说些孝顺、尊敬的话，难道可以说是知道孝顺、尊敬吗？再比如知道痛，一定是自己经历了痛，才知道痛；知寒、知饥，一定是已经经历了寒冷和饥饿。知行如何分得开？这就是知行的本来面目，不曾被私欲隔断的。圣人教育学生一定是这样，才可以称之为知，不然就是还没有真正知道，可见这是多么重要和切合实际的功夫呀！现在硬要说知行是两件事情是，什么意思？我把知行看作一个整体，又是什么意思？如果不知道我这番话的宗旨，只管在那争论知行是一件事还是两件事，又有什么用呢？”

徐爱说：“古人把知行说成两回事，也只是让人弄个明白，一边做认识的功夫，一边做实践的功夫，这样功夫才能落到实处。”

先生说：“这样说就丢失了古人的本意了。我曾经说过知是行的目的，行是知的实践；知是行的开始，行是知的成果。如果领会了这一点，只说一个知，已经自然有行存在，只说一个行，知也自然存在了。古人之所以既说一个知，又说一个行，只因为社会上有一种人，迷迷糊糊的由着性子去做事情，根本不会认真思考观察，只是昏着头胡乱做，因此必须跟他讲知的道理，他才能行得正确；还有一种人，异想天开，只会空想，全然不肯亲自行动，也只是靠主观猜测，因此你必须跟他讲行的道理，他才能知得正确。这是古人为了补偏救弊不得已才这样说的，如果真正领会了其中的含义，只用一句话就能把知行合一说清楚。现在的人非要将知行分为两件事去做，认为必须先认识，然后才能实践。我现在姑且只讨论怎样做到知的功夫，那么等到真正知了再去做行的功夫；那就终身不能实践，也就会终身一无所知。这不是小毛病，其由来已不是一天两天了。我现在说知行合一，正是对症下药，并不是我凭空杜撰的，知行的本来面目就应该如此。现在如果掌握了知行合一的宗旨，即使把两个分开说也无妨，仍然是一回事；如果没领会知行合一的宗旨，即便说是一个，又有什么用呢？只是在说废话罢了。”

六

※ 原文

爱问：“昨闻先生‘止至善’[1]之教，已觉功夫有用力处，但与朱子格物之训[2]，思之终不能合。”

先生曰：“格物是止至善之功，既知‘至善’，即知‘格物’矣。”

爱曰：“昨以先生之教推之格物之说，似亦见得大略。但朱子之训，其于《书》之‘精一’，《论语》之‘博约’[3]，《孟子》之‘尽心知性’，皆有所证据，以是未能释然。”

先生曰：“子夏笃信圣人，曾子[4]反求诸己，笃信固亦是，然不如反求之切。今既不得于心，安可狃于旧闻，不求是当！就如朱子亦尊信程子，至其不得于心处，亦何尝苟从？‘精一’‘博约’‘尽心’，本自与吾说吻合，但未之思耳。朱子‘格物’之训，未免牵合附会，非其本旨。精是一之功，博是约之功。曰仁既明知行合一之说，此可一言而喻。‘尽心知性知天’，是‘生知安行’事；‘存心养性事天’，是‘学知利行’事；‘夭寿不贰，修身以俟’，是‘困知勉行’事[5]。朱子错训格物，只为倒看了此意，以‘尽心知性’为‘物格知至’，要初学便去做‘生知安行’事，如何做得！”

爱问：“‘尽心知性’何以为‘生知安行’？”

先生曰：“性是心之体，天是性之原，尽心即是尽性，惟天下至诚为能尽其性，知天地之化育[6]。‘存心’者，心有未尽也。‘知天’，如‘知州’‘知县’之‘知’，是自己分上事，已与天为一。‘事天’，如子之事父、臣之事君，须是恭敬奉承，然后能无失，尚与天为二。此便是圣贤之别。至于夭寿不贰其心，乃是教学者一心为善，不可以穷通夭寿之故，便把为善的心变动了，只去修身以俟命，见得穷通夭寿有个命在，我亦不必以此动心。‘事天’虽与天为二，已自见得个天在面前；‘俟命’便是未曾见面，在此等候相似，此便是初学立心之始，有个困勉的意在。今却倒做了，所以使学者无下手处。”

爱曰：“昨闻先生之教，亦影影见得功夫须是如此，今闻此说，益无可疑。爱昨晓思‘格物’的物字，即是‘事’字，皆从心上说。”

先生曰：“然。身之主宰便是心，心之所发便是意，意之本体便是知，意之所在便是物。如意在于事亲，即事亲便是一物，意在于事君，即事君便是一物，意在于仁民、爱物[7]，即仁民、爱物便是一物，意在于视、听、言、动，即视、听、言、动便是一物。所以某说无心外之理，无心外之物。《中庸》言‘不诚无物’[8]，《大学》‘明明德’之功，只是个‘诚意’，‘诚意’之功，只是个‘格物’。”

※ 注释

1“止至善”句：达到最高的境界。语出《礼记·大学》。2 朱子格物之训：语出朱熹《大学章句》。3 博约：语出《论语·雍也》。4 子夏：姓卜，名商，是孔子学生。曾子：名参，字子舆，是孔子学生。5“尽心知性知天”“存心养性事天”“夭寿不贰，修身以俟”：语出《孟子·尽心上》。6“惟天下”句：语出《中庸》。7 仁民爱物：语出《孟子·尽心上》。8 不诚无物：语出《中庸》。

※ 译文

徐爱问：“昨天听先生讲‘止至善’，就觉得功夫有了用武之地，但想想总觉得和朱熹‘格物’的理论不一致。”

先生说：“‘格物’是‘止至善’的功夫，既然知道了‘至善’，也就明白了‘格物’。”

徐爱说：“昨天用先生的观点推究朱熹的‘格物’学说，看起来也大致上理解了。

但是朱熹的观点，有《尚书》中的‘精一’，《论语》中的‘博约’，《孟子》中的‘尽心知性’，可以作为依据，因而我还是弄不明白。”

先生说：“子夏很相信圣人，曾子反而相信自己，相信圣人固然没错，但不如自己反省探究来得真切。现在既然心里没有搞清楚，怎么可以因循守旧，而不去探究正确的答案呢！就像朱熹也尊崇、相信程颢，但是对于他心里不明白的地方，又哪里会盲目跟从？‘精一’‘博约’‘尽心’，本来就与我的学说相吻合，只是你没有认真思考罢了。朱熹‘格物’的观点，未免有点牵强附会，并不是‘格物’的宗旨。求精是达到根本的功夫，博览多学是达到简洁的功夫。你既然已经明白了知行合一的道理，就可用一句话说清楚了。‘尽心知性知天’是‘生知安行’的人能够做的事；‘存心养性事天’是‘学知利行’的人能够做的事；‘夭寿不贰，修身以俟’是‘困知勉行’的人能够做的事。朱熹错误地解释‘格物’，只因为他把前后因果关系看颠倒了，以为‘尽心知性’就是‘格物知至’，要求初学的人就去做‘生知安行’的事，怎么能做到呢？”

徐爱问：“‘尽心知性’怎么会是‘生知安行’的人才能够做的事呢？”

先生说：“人的本性是心的本体，天理是人性的本源，因而尽全力发扬人的善心就是彻底地发挥人性。《中庸》说：‘只有天下最虔诚的人才能彻底地发挥人性，知道天地万物的变化发展，所谓‘存心’，就是没有‘尽心’。‘知天’中的‘知’就像知州、知县中的‘知’，州官、县官对于州县的治理是他们的分内之事，人知晓天理也应当是自然而然的事，通晓天理就是已经与天合为一体。‘事天’，如同儿子服侍父亲、大臣辅佐君王一样，必须毕恭毕敬小心奉承，然后才能万无一失，‘事天’就是还没有与天合而为一。这就是圣人和贤人的区别。至于‘夭寿不贰’其心，就是教育学生一心向善，不能因为处境好坏、寿命长短的缘故，就动摇了行善的心，而只去修养身体听天由命。知道穷困通达、寿命长短都由上天注定，所以我们也不必因此而动摇了行善的心。‘事天’虽然与天是两回事，但是自己已经知道天命的存在了；‘俟命’就是还不曾见过面，和等待一个陌生人是类似的，这就是初学的人开始确立目标的时候，有在困境中自勉的意思。而今却被朱熹把先后顺序搞颠倒了，所以让初学的人感到无从下手。”

徐爱说：“昨天听先生的教诲，已隐隐约约觉得功夫应该这样下。今天听了这些，更加没有什么怀疑的地方了。我昨天早上思考‘格物’的‘物’字就是‘事’字，都是从心上来说的。”

先生说：“正确。人身体的主宰就是心，意念就是由心发出来的，意念的本体就是感知，意念存在于事物之上。比如意念在侍奉父母之上，那么侍奉父母就是一件事；意念在辅佐国君上，那么辅佐国君就是一件事；意念在关心百姓、爱护万物上，那么关心百姓、爱护万物就是一件事，意念在视、听、言、动上，那么视、听、言、动就是一件事。所以我说没有存在于心外的天理，没有存在于心外的事物。《中庸》中说：‘心不虔诚就没有万事万物’，《大学》中说‘弘扬崇高德行’的功夫就是要心体真诚，心体真诚的功夫，就是探究事物的原理。”

七

※ 原文

先生又曰：“‘格物’如孟子‘大人格君心’[1]之‘格’，是去其心之不正，以全其本体之正。但意念所在，即要去其不正以全其正，即无时无处不是存天理，即是穷理。天理即是明德。穷理即是明明德。”

※ 注释

1 “大人格君心”语出《孟子·离娄上》：“惟大人为能格君心之非。”格，正、纠正。

※ 译文

先生又说：“‘格物’的‘格’如同孟子的‘大人格君心’中的‘格’，是去掉不正心术，用来保全本体的纯正。一旦有意念产生，就要去掉其中的邪念以保全心体的纯正，也就是时时处处都要存养天理，即穷尽天理。‘天理’就是崇高德行，穷尽天理就是弘扬崇高德行。”

八

※ 原文

又曰：“知是心之本体，心自然会知。见父自然知孝，见兄自然知弟，见孺子[1]入井自然知恻隐，此便是良知，不假外求。若‘良知’之发，更无私意障碍，即所谓充其恻隐之心，而仁不可胜用矣。然在常人不能无私意障碍，所以须用‘致知’‘格物’之功，胜私复理，即心之‘良知’更无障碍，得以充塞流行，便是致其知。知致则意诚。”

※ 注释

1 孺子：幼童。

※ 译文

先生又说："感知是心的本体，心自然会感知。见到父亲自然知道孝敬，见到兄长自然知道尊敬，见到幼童落入井里自然会动恻隐之心，这就是良知，不凭借心外的东西求得。如果良知生发，也没有私心阻碍，就是孟子所说的'充分发挥恻隐之心，则仁爱的思想就会用不完'。但是作为一般人不可能没有私心阻碍，所以就需要用致知格物的功夫，战胜私心恢复天理，于是心体的良知就更加没有什么障碍了，得到充分地发扬流传，就是求得良知。良知得到了，意识才能真诚。"

九

※ 原文

爱问："先生以'博文'为'约礼'[1]功夫，深思之，未能得，略请开示。"

先生曰："'礼'字即是'理'字。'理'之发见可见者谓之'文'，'文'之隐微不可见者谓之'理'，只是一物。约礼只是要此心纯是一个天理。要此心纯是天理，须就'理'之发见处用功，如发见于事亲时，就在事亲上学存此天理；发见于事君时，就在事君上学存此天理；发见于处富贵贫贱时，就在处富贵贫贱上学存此天理；发见于处患难、夷狄时，就在处患难、夷狄上学存此天理；至于作止、语默，无处不然，随他发见处，即就那上面学个存天理。这便是'博学之于文'，便是'约礼'的功夫。'博文'即是'惟精'。'约礼'即是'惟一'。"

※ 注释

1 "博文""约礼"语出《论语·雍也》："君子博学于文，约之以礼，亦可以弗畔矣夫！"畔，通"叛"。

※ 译文

徐爱问："先生认为博文是约礼的功夫，我用心思考还是不明白，还请先生大致讲一讲。"

先生说："'礼'就是'理'，'理'表现出来可以看见就是'文'，'文'中隐藏看不见的就是'理'，'礼'和'理'是同一件事。约礼只是要使心纯正为一个天理。要做到这一点，就必须在'理'表现出来的地方下功夫，比如表现在侍奉双亲上，就在侍奉双亲上学习存养天理；表现在辅佐君王上，就在辅佐君王上学习存养天理；表现在身处富贵贫贱上时，就在富贵贫贱上学习存养天理；表现在身处患难、陷入夷狄之邦时，就在患难中、夷狄之邦学习存养天理；至于是行动还是停止、说话还是沉默，无不是这个道理，随时在发现它的地方学习存养天理。这就是博学之于文，就是约礼的功夫。‘博文’就是‘惟精’，就是要广泛地在万事万物上学习存养天理的办法，其目的就是要求得至精至纯。‘约礼’就是‘惟一’，就是用礼的精神来约束人的思想以达到与天理的统一，就是天理只有一个。”

一〇

※ 原文

爱问：“‘道心，常为一身之主，而‘人心’每听命’[1]；以先生‘精一’之训推之，此语似有弊。”

先生曰：“然。心一也，未杂于人谓之‘道心’，杂以人伪谓之‘人心’。‘人心’之得其正者即‘道心’，‘道心’之失其正者即‘人心’，初非有二心也。程子谓：‘人心即人欲，道心即天理。’[2]语若分析，而意实得之。今曰‘道心为主而人心听命’，是二心也。‘天理’‘人欲’不并立，安有‘天理’为主，‘人欲’又从而听命者？”

※ 注释

1 道心、人心：语出《尚书·大禹谟》“人心惟危，道心惟微”。人心，指私欲之心；道心，指合乎天理的心。2“人心即人欲，道心即天理”语出《河南程氏遗书》：“人心，私欲也；道心，正心也。”

※ 译文

徐爱问：“‘道心’常为一身之主，而‘人心’每听命；用先生对‘精一’的解释来推敲它，这句话好像有毛病。”

先生说：“正确。心只有一个，没有染上私心杂念的称作‘道心’，夹杂了私欲的称作‘人心’。‘人心’能够得到纯正的就是‘道心’，‘道心’失去纯正的就是‘人心’，当初并不是有两个心。程颐先生认为‘人心就是人的私欲，道心就是天理’，这句话看似把‘人心’和‘道心’分开了，但他的意思实际上是一体的。而朱熹说‘道心是主宰，人心听从它的命令’，这就成为两个心了。‘天理’‘人欲’不能并立，怎么会有‘天理’为主，‘人欲’又听从它的命令呢？”

一一

※ 原文

爱问文中子、韩退之[1]。

先生曰：“退之，文人之雄耳。文中子，贤儒也。后人徒以文词之故，推尊退之，其实退之去文中子远甚。”

爱问："何以有拟经之失？"

先生曰："拟经恐未可尽非。且说后世儒者著述之意，与拟经如何？"

爱曰："世儒著述，近名之意不无，然期以明道；拟经纯若为名。"

先生曰："著述以明道，亦何所效法？"

曰："孔子删述《六经》[2]，以明道也。"

先生曰："然则拟经独非效法孔子乎？"

爱曰："著述即于道有所发明，拟经似徒拟其迹，恐于道无补。"

先生曰："子以明道者，使其反朴还淳而见诸行事之实乎，抑将美其言辞而徒以譊譊于世也？天下之大乱，由虚文胜而实行衰也。使道明于天下则《六经》不必述，删述《六经》，孔子不得已也。自伏羲画卦，至于文王、周公[3]，其间言《易》如《连山》《归藏》[4]之属，纷纷籍籍，不知其几，《易》道大乱。孔子以天下好文之风日盛，知其说之将无纪极，于是取文王、周公之说而赞之，以为惟此为得其宗。于是纷纷之说尽废，而天下之言《易》者始一。《书》《诗》《礼》《乐》《春秋》皆然。《书》自《典》《谟》[5]以后，《诗》自《二南》[6]以降，如《九丘》《八索》[7]，一切淫哇逸荡之词，盖不知其几千百篇。礼乐之名物度数，至是亦不可胜穷，孔子皆删削而述正之，然后其说始废。如《书》《诗》《礼》《乐》中，孔子何尝加一语？今之《礼记》诸说，皆后儒附会而成，已非孔子之旧。至于《春秋》，虽称孔子作之，其实皆鲁史旧文；所谓'笔'者，笔其旧，'削'者削其繁，是有减无增。孔子述《六经》，惧繁文之乱天下，惟简之而不得，使天下务去其文以求其实，非以文教之也。春秋以后繁文益盛，天下益乱。始皇焚书得罪，是出于私意，又不合焚《六经》，若当时志在明道，其诸反经叛理之说悉取而焚之，亦正暗合删述之意。自秦、汉以降，文又日盛，若欲尽去之，断不能去，只宜取法孔子录其近是者而表章之，则其诸怪悖之说，亦宜渐渐自废。不知文中子当时拟经之意如何，某切深有取于其事，以为圣人复起，不能易也。天下所以不治，只因文盛实衰，人出己见，新奇相高，以眩俗取誉，徒以乱天下之聪明，涂天下之耳目，使天下靡然，争务修饰文词以求知于世，而不复知有敦本尚实、反朴还淳之行。是皆著述者有以启之。"

爱曰："著述亦有不可缺者，如《春秋》一经，若无《左传》，恐亦难晓。"

先生曰："《春秋》必待《传》[8]而后明，是歇后谜语矣，圣人何苦为此艰深隐晦之词？《左传》多是鲁史旧文，若《春秋》须此而后明，孔子何必削之？"

爱曰："伊川亦云：'《传》是案，《经》是断。'如书'弑某君''伐某国'，若不明其事，恐亦难断。"

先生曰："伊川此言恐亦是相沿世儒之说，未得圣人作经之意。如书'弑君'，即弑君便是罪，何必更问其弑君之详？征伐当自天子出[9]，书'伐国'，即伐国便是罪，何必更问其伐国之详？圣人述《六经》，只是要正人心，只是要存天理、去人欲，于存天理、去人欲之事则尝言之。或因人请问，各随分量而说，亦不肯多道，恐人专求之言语，故曰‘予欲无言’，若是一切纵人欲、灭天理的事，又安肯详以示人？是长乱导奸也。故孟子云：‘仲尼之门，无道桓、文之事者，是以后世无传焉。’此便是孔门家法。世儒只讲得一个伯者的学问，所以要知得许多阴谋诡计，纯是一片功利的心，与圣人作经的意思正相反，如何思量得通！”因叹曰：“此非达天德[10]者，未易与言此也！”

※ 注释

1 文中子：王通（公元584—618年），字仲淹，隋朝绛州龙门（今山西河津）人。韩退之：韩愈（公元768—824年），字退之，唐朝河阳（今河南孟县）人，著有《韩昌黎集》。2 孔子删述《六经》：孔子晚年编修删改《诗经》《尚书》《礼记》《乐经》《易经》和《春秋》六种经典，即后世所谓《六经》。3 自伏羲画卦，至于文王、周公：见于《周易·系辞下》。4 《连山》《归藏》：《连山》相传为夏朝的《易》，《归藏》相传为商朝的《易》，后都失传。5 《典》《谟》：指《尚书》中的《尧典》《舜典》《大禹谟》《皋陶谟》和《益稷谟》，共称为二典三谟。6 《二南》：即《诗经》中的《周南》《召南》两篇。7 《九丘》《八索》：孔安国《古文尚书序》“八卦之说，谓之《八索》，九州之志，谓之《九丘》”。8 《传》：指解释《春秋》的三传《左传》《公羊传》《穀梁传》。9 征伐当自天子出：语出《论语·季氏》。10 天德：与天同德，意为道德极其高尚。语出《中庸》。

※ 译文

徐爱问先生，怎样评价王通和韩愈两个人。

先生说：“韩愈是文人中的豪杰。王通是贤明鸿儒。后人仅仅因为文章诗词的缘故，就十分推崇韩愈，其实韩愈比王通差远了。”

徐爱问：“那么王通怎么会仿作经书呢？”

先生说：“仿作经书恐怕不能都说成是坏事。姑且说后世儒生著书讲经的用意，与仿作经书有什么区别呢？”

徐爱说：“后世儒生著书讲经，追逐名利的私心不能说没有，但其目的是阐明圣道；仿作经书纯粹是为了名利。”

先生说：“著书讲经以阐明圣道，也是效法谁呢？”

徐爱说：“效法孔子删改《六经》，以阐明圣道。”

先生说：“那么就独独只有仿作经书不是效法孔子吗？”

徐爱说："著书讲经对于圣道是有所发挥的，但仿作经书似乎仅仅是模仿经书，恐怕对圣道的发展没有一点用处。"

先生说："你以为阐明圣道，是使天理返璞归真用到实践中呢，还是用华美的言辞哗众取宠呢？天下之所以大乱，是因为空有文学兴盛而实践匮乏。假如圣道明白于天下，那么孔子也不必删改《六经》了，删改《六经》，孔子也是不得已而为之。自伏羲画八卦到周文王、周公，这之间解释《易经》的有《连山》《归藏》等，五花八门，多得不计其数。《易经》的圣道被弄得极其混乱。孔子认为天下喜好文饰的风气日益兴盛，知道《易经》将会被歪曲，于是借助文王、周公的学说来做一个总评，认为只有他们的学说才是《易经》的正宗。于是其他的学说都被废弃了，然后天下对于《易经》的阐述才得到统一。《书》《诗》《礼》《乐》《春秋》也都是这样统一的。《书》自《典》《谟》以后，《诗》自《周南》《召南》以后，像《九丘》《八索》等，一切淫秽逸荡的词句，大概有成百上千篇。礼乐中的名物度数，也是数不胜数，孔子都把它们一概删除，并且做了正确的阐述，于是其他的说法都被废除了。像《书》《诗》《礼》《乐》中，孔子删除时何尝加过一句自己的话？今天《礼记》中的众多阐述，都是后世儒生附会而成的，已经不是孔子删改的原本了。至于《春秋》，虽然大家说是孔子的著作，实际上是鲁国旧史书中的文字。所谓'笔'就是摘录原文，所谓'削'就是删除繁杂，是有减而无增。孔子删改《六经》，害怕纷繁复杂的文章扰乱天下人的心，删减得不能再减了，使天下人从此务必去掉华丽的文饰而追求文章的实质内容，而不是用华丽的文字来教化天下。《春秋》以后，繁复的文辞更加兴盛，天下的文风也更乱了。秦始皇焚毁经书得罪了天下士人，是出于私心，不应当把《六经》给焚毁了。如果当时他的宗旨在阐明圣道，那么多离经叛道的学说，悉数拿来烧掉，那么正暗合了孔子删改《六经》的本意。自秦、汉以后，文辞华丽的风气又一天天兴盛起来了，如果除尽这种风气是不可能的，只有效法孔子，摘录那些与《六经》的阐释相接近的进行宣传表彰，那么其他的怪理悖论也就慢慢地自行灭亡了。我不知道王通当初仿作经书的本意是什么，我深切体会到他的做法有可取之处，认为即使圣人重生，也是不会改变他的做法的。天下之所以没有治理好，是因为华丽的文饰兴盛，而求实之风衰败，人们各抒己见，标新立异，以迷惑世俗取得功名，这只能扰乱天下人的思维，混淆大家的视听，使得天下人崇尚华丽，争相追求文饰，以求在社会上出名，而不再知道还有敦厚实在、返璞归真的做法。这些都是那些著书讲经的人所开启的。"

徐爱说："著书讲解也是不可缺少的，如《春秋》一书，如果没有《左传》为其注解，恐怕世人也难以知晓。"

先生说："《春秋》如果必须有《左传》为其注解才能明白，那不是成了歇后语了，圣人为什么要写这些隐晦难懂的文章呢？《左传》多是鲁国旧史书中的文章，如果《春秋》必须参考《左传》一书才能看明白，那么孔子又何必把鲁史删改成《春秋》呢？”

徐爱说：“程颐先生也说过：‘《左传》是案子，《春秋》是对案子的裁断。’比如《春秋》中记载杀害某个国君、征伐某个国家，如果不明白这些事的来龙去脉，恐怕也很难做出判断。”

先生说：“程颐先生这句话，恐怕也是沿袭了世俗儒生的说法，没有领会圣人作这些经典的本意。比如《春秋》记载‘杀国君’，就是杀害国君本身就犯了大罪，何必要问他杀害国君的详细情况呢？征讨的命令由天子发出，书中写讨伐某个国家，这本来就是犯罪，何必要问其讨伐别国的详细情况呢？圣人阐述《六经》，只是要纠正人心，只是为了存养天理、去除私欲，关于存养天理、去除私欲的事，孔子曾经讲过。或者是有人请教，就因人因时酌情做些解说，但也不会说很多，恐怕人们专门在语言上纠缠而忽略了学说的本质，所以他对子贡说‘我不想说什么了’，如果是一些放纵私欲、毁灭天理的事，圣人又怎么肯详细告诉大家呢？那是在助长混乱、引导犯罪呀。所以孟子说：‘孔子的门生没有记载齐桓公、晋文公的事迹的，所以他们杀伐征讨的事就没有流传后世。’这就是孔门的家法。后世儒生只讲究研习霸道的学说，所以他们就要知道许多阴谋诡计，纯粹是功利之心，与圣人写作经书的宗旨正好相反，他们如何能想得通呢？”先生因此慨叹道：“不是通达天德的人，是很难和他们讲这些的！”

一二

※ 原文

又曰：“孔子云‘吾犹及史之阙文也’[1]。孟子云‘尽信书不如无书。吾于《武成》，取二三策而已’[2]。孔子删《书》，于唐、虞、夏四五百年间不过数篇，岂更无一事？而所述止此，圣人之意可知矣。圣人只是要删去繁文，后儒却只要添上。”

爱曰：“圣人作经，只是要去人欲，存天理。如五伯以下事，圣人不欲详以示人，则诚然矣，至如尧舜以前事，如何略不少见？”

先生曰：“羲黄之世，其事阔疏，传之者鲜矣。此亦可以想见，其时全是淳庞朴素、略无文采的气象，此便是太古之治，非后世可及。”

爱曰：“如《三坟》[3]之类，亦有传者，孔子何以删之？”

先生曰：“纵有传者，亦于世变渐非所宜。风气益开，文采日盛，至于周末，虽欲变以夏、商之俗，已不可挽，况唐、虞乎？又况羲、黄之世乎？然其治不同，其道则一。孔子于尧舜则祖述之，于文、武则宪章[4]之。文、武之法即是尧、舜之道，但因时致治，其设施政令，已自不同。即夏、商事业施之于周，已有不合，故‘周公思兼三王，其有不合，仰而思之，夜以继日[5]'，况太古之治，岂复能行？斯固圣人之所可略也。"

又曰："专事无为，不能如三王之因时致治，而必欲行以太古之俗，即是佛、老的学术。因时致治，不能如三王之一本于道，而以功利之心行之，即是伯者以下事业。后世儒者许多讲来讲去，只是讲得个伯术。"

※ 注释

1 吾犹及史之阙文也：语出《论语·卫灵公》。2 尽信书不如无书，吾于《武成》，取二三策而已：语出《孟子·尽心下》。《武成》为《尚书》中篇名，记载武王灭商后，与大臣商量怎样治理商地等。3 《三坟》：相传为伏羲、神农、黄帝之书。4 祖述、宪章：借为效法、遵循前人的行为或学说。5 "周公"四句：语出《孟子·离娄下》。

※ 译文

先生又说："孔子说'我还见过史书存疑的地方'。孟子说'完全相信《尚书》，还不如没有《尚书》。我只从《武成》篇中取两三节而已'。孔子删改《尚书》，对于尧、舜及夏朝四五百年的历史，只不过仅留几篇。这难道是再没有什么事可写了吗？而他就阐述了仅此几篇，圣人的用意可想而知了。圣人只是要去繁就简，而后世儒生却硬要把其中再加上一些东西。"

徐爱说："孔子作《六经》，只是要去除私欲，存养天理。比如春秋五霸以后的事，孔子不想详细地展示给世人,这是应该的,至于尧舜以前的事,怎么也省略了不少呢？"

先生说："伏羲、黄帝的时代，事迹多而零散，流传下来的很少。这也可以想象，那时世风淳朴，大概没有华丽修辞、注重文饰的风气，这就是太古时的社会状况，不是后世所能比的。"

徐爱说："像《三坟》之类的书，也有流传下来的，孔子为什么都删掉了呢？"

先生说："即使有流传下来的，也逐渐不合时宜了。社会风气日益开放，文采日渐兴盛，到了周朝末年，即使想要恢复夏、商时的风俗，已是不可挽回，何况尧、舜时的世风呢？更何况伏羲、黄帝时的世风呢？虽然各国治理国家的方法各不相同，但他们遵循的圣道都是一样的。孔子效法尧、舜和周文王、周武王。周文王、周武王时的制度也就是尧、舜时的法则，但他们因时制政，所施行的制度政令也各不相同。那么夏、商的制度政令施行于周朝，已经不合时宜，所以'周公思索大禹、商汤及文王时的制度兼容并举，遇到有不合适的地方，整夜整夜地反复琢磨'，何况太古时的制度政令怎么能再用呢？这固然就是孔子删掉前代之事的缘故吧。"

先生又说："专门采用无为而治的治国方针，不能像三王那样因时制宜，而一定要施行太古时的风俗，这就是佛教和老庄学派所宣扬的观点。因时制宜，不能像三王一样完全遵循圣道，而是存有一种功利之心来施行，这就是春秋五霸以后的做法。后世儒生很多说来说去，也只是讲了施行霸道之术而已。"

一三

※ 原文

又曰："唐虞以上之治，后世不可复也，略之可也。三代[1]以下之治，后世不可法也，削之可也。惟三代之治可行，然而世之论三代者，不明其本而徒事其末，则亦不可复矣。"

※ 注释

1 三代：夏、商、周谓之三代。

※ 译文

先生又说："唐尧、虞舜以前的治国策略，后世不能再恢复了，省略了也可以。夏、商、周三代以后的治理，后世不能效法，削减了也可以。只有三代时的治国方法可以推行。然而后世研究三代的人，不明白其本质而仅仅探讨一些细枝末节，所以三代时的政治也不能恢复了！"

一四

※ 原文

爱曰："先儒论《六经》，以《春秋》为史。史专记事，恐与《五经》[1]事体终或稍异。"

先生曰："以事言谓之史，以道言谓之经。事即道，道即事。《春秋》亦经，《五经》亦史。《易》是包牺氏之史，《书》是尧舜以下史，《礼》《乐》是三代史。其事同，其道同，安有所谓异！"

※ 注释

1 《五经》：指《诗》《书》《礼》《易》《春秋》，六经中《乐》已佚失，故称"五经"。

※ 译文

徐爱说："朱熹论述《六经》，把《春秋》作为史书。史书专门记载历史事件，恐怕和《五经》的体例宗旨稍有出入。"

先生说："从记事的角度来看是史书，从圣道的角度来看是经典。事实就是天理，天理就是事实。因此《春秋》也是经典，《五经》也是史书。《易》是伏羲氏时的史书，《尚书》是尧、舜以后的史书，《礼》《乐》是三代时的史书。它们所记载的事件是相同的，遵循的天理也是相同的，怎么会有差异呢？"

一五

※ 原文

又曰："《五经》亦只是史，史以明善恶、示训戒。善可为训者，特存其迹以示法。恶可为戒者，存其戒而削其事以杜奸。"

爱曰："存其迹以示法，亦是存天理之本然，削其事以杜奸，亦是遏人欲于将萌否？"

先生曰："圣人作经，固无非是此意，然又不必泥着文句。"

爱又问："恶可为戒者，存其戒而削其事以杜奸，何独于《诗》而不删郑、卫？先儒谓'恶者可以惩创人之逸志'[1]，然否？"

先生曰："《诗》非孔门之旧本矣。孔子云：'放郑声，郑声淫。'[2]又曰：'恶郑声之乱雅乐也。'[3]'郑、卫之音，亡国之音也。'[4]此是孔门家法。孔子所定三百篇，皆所谓雅乐，皆可奏之郊庙，奏之乡党，皆所以宣畅和平，涵泳德性，移风易俗，安得有此？是长淫导奸矣。此必秦火之后，世儒附会，以足三百篇之数。盖淫泆之词，世俗多所喜传，如今闾巷皆然。'恶者可以惩创人之逸志'，是求其说而不得，从而为之辞。"

※ 注释

1 恶者可以惩创人之逸志：语出朱熹《论语集注·为政篇》，意为记录历史上丑恶的事可以惩戒人们贪求安逸的思想。2 放郑声，郑声淫：意为禁绝郑国的音乐，郑国的音乐淫靡放荡。语出《论语·卫灵公》。3 恶郑声之乱雅乐也：意为厌恶郑国的音乐扰乱了高雅的音乐。语出《论语·阳货》。4 郑卫之音，亡国之音也：意为郑国、卫国的音乐淫靡放荡，足以亡国。语出《礼记·乐记》。

※ 译文

先生又说："《五经》也只是史书。史书是用来明辨善恶、展示经验教训的。

可以作为典范的善事，特意保存具体的善行，以供后世效法。可以用来训诫的恶事，保存了警诫部分而删去了具体的恶行，以杜绝后世效法。”

徐爱说：“保存善行让后世效法，也是存养天理的根本。删除恶行以杜绝后世效法，也是为了遏止人的私欲在萌芽状态吗？”

先生说：“孔子作《六经》，他的本意也无非如此，然而也不必拘泥于文章中的词句，而是要掌握其宗旨。”

徐爱问：“可以用来训诫后人的恶行，保留其警诫部分而删去具体的恶行以杜绝奸邪。为何独独不删除《诗经》中的《郑风》《卫风》呢？朱熹说‘记录历史上丑恶的事可以惩戒人们贪图安逸的思想’，真的是这样吗？”

先生说：“现在的《诗经》并非孔子删定的文本了。孔子说：‘禁绝郑国的音乐，郑国的音乐淫靡放荡。’孔子又说：‘厌恶郑国的音乐扰乱了高雅的音乐。’‘郑国、卫国的音乐是亡国的音乐。’这是孔门的家法。孔子所删定的《诗经》三百篇，都是所谓的高雅的音乐，都可以在祭祀天地祖先的场合和乡村中演奏，都是用来宣扬和平、涵养德行、移风易俗的，怎么会有郑、卫之声呢？这只会助长淫乱，导致奸佞。这一定是秦始皇焚书之后，后世儒生为了穿凿附会，以便凑足三百篇。大概是淫逸之词后人多喜欢传唱，如今的街头巷尾还是这样。朱熹的‘记录恶事可以惩戒人们贪图安逸的思想’，这只是得不到正确的解释，不得已而为之。”

徐爱跋

※ 原文

爱因旧说汩没，始闻先生之教，实是骇愕不定，无入头处。其后闻之既久，渐知反身实践，然后始信先生之学为孔门嫡传，舍是皆旁蹊小径、断港绝河矣。如说‘格物’是‘诚意’[1]的功夫，‘明善’是‘诚身’[2]的功夫，‘穷理’是‘尽性’的功夫，‘道问学’是‘尊德性’[3]的功夫，‘博文’是‘约礼’的功夫，‘惟精’是‘惟一’的功夫。诸如此类，始皆落落难合，其后思之既久，不觉手舞足蹈。

※ 注释

1 “诚意”语出《大学》：“欲诚其意者，先致其知。致知在格物。”2 明善、诚身：明善，意为明察事理，了解什么是善。诚身，意为使自己的行为符合天理准则。语出《中庸》。3 道问学、尊德性：道问学，意为虚心学习，探究事理。尊德性，意为遵从道德规范。语出《中庸》。

※ 译文

徐爱因为受了程朱学说的影响较深，刚开始听到先生的教诲，实在有点惊愕不知所措，找不到头绪。后来听得时间久了，渐渐知道回过头来亲身实践，然后才开始相信先生的学说是孔门的真传，其他的都是旁门左道、断港绝河。比如先生说‘格物’是‘诚意’的功夫，‘明善’是‘诚身’的功夫，‘穷理’是‘尽性’的功夫，‘道问学’是‘尊德性’的功夫，‘博文’是‘约礼’的功夫，‘惟精’是‘惟一’的功夫。像这样的思想，刚开始觉得难以理解，后来思考的时间久了，不觉就领会了其中意思，就高兴得手舞足蹈。

陆澄录

一六

※ 原文

陆澄[1]问："主一之功，如读书则一心在读书上，接客则一心在接客上，可以为主一乎？"

先生曰："好色则一心在好色上，好货则一心在好货上，可以为主一乎？是所谓逐物，非主一也。主一是专主一个天理。"

※ 注释

1 陆澄：字原静，又字清伯，浙江吴兴人。官至刑部主事，王守仁的学生。

※ 译文

陆澄问："专一的功夫，比如读书，就一心在读书上，接待客人，就一心在接待客人上，这样做是专一吗？"

先生说："好色就一心在好色上，喜欢财物就一心去喜欢财物，这可以称为专一吗？这是追逐物欲，不叫专一。专一是专心于天理圣道。"

一七

※ 原文

问立志。

先生曰："只念念要存天理，即是立志。能不忘乎此，久则自然心中凝聚，犹道家所谓"结圣胎"[1]也。此天理之念常存，驯至于美大圣神[2]，亦只从此一念存养扩充去耳。"

※ 注释

1 结圣胎：圣胎是道教修炼所成的内功，是修道成仙的基础。2 美大圣神：指人道德完善的几种境界。语出《孟子·尽心下》"可欲之为善，有诸己之谓信，充实之谓美，充实而有光辉之谓大，大而化之之谓圣，圣而不可知之之谓神"。驯，逐渐。

※ 译文

陆澄又向先生请教立志的问题。

先生说："只要念念不忘存养天理，就是立志。能不忘记这一点，久而久之心自然会凝聚在天理上，就像道家所说的把凡胎修炼成了圣胎。时刻把天理记在心里，逐渐达到精美、宏大、神圣的境界，也只是从这一意念不断保存发扬开来的。"

一八

※ 原文

"日间功夫，觉纷扰，则静坐；觉懒看书，则且看书。是亦因病而药。"

※ 译文

先生说："白天工作，受外界干扰很大，就静坐着；懒得看书，就去看书。这就是对症下药。"

一九

※ 原文

"处朋友，务相下则得益，相上则损。"

※ 译文

"与朋友相处，务必要相互甘拜下风，才会获得益处，相互争高低只会带来损失。"

二〇

※ 原文

孟源[1]有自是好名之病，先生屡责之。一日警责方已，一友自陈日来功夫请正。源从傍曰："此方是寻着源旧时家当。"

先生曰："尔病又发。"源色变，议拟欲有所辨。

先生曰："尔病又发！"因喻之曰："此是汝一生大病根。譬如方丈地内种此一大树，雨露之滋，土脉之力，只滋养得这个大根，四傍纵要种些嘉谷，上面被此树叶遮覆，下面被此树根盘结，如何生长得成？须用伐去此树，纤根无留，方可种植嘉种，不然任汝耕耘培壅，只是滋养得此根。"

※ 注释

1 孟源，字伯生，滁州人（今安徽滁县）人，王阳明的学生。

※ 译文

孟源有自以为是、喜好名利的毛病，先生曾多次责备他。一天，先生刚刚责备过他，有一个朋友来谈自己近来所练功夫，请先生指正。孟源在旁边说："你的方法只是捡着了我以前的家当。"

先生说："你的毛病又犯了！"孟源脸色大变，想为自己辩解。

先生说："你的毛病又犯了！"于是开导他说："这是你一生最大的毛病。比如方圆一丈的地里栽着一棵大树，雨露的滋润，土壤的肥力，只能滋养树根，四周即使种上优良的种子，上面被大树的叶子遮挡，下面又被大树的根盘结，怎么能生长好呢？必须砍了这棵树，把树根都清理干净，才可以种植优良的种子。要不然的话，任凭你耕耘培土，也只能滋养那个树根。"

二一

※ 原文

问："后世著述之多，恐亦有乱正学。"

先生曰："人心天理浑然，圣贤笔之书，如写真传神，不过示人以形状大略，使之因此而讨求其真耳；其精神意气，言笑动止，固有所不能传也。后世著述是又将圣人所画摹仿誊写，而妄自分析加增以逞其技，其失真愈远矣。"

※ 译文

陆澄问："后世著述那么多，恐怕会扰乱正宗的儒学。"

先生说："人心和天理浑然一体，圣贤把天理写在书上，如同给人画像，不过展示给人一个基本的轮廓，使人因此而探求画像的本人；至于人的精神风貌、谈吐举止，确实有些不能表达出来。后世的著述，是又将圣人所画的模仿抄写，并且胡乱地加以分析评判，有所增减，以炫耀自己的文才技艺，这就离圣人所要传达的精神越来越远了。"

二二

※ 原文

问："圣人应变不穷，莫亦是预先讲求否？"

先生曰："如何讲求得许多？圣人之心如明镜，只是一个明，则随感而应，无物不照，未有已往之形尚在，未照之形先具者。若后世所讲，却是如此，是以与圣人之学大背。周公制礼作乐以文天下，皆圣人所能为，尧、舜何不尽为之而待于周公？孔子删述《六经》以诏万世，亦圣人所能为，周公何不先为之，而有待于孔子？是知圣人遇此时，方有此事。只怕镜不明，不怕物来不能照。讲求事变亦是照时事，然学者却须先有个明的功夫。学者惟患此心之未能明，不患事变之不能尽。"

曰："然则所谓'冲漠无朕，而万象森然已具'[1]者，其言何如？"

曰："是说本自好，只不善看，亦便有病痛。"

※ 注释

1 冲漠无朕，而万象森然已具：程颐语，出自《河南程氏遗书》。意为在宇宙还是一片混沌时，万事万物的理已经在冥冥之中存在了。

※ 译文

陆澄问："圣人的应变能力无穷无尽，莫非是他们预先探究准备好了？"

先生说："怎么能探究准备那么多呢？圣人的心就像是明亮的镜子，只因为它很明亮，所以能够随感触而应变自如，没有什么东西不能照的，不可能先前所照的物象还在镜子里，没有照过的物象已经预先出现在镜子上。若按后人的说法确实是这样，这就与圣人的学说背道而驰了。周公制作礼乐以教化世人，是圣人们都可以做到的，尧、舜为何不做而要等到周代让周公做呢？孔子删述《六经》教化后世，也是圣人都能做的，周公为何没有先做了而要等到孔子来做呢？因此我们知道圣人处于一定的时代，才会有一定的作为。就怕镜子不明亮，不怕它不能照所遇之物。探究事物的变化，也是用镜子照时事，然而学者必须先下功夫使自己的心如明镜。学者只有担心自己的心不能明亮如镜，而不用担心明镜一样的心不能穷尽事物的变化发展。"

陆澄说："那么程颐先生所说的'宇宙间还是一片混沌时，万事万物的理已经在冥冥之中存在了'，这句话应如何理解？"

先生说："这句话本来是正确的，只是世人没有好好理解，也就有毛病了。"

二三

※ 原文

"义理无定在，无穷尽。吾与子言，不可以少有所得而遂谓止此也，再言之十年，二十年，五十年，未有止也。"他日又曰："圣如尧、舜，然尧、舜之上善无尽；恶如桀、纣，然桀、纣之下恶无尽。使桀、纣未死，恶宁止此乎？使善有尽时，文王何以'望道而未之见'[1]？"

※ 注释

1 望道而未之见：语出《孟子·离娄下》。

※ 译文

"天理没有固定不变的存在场所，是无穷无尽的。我跟你讲解学问，你不能稍有收获就说学问不过如此，即使再讲它十年、二十年、五十年，也没有止境。"隔了一天先生又说："像尧、舜已经够圣明了，然而尧、舜之上善也没有穷尽；像桀、纣已经是够可恶了，然而桀、纣之下还有无穷无尽的恶。即使是桀、纣不死，残暴难道就到他们这儿为止了吗？假如善有穷尽的时候，周文王怎么会'期望得到天理却好像从来没有见过天理'呢？"

二四

※ 原文

问："静时亦觉意思好，才遇事便不同，如何？"

先生曰："是徒知静养，而不用克己功夫也。如此，临事便要倾倒。人须在事上磨，方立得住，方能静亦定，动亦定[1]。"

※ 注释

1 静亦定，动亦定：语出《河南程氏遗书》。

※ 译文

陆澄问："静心思考的时候也觉得某种思想很好，可是一遇到事就觉得不能按那种思路去做，这是怎么回事？”

先生说：“那是因为你仅仅知道静心修养，而不知道努力去克制自己的功夫。就像这样，遇到事就会觉得原来的思路不管用了。人必须在事上琢磨，才能站立得住，才能做到静止时有定理，行动时也有定理。”

二五

※ 原文

问上达[1]功夫。

先生曰：“后儒教人，才涉精微，便谓上达未当学，且说下学[2]，是分下学、上达为二也。夫目可得见，耳可得闻，口可得言，心可得思者，皆下学也。目不可得见，耳不可得闻，口不可得言，心不可得思者，上达也。如木之栽培灌溉，是下学也；至于日夜之所息[3]，条达畅茂，乃是上达，人安能预其力哉！故凡可用功、可告语者皆下学，上达只在下学里。凡圣人所说，虽极精微，俱是下学。学者只从下学里用功，自然上达去，不必别寻个上达的功夫。”

※ 注释

1 上达：意为参悟天理。语出《论语·宪问》“君子上达，小人下达”。2 下学：意为关于事物的基本知识和思想方法。语出《论语·宪问》“不怨天，不尤人。下学而上达。知我者其天乎？”3 日夜之所息：语出《孟子·告子上》。

※ 译文

陆澄向先生请教参悟天理的功夫。

先生说：“后世儒生教学生，刚刚涉及精微的地方，就说上达的功夫还不到学的时候，只说下学的一些基本知识和思想方法，这是把上达和下学分做了两部分。眼睛可以看见，耳朵可以听到，嘴巴可以说出，心里可以思考得到的，都是下学。眼睛看不到，耳朵听不到，嘴巴说不出，心里想不到的，都是上达。就像种树，栽培、灌溉属于下学；至于树木日夜生长，枝叶茂盛，才是上达。人怎么能干预它呢！所以凡是可以用功、可以用语言说的，都是下学，上达只是包存在下学里。凡是圣人所谈到的，虽然极其精微，也都是下学。学者只要从下学里用功，自然就会达到上达的功夫，不需要再在别处寻求上达的功夫。”

二六

※ 原文

问："'惟精''惟一'是如何用功？"

先生曰："'惟一'是'惟精'主意，'惟精'是'惟一'功夫，非'惟精'之外复有'惟一'也。精字从米，姑以米譬之。要得此米纯然洁白，便是'惟一'意，然非加舂簸筛拣'惟精'之功，则不能纯然洁白也。舂簸筛拣是'惟精'之功，然亦不过要此米到纯然洁白而已。博学、审问、慎思、明辨、笃行者，皆所以为'惟精'而求'惟一'也。他如'博文'者即'约礼'之功，'格物''致知'者即'诚意'之功，'道问学'即'尊德性'之功，'明善'即'诚身'之功，无二说也。"

※ 译文

陆澄问："做到'惟精''惟一'，是如何下工夫的？"

先生说："'惟一'是'惟精'的目的，'惟精'是'惟一'的功夫，并不是在'惟精'之外又有个'惟一'。精字有个米字旁，我们姑且拿米来打个比方吧。要让大米纯净洁白，就是'惟一'的意思，然而如果不是对稻谷舂簸筛拣下'惟精'的功夫，大米就不可能纯净洁白。舂簸筛拣是'惟精'的功夫，然而也不过是让大米纯净洁白而已。博学、审问、慎思、明辨、笃行等，都是'惟精'的功夫，目的是为了求得'惟一'。再比如'博文'是'约礼'的功夫，'格物''致知'是'诚意'的功夫，'道问学'是'尊德性'的功夫，'明善'是'诚身'的功夫，道理都是一样的。"

二七

※ 原文

"知者行之始，行者知之成。圣学只一个功夫，知、行不可分作两事。"

"漆雕开[1]曰：'吾斯之未能信。'[2]夫子说之。子路使子羔[3]为费宰，子曰：'贼夫人之子。'[4]曾点[5]言志，夫子许之。圣人之意可见矣。"

※ 注释

1 漆雕开：鲁国人，字子开，孔子的学生。2 吾斯之未能信：语出《论语·公冶长》"子使漆雕开仕。对曰：'吾斯之未能信。'子说。"3 子路：仲由，鲁国卞（今山东泗水）人，姓仲，名由，字子路，又字季路，孔子的学生。子羔，齐国人，姓高，名柴，孔子的学生。4 贼夫人之子：意为危害人家的孩子。语出《论语·先进》。5 曾点：曾皙，鲁国人，孔子的学生。

※ 译文

“认识是实践的开始，实践是认识的成果。圣人的学说只有一个功夫，认识和实践不可以分成两件事。”

“孔子的学生漆雕开说：‘我对做官还没有自信。’孔子听后很高兴。子路让子羔当费地的地方官，孔子说：‘这是在危害人家的孩子。’曾点向孔子说了自己的志向，孔子赞许了他。孔子的心意由此可见。”

二八

※ 原文

问：“宁静存心时，可为‘未发之中’[1]否？”

先生曰：“今人存心，只定得气。当其宁静时亦只是气宁静，不可以为未发之中。”

曰：“未便是中，莫亦是求中功夫？”

曰：“只要去人欲、存天理，方是功夫。静时念念去人欲、存天理，动时念念去人欲、存天理，不管宁静不宁静。若靠那宁静，不惟渐有喜静厌动之弊，中间许多病痛只是潜伏在，终不能绝去，遇事依旧滋长。以循理为主，何尝不宁静？以宁静为主，未必能循理。”

※ 注释

1 未发之中：语出《中庸》“喜怒哀乐之未发谓之中”。意为喜怒哀乐尚在内心，没有表现出来，理学认为这种状态的情绪纯真无伪，最符合“理”。

※ 译文

问：“一个人静处，存心养性时，可以称得上‘未发之中’吗？”

先生说：“现在的人存心养性，只是能定得住气。当他安静时也只是气得安静，不能称为‘未发之中’。”

说：“未发出来便是‘中’，莫非也是求‘中’的功夫？”

说：“只有去除私欲、存养天理，才是功夫。安静时念念不忘去除私欲、存养天理，行动时念念不忘去除私欲、存养天理，不管宁静还是不宁静。如果只靠那宁静来存养天理，不但会渐渐有喜欢静而厌恶动的毛病，中间还有许多毛病潜伏在心里，始终不能清除掉，遇到事情依然会滋长起来。以遵循天理为主，心里怎么会不宁静？如果以追求宁静为主，却未必能遵循天理。”

二九

※ 原文

问："孔门言志[1]，由、求[2]任政事，公西赤[3]任礼乐，多少实用！及曾皙说来，却似耍的事，圣人却许他，是意何如？"

曰："三子是有意必[4]，有意必便偏着一边，能此未必能彼。曾点这意思却无意必，便是'素其位而行，不愿乎其外，素夷狄行乎夷狄，素患难行乎患难，无入而不自得'[5]矣。三子所谓'汝器也'[6]，曾点便有'不器'[7]意。然三子之才各卓然成章，非若世之空言无实者，故夫子亦皆许之。"

※ 注释

1 孔门言志：语出《论语·先进》。2 由、求：由，仲由，即子路。求，冉求，字子有，孔子的学生。3 公西赤：姓公西，名赤，字子华，孔子的学生。4 意必：语出《论语·子罕》。意，即主观猜测。必，即武断绝对。5 "素其位"五句：语出《中庸》。素其位，安于现在的地位、条件。6 汝器也：语出《论语·公冶长》。器，即器具，特定的器具有特定的才能。7 不器：语出《论语·为政》。意为不是一般的器具，具有多种才能。

※ 译文

陆澄问："孔子的弟子谈论志向，子路和冉求想从政，公西赤想从事礼乐，这多少有些实用。曾皙说得却像是在开玩笑，孔子却赞许他，这又是什么意思呢？"

先生说："其他三个人的志向都有点主观猜测、武断绝对，有了这两种倾向，就会偏执一边，能做这未必能做那。曾皙的志向却没有这两种倾向，只是'安于现在的条件而行事，不做超出条件的事，身在夷狄，就做在夷狄能行的事，身处患难，就做在患难中能行的事，随着时间和地理位置的改变而改变自己，这样无论在什么情况下都能怡然自得'。其他三人是孔子所说的那种'有某种才能的人'，曾皙是孔子所说的'具备多种才能的人'。然而其他三人各有自己的突出成就，不像世间那些只会空谈而没有实际本领的人，因此孔子也赞许他们。"

三〇

※ 原文

问："知识不长进，如何？"

先生曰："为学须有本原，须从本原上用力，渐渐盈科而进[1]。仙家说婴儿亦善譬。婴儿在母腹时只是纯气，有何知识？出胎后，方始能啼，既而后能笑，又既而后能识认其父母兄弟，又既而后能立，能行，能持，能负，卒乃天下之事无不可能。皆是精气日足，则筋力日强，聪明日开，不是出胎日便讲求推寻得来，故须有个本原。圣人到'位天地，育万物'，也只从'喜怒哀乐未发之中'上养来。后儒不明格物之说，见圣人无不知，无不能，便欲于初下手时讲求得尽，岂有此理！"又曰："立志用功，如种树然。方其根芽犹未有干，及其有干尚未有枝，枝而后叶，叶而后花实。初种根时，只管栽培灌溉，勿作枝想，勿作叶想，勿作花想，勿作实想。悬想何益？但不忘栽培之功，怕没有枝叶花实！"

※ 注释

1 盈科而进：语出《孟子·离娄下》。比喻循序渐进。

※ 译文

陆澄问："知识不长进，怎么办？"

先生说："做学问必须有基础，必须从基础上下功夫，循序渐进，才能有收获。道家用婴儿打比方，也说得非常精辟。婴儿在母腹中时纯粹是一团气，有什么知识？出生后，才开始啼哭，随后又能笑，能认识父母兄弟，后来又能站立，能行走，能拿，能背，最后世上的所有事没有不会做的。这都是因为婴儿的精气越来越充足，筋骨力气越来越强，越来越聪明，并不是刚生出来时就具备各种功能，所以必须有个基础。圣人能让'天地安其本位，让万物随自己的习性生长'，也只是从'喜怒哀乐各种情绪没有表现出来时'慢慢培养起来的。后世儒生不理解格物的学说，看到圣人无所不知、无所不能，于是就想要在刚开始时就学会所有的学问，哪里有这种道理！"先生又说："立志用功，就像种树。当它才开始发芽时，还没有树干，等到它长出树干时，还没有树枝，长了树枝之后长叶子，叶子长好后开花、结果。刚种上树根时，只管培土灌溉，不要想着生枝、长叶、开花、结果。空想那些有什么用？只要不忘了培土灌溉的工夫，还怕没有枝、叶、花、果！"

三一

※ 原文

问："看书不能明，如何？"

先生曰："此只是在文义上穿求，故不明。如此，又不如为旧时学问。他到看得多，解得去，只是他为学虽极解得明晓，亦终身无得。须于心体上用功，凡明不得，行不去，须反在自心上体当，即可通。盖《四书》[1]《五经》，不过说这心体，这心体即所谓道，心体明即是道明，更无二。此是为学头脑处。"

※ 注释

1 四书：宋代理学家朱熹把《大学》《中庸》《论语》《孟子》合起来，编为《四书》，作为儒学的基本经典。

※ 译文

问："读书而不明白意思，怎么办呢？"

先生说："之所以读不明白，主要是因为只求字面意思。要是这样，倒不如去学程朱的学问。他们的学问倒是看得多了，自然就会理解，只是他们做学问虽然极其清楚明白，但终生没有什么收获。必须在心体上下苦功夫，大凡不明白、行不通的，必须返回在自己内心里仔细体会，这样就能理解。《四书》《五经》说的就是心体，也就是所谓的天理，心体明亮就是天理敞明，再无其他。这正是做学问的关键所在。"

三二

※ 原文

"'虚灵不昧，众理具而万事出。'[1]心外无理，心外无事。"

或问："晦庵先生曰，'人之所以为学者，心与理而已。'此语如何？"

曰："心即性，性即理。下一'与'字，恐未免为二，此在学者善观之。"

或曰："人皆有是心，心即理，何以有为善，有为不善？"

先生曰："恶人之心，失其本体。"

※ 注释

1 "虚灵"两句：语出朱熹《大学章句》。

※ 译文

'让心体空灵而不愚昧，各种道理具备，那么万事万物就会显现出来。'在人的心体之外没有天理，也没有万事万物。"

有人问："朱熹先生说，'人之所以做学问，只不过是心和理罢了。'这句话正确吗？"

答："心就是性，性就是理，'心''理'之间加一'与'字，恐怕难免把心、理分为两件事。这要求学者善于观察体会。"

有人说："人人都有心，心就是理，怎么会有的行善，有的不行善呢？"

先生说："这是因为恶人的心失去了它的本体。"

三三

※ 原文

问：“‘析之有以极其精而不乱，然后合之有以尽其大而无余。’[1]此言如何？”

先生曰：“恐亦未尽。此理岂容分析？又何须凑合得？圣人说‘精一’，自是尽。”

“省察是有事时存养，存养是无事时省察。”

※ 注释

1“析之”句：语出朱熹《大学或问》“析之极精不乱，说条目功夫，然后合之尽大无余，说明明德于天下”。

※ 译文

问：“‘分析可以使天理非常精确而不混乱，然后综合天理的各方面使其包罗万象。’这句话正确吗？”

先生说：“恐怕也未必尽然。天理怎么能够加以分析？又如何需要拼凑综合呢？圣人说‘至精至纯’，已经把话说尽了。”

“省察就是有事时在事上存养天理，存养天理就是无事时反省体察天理。”

三四

※ 原文

澄尝问象山[1]在人情事变上做功夫之说。

先生曰：“除了人情事变，则无事矣。喜、怒、哀、乐，非人情乎？自视、听、言、动以至富贵、贫贱、患难、死生，皆事变也。事变亦只在人情里，其要只在‘致中和’[2]，‘致中和’只在‘谨独’[3]。”

※ 注释

1 象山：陆九渊（公元1139—1193年），字子静，自号存斋，江西抚州人。曾讲学于象山，学者称“象山先生”。2 中和：语出《中庸》。中，天下的根本。和，天下的大道。3 谨独：即慎独，意为一个人独处也要严格要求自己，言行思想要符合道德规范。

※ 译文

陆澄曾经向先生请教陆九渊在人情事变上下功夫的学说。

先生说：“世上除了人情事变再也没有其他事了。喜、怒、哀、乐，难道不是人情吗？从看、听、说、做到富贵、贫贱、患难、死生，都是事变。所有的事变也只在人情里体现，关键是要保持中正平和的心，要做到中正平和关键在于慎独。”

三五

※ 原文

澄问：“仁、义、礼、智之名，因已发而有？”

先生曰：“然。”

他日，澄曰：“恻隐[1]、羞恶、辞让、是非，是性之表德邪？”

先生曰：“仁、义、礼、智也，是表德。性一而已，自其形体也，谓之天，主宰也谓之帝，流行也谓之命，赋于人也谓之性，主于身也谓之心。心之发也，遇父便谓之孝，遇君便谓之忠，自此以往，名至于无穷，只一性而已。犹人一而已，对父谓之子，对子谓之父，自此以往至于无穷，只一人而已。人只要在性上用功，看得一性字分明，即万理灿然。”

※ 注释

1“恻隐”句：语出《孟子·公孙丑》。

※ 译文

陆澄问：“仁、义、礼、智的名称，是人的感情发出来以后才有的吗？”

先生说：“是的。”

又一天，陆澄问：“恻隐、羞恶、辞让、是非这四种情感是心性展示出来的善良和邪恶两种境界吗？”

先生说：“仁、义、礼、智都是表示善良的境界。心性只有一个，从它外表的形体而言称作天，从它主宰万事万物而言称作帝，从其流传变化来看称作命，而赋予人时称作性，主宰人身时称作心。心性发挥出来，表现在父母身上便是孝，表现在国君身上就是忠，以此类推，名称多达无数，而心性只有一个。就像人是一个一样，对于父亲来说是儿子，对于儿子来说是父亲，以此类推，对人的称呼无穷无尽，但只是一个人而已。人只要在心性上用功，把心性参悟透彻了，那么世上的一切道理便豁然开朗了。”

三六

※ 原文

一日论为学功夫。

先生曰："教人为学，不可执一偏。初学时心猿意马，拴缚不定，其所思虑，多是'人欲'一边，故且教之静坐息思虑。久之，俟其心意稍定，只悬空静守，如槁木死灰[1]亦无用，须教他省察克治。省察克治之功，则无时而可间，如去盗贼，须有个扫除廓清之意。无事时将好色好货好名等私，逐一追究搜寻出来，定要拔去病根，永不复起，方始为快。常如猫之捕鼠，一眼看着，一耳听着，才有一念萌动，即与克去，斩钉截铁，不可姑容，与他方便，不可窝藏，不可放他出路，方是真实用功，方能扫除廓清。到得无私可克，自有端拱时在。虽曰'何思何虑'，非初学时事。初学必须思省察克治，即是思诚，只思一个天理。到得天理纯全，便是'何思何虑'矣。"

※ 注释

1 槁木死灰语出《庄子·齐物论》："形固可使如槁木，而心固可使如死灰乎？"

※ 译文

有一天，师生共同探讨做学问的功夫。

先生说："教人做学问，不可偏执一端。人在刚开始学习时心神不宁，不能集中精力，其心中所考虑的大多是私欲方面的事，因此，姑且先教他静坐，借以安定思绪。久而久之，等到他的心意渐渐安定的时候，如果还一味让他悬空静坐，以至于像槁木死灰一般，也没有什么用，此时必须教他做反省体察克治私欲的功夫。这种功夫从来不能间断，好比铲除盗贼，要有一个彻底清除的决心。没事的时候，将好色、贪财、慕名等私欲统统搜寻出来，一定要将病根拔去，使它永不复发，才算痛快。好比猫捉老鼠，眼睛盯着，耳朵听着，只要有一丝私心杂念，就将其摒弃，态度坚决，不能姑息迁就老鼠，给它喘息的机会，更不能窝藏它，也不能网开一面让它逃走，这才是真功夫，如此才能扫尽心中的私欲。等到心中没有私欲可除，自然可以端坐拱手轻轻松松。虽然'也是没有什么可想的'，但并非初学的人所能做到的。初学时必须思考省察克治的功夫，也就是思考如何诚意，只思考一个天理。等到天理完全纯正时，也就是'何思何虑'了。"

三七

※ 原文

澄问："有人夜怕鬼者，奈何？"

先生曰："只是平日不能集义[1]而心有所慊，故怕。若素行合于神明，何怕之有？"

子莘[2]曰："正直之鬼不须怕，恐邪鬼不管人善恶，故未免怕。"

先生曰："岂有邪鬼能迷正人乎！只此一怕即是心邪。故有迷之者，非鬼迷也，心自迷耳。如人好色即是色鬼迷，好货即是货鬼迷，怒所不当怒，是怒鬼迷，惧所不当惧是惧鬼迷也。"

※ 注释

1 集义：意思是经常积累善心。语出《论语・公孙丑上》。2 子莘：马明衡，字子莘，福建莆田人。官至御史，王守仁最早的福建弟子。

※ 译文

陆澄问："有人夜里怕鬼，怎么办？"

先生说："只是因为平时不经常积累善心而心中有所愧疚，所以才会怕鬼。如果平素的行为合乎神明，哪里会害怕呢？"

子莘说："正直的鬼不可怕，恐怕邪恶之鬼不理会人的善恶都会加以伤害，所以难免有些害怕。"

先生说："邪鬼怎能迷惑正直的人！仅仅这一怕，就说明人的心术不正。之所以被迷惑，并不是鬼迷惑了人，是人自己的心迷惑了人。例如，人好色，就是色鬼迷，贪财，就是贪财鬼迷，不该怒而怒，就是被怒鬼迷，不该怕而怕，就是被怕鬼迷。"

三八

※ 原文

"定者，心之本体，天理也。动静，所遇之时也。"

澄问《学》《庸》同异。

先生曰："子思[1]括《大学》一书之义，为《中庸》首章。"

※ 注释

1 子思：孔子的孙子。相传为曾子的学生，继承发扬了孔子的中庸思想。

※ 译文

"恒定平静为心之本体，也就是天理。动与静，只是天理在不同时间、不同环境下的表现。"

陆澄向先生请教《大学》《中庸》两书的异同。

先生说："子思总结概括了《大学》一书的宗旨，写了《中庸》的第一章。"

三九

※ 原文

问："孔子正名[1]。先儒说上告天子，下告方伯，废辄立郢。此意如何？"

先生曰："恐难如此。岂有一人致敬尽礼，待我而为政，我就先去废他，岂人情天理！孔子既肯与辄为政，必已是他能倾心委国而听。圣人盛德至诚，必已感化卫辄，使知无父之不可以为人，必将痛哭奔走，往迎其父。父子之爱，本于天性，辄能悔痛真切如此，蒯聩岂不感动底豫？蒯聩既还，辄乃致国请戮。聩已见化于子，又有夫子至诚调和其间，当亦决不肯受，仍以命辄。群臣百姓又必欲得辄为君。辄乃自暴其罪恶，请于天子，告于方伯诸侯，而必欲致国于父。聩与群臣百姓亦皆表辄悔悟仁孝之美，请于天子，告于方伯诸侯，必欲得辄而为之君。于是集命于辄，使之复君卫国。辄不得已，乃如后世上皇故事，率群臣百姓尊聩为太公，备物致养，而始退复其位焉。则君君、臣臣、父父、子子[2]，名正言顺，一举而可为政于天下矣。孔子正名，或是如此。"

※ 注释

1 正名：使名分恰当。语出《论语·子路》"子路曰：'卫君待子而为政，子将奚先？'子曰：'必也正名乎！'"孔子认为，为政治国必须先有恰当的名分，做到"君君、臣臣、父父、子子"，严格遵守等级秩序。2 "君君"句：语出《论语·颜渊》"齐景公问政于孔子。孔子对曰：'君君、臣臣、父父、子子'"，意为君要像君，臣要像臣，父要像父，子要像子，都要遵守各自的行为规范。

※ 译文

陆澄问："孔子主张端正名分。朱熹说孔子是要对上报告天子，对下告诉诸侯，废除公子辄而拥立公子郢。这样说对吗？"

先生说："恐怕不能这样吧？哪有一个人对待我恭敬有礼，让我帮助治理国家，我就先去废除他，这难道符合人情天理吗！孔子既然肯帮助辄治理国家，一定是辄能放心地把国家委托给他，悉心听从他的教诲。孔子的品德高尚，心灵至诚，一定是已经感化了卫辄，使他知道不孝顺父亲就不能算作一个真正的人。因此，卫辄定将痛苦奔走，亲自前去迎接父亲回来。父子之爱出自人的天性，卫辄能真切地悔悟过错、痛改前非，如此真切，蒯聩哪能不被彻底感动？蒯聩回来以后，卫辄将国家交给父亲，并请求父亲杀了他以弥补自己的罪过。蒯聩已经被儿子的行为感化，又有孔子在中间诚恳调解，蒯聩当然绝不会接受治理国家的担子，仍然让辄治理国家。大臣和百姓也一定要让辄继续做国君。卫辄于是自己揭露了自己的罪行，请示天子，昭告诸侯，一定要将国家还给父亲。蒯聩与众大臣百姓们也都赞赏辄的忏悔和仁孝的美德，请示天子，昭告诸侯，一定要卫辄继续担任国君。于是上上下下一致要求卫辄继续做他们的国君。于是他们联合起来请求辄，让他继续做卫国的国君。卫辄迫不得已，于是像后世帝王那样，率领众大臣和全国百姓尊奉父亲为太上皇，使其养尊处优，然后，卫辄才重新做了卫国的国君。这样国君、大臣、父亲、儿子都恪守自己的身份，名正言顺，从此天下就好治理了。孔子说的使名分恰当，大概就是这样吧！”

四〇

※ 原文

澄在鸿胪寺仓居[1]，忽家信至，言儿病危，澄心甚忧闷，不能堪。

先生曰：“此时正宜用功，若此时放过，闲时讲学何用？人正要在此等时磨炼。父之爱子自是至情，然天理亦自有个中和处，过即是私意。人于此处多认做天理当忧，则一向忧苦，不知已是‘有所忧患不得其正’[2]。大抵七情所感，多只是过，少不及者。才过便非心之本体，必须调停适中始得。就如父母之丧，人子岂不欲一哭便死，方快于心？然却曰‘毁不灭性’[3]，非圣人强制之也，天理本体自有分限，不可过也。人但要识得心体，自然增减分毫不得。”

※ 注释

1 鸿胪寺：掌管赞导相礼的衙门。王阳明于正德九年（公元1514年）升任南京鸿胪寺卿，许多弟子随他前往。仓居，在衙舍居住。2 有所忧患不得其正：语出《大学》。3 毁不灭性：意思是孝子哀伤不能伤害性命。语出《孝经·丧亲》。

※ 译文

陆澄跟随先生在南京鸿胪寺居住，突然接到家信，说他的儿子病危，陆澄心里忧心郁闷，不能承受如此打击。

先生说：“这时候正应该在修身养性上下功夫，如果放过这个机会，平时讲求学问又有什么用呢？人就是要在这时候磨炼自己。父亲关爱儿子，是最自然的感情流露，但是天理也应该中正适度，超过这个限度就是私欲。人在这时多认为按照天理应当忧伤，于是就一味悲伤，而不知道自己已经是‘过度悲伤以至于不能保持天理中正平和’。一般来说，七情六欲一旦发作，往往过分的多，不足的很少。然而稍稍有点过分，便不是心的本体，必须进行调节直到适中为止。比如父母去世，作为人子难道不想一下子哭死，才能化解心中的悲痛？然而圣人说过‘孝子哀伤不能伤害性命’，这并非圣人要强人所难，而是因为天理本体自然有限度，凡事不能超过这个限度。人一旦真正认识了心体，自然会明白不能有分毫增减。”

四一

※ 原文

“不可谓‘未发之中’常人俱有。盖体用一源[1]，有是体即有是用，有‘未发之中’，即有发而皆中节之和。今人未能有‘发而皆中节之和’，须知是他‘未发之中’亦未能全得。”

※ 注释

1 体用一源：语出《伊川易传·序》“至微者，理也；至著者，象也。体用一源，显微无间”。意为体与用同出于一个源头即易，它们或者显著，或者有微妙的差异，却是紧密结合，不可分割的。

※ 译文

“不能说常人都有‘情感未发’时的中正状态。因为本体和应用是同源的，有什么样的体就有什么样的用，有‘情感未发’时的中正，就有情感发出来符合中正的平和。现在的人没有做到‘情感发出来符合中正的平和’，应当知道是因为他‘情感未发’时的中正状态还没能完全得到。”

四二

※ 原文

“《易》之辞是‘初九潜龙勿用’[1]六字，《易》之象是初画，《易》之变是值其画，《易》之占是用其辞。”[2]

※ 注释

1 初九潜龙勿用：《易经》乾卦的初九爻爻辞，象征潜伏的龙，不能发挥作用。初九，指乾卦从下数第一爻，亦称初画。易经中用九代表阳爻，用六代表阴爻。2 辞、象、变、占：《易经·系辞上》“《易》有圣人之道四焉：以言者尚其辞，以动者尚其变，以制器者尚其象，以卜筮者尚其占”。象，即用卦爻等符号比拟自然界和社会的形态与变化。

※ 译文

先生说：“《易经》乾卦的初九爻爻辞是‘初九潜龙勿用’六字，其卦象是初九爻，其变化是出现新爻，其占卜用的是卦辞和爻辞。”

四三

※ 原文

“‘夜气’[1]是就常人说。学者能用功，则日间有事无事，皆是此气翕聚发生处。圣人则不消说‘夜气’。”

※ 注释

1 夜气：人在夜里产生的清明和善的心气或精神状态。语出《孟子·告子上》。

※ 译文

先生说：“存养夜气是就普通人来说的，学者能在本心修养功夫，不论白天有没有事情，心中都有清明和善的心气聚敛。圣人因此不需要讲究‘夜气’。”

四四

※ 原文

澄问“操存舍亡”[1]章。

曰：“‘出入无时，莫知其向’，此虽就常人心说，学者亦须是知得心之本体亦元是如此，则操存功夫始没病痛。不可便谓出为亡，入为存。若论本体，元是无出无入的。若论出入，则其思虑运用是出，然主宰常昭昭在此，何出之有？既无所出，何入之有？程子所谓‘腔子’[2]，亦只是天理而已。虽终日应酬而不出天理，即是在腔子里；若出天理，斯谓之放，斯谓之亡。”

又曰：“出入亦只是动静，动静无端，岂有乡邪？”

※ 注释

1 操存舍亡：语出《孟子·告子上》“孔子曰：‘操则存，舍则亡，出入无时，莫知其乡，惟心之谓欤？’”操，指保持人的善良本心。乡，通‘向’，即方向。2 腔子：指胸腔。语出《河南程氏遗书》：“心要在腔子里。”

※ 译文

陆澄向先生请教《孟子》中“操存舍亡”一章。

先生说：“‘人的善心出入没有规律，不知道它的方向’，这虽然是对普通人的心而言，学者也应该知道心的本体原本就是如此，那么保存的功夫才不会有毛病。不能随便说出就是亡，入就是存。如果论及心的本体，原本就是无所谓出和入的。如果论及出入，那么思考运用就是出，然而人的主宰明明就在心里，哪里会有出？既然没有出，哪里会有入？程颐所说的‘心腔’，也只是天理而已。虽然一天到晚应酬不止，也不会超出天理，就是在心腔里；如果超出天理，就称作放，就称作亡。”

先生又说：“心的出和入只是运动和静止而已，运动和静止不定，哪里会有方向？”

四五

※ 原文

王嘉秀[1]问：“佛以出离生死诱人入道，仙以长生久视[2]诱人入道，其心亦不是要人做不好，究其极至，亦是见得圣人上一截[3]，然非入道正路。如今仕者，有由科，有由贡，有由传奉，一般做到大官，毕竟非入仕正路，君子不由也。仙佛到极处与儒者略同，但有了上一截，遗了下一截，终不似圣人之全。然其上一截同者，不可诬也。后世儒者又只得圣人下一截，分裂失真，流而为记诵、词章、功利、训诂，亦卒不免为异端。是四家者终身劳苦，于身心无分毫益，视彼仙佛之徒清心寡欲，超然于世累之外者，反若有所不及矣。今学者不必先排仙、佛，且当笃志为圣人之学。圣人之学明则仙、佛自泯，不然则此之所学，恐彼或有不屑，而反欲其俯就，不亦难乎！鄙见如此，先生以为何如？”

先生曰：“所论大略亦是。但谓上一截、下一截，亦是人见偏了如此。若论圣人大中至正之道，彻上彻下，只是一贯，更有甚上一截、下一截？‘一阴一阳之谓道’，但‘仁者见之便谓之仁，智者见之便谓之智，百姓又日用而不知，故君子之道鲜矣。’仁智岂可不谓之道？但见得偏了，便有弊病。”

※ 注释

1 王嘉秀：字实夫，王阳明的学生，好谈佛道。2 长生久视：指长生不老。语出《老子》“有国之母，可以长久，是谓深根固柢，长生久视之道”。3 上一截：指上达。下文中“下一截”指下学。当时一般把孔子的学问分为两部分，即上下两截。上一截谈性与道，下一截讲治国平天下。王阳明不同意这种看法。

※ 译文

王嘉秀问：“佛教以超脱生死轮回来诱惑人信奉佛教，道教以长生不老来诱惑人信奉道教，他们的本意也不是要人做坏事。推究到根本上来说，他们也只是看到了圣人学问的上一截，而并非进入圣道的正路。好比现在做官的人，有的是通过科举考试，有的是通过举荐，有的是继承前辈爵位，一样都做了大官。但最终走的不是做官的正道，正人君子是不会做的。道、佛到了最高境界，和儒家差不多，但是道、佛只看到了上一截，而遗失了下一截，终究不像圣道那么全面。然而佛、道看到的上一截和儒家的上一截是相同的，这一点不可否认。后世的儒生，又只得到了圣道的下一截，把圣道分裂就失去了圣道的本真，于是圣道沦为记诵、辞章、功利、训诂的学问，最后也难免演变成异端邪说。记诵、辞章、功利、训诂四家的人，虽然一生辛苦劳碌，但对于身心毫无裨益，再看那些修道、信佛的人，一生清心寡欲，超脱于世俗纷争之外，反倒比不上人家。现在的学者不必先排斥道、佛，姑且应当专心致志于圣人的学说。圣人的学说明白通晓，那么道、佛自然会泯灭。要不这样，儒生们所学的知识恐怕要被道、佛所不屑，反过来再让他们俯首称臣，不也是很难吗！这是我的见解，先生认为怎样？”

先生说：“你所说的大致上是正确的。但是你说的上一截、下一截，也只是常人的偏见。如果说圣道广大中正到正道，彻头彻尾，只有一个线索，哪里会有什么上一截、下一截之说？《易经》中‘阴阳结合就是天理’，但是‘仁者见仁，智者见智，老百姓又对生活中的道无所知晓，所以君子遵循的圣道很少有人知道。’仁慈、智慧难道不是道吗？但理解偏了就会有弊病。”

四六

※ 原文

“蓍[1]固是《易》，龟亦是《易》。”

※ 注释

1 蓍：一种草。蓍草茎，古代常用以占卜。

※ 译文

先生说：“用蓍草占卜固然是《易经》，用龟甲占卜也是《易经》。”

四七

※ 原文

问：“孔子谓武王未尽善[1]，恐亦有不满意？”

先生曰：“在武王自合如此。”

曰：“使文王未没，毕竟如何？”

曰："文王在时，天下三分已有其二[2]，若到武王伐商之时，文王若在，或者不致兴兵，必然这一分亦来归了。文王只善处纣，使不得纵恶而已。"

※ 注释

1 孔子谓武王未尽善：语出《论语·八佾》。孔子认为武王用武力得到天下不是最好的方法。2 "天下三分"句：语出《论语·泰伯》"三分天下有其二，以服事殷。周之德，其可谓至德也已矣"。意为当时三分之二的诸侯国已归顺周，而周文王仍恪守臣节，尊奉殷朝。

※ 译文

问："孔子认为周武王尚未达到尽善，恐怕是孔子对武王的行为不满意吧？"

先生说："在周武王自己看来就应该那样做。"

陆澄说："假如文王没有死，又会怎么样呢？"

先生说："文王还在世的时候，周已经拥有三分之二的天下，如果到武王讨伐商纣的时候，周文王还没有死，或许就不用动一兵一卒，剩下那一分也自然会来归顺。文王只要妥善处置商纣王，使他不能再放纵作恶就是了。"

四八

※ 原文

惟乾[1]问孟子言"执中无权犹执一"[2]。

先生曰："中只是天理，只是易，随时变易，如何执得？须是因时制宜，难预先定一个规矩在。如后世儒者，要将道理一一说得无罅漏，立定个格式，此正是执一。"

※ 注释

1 惟乾：冀元亨，字惟乾，武陵（今湖南常德）人，王阳明的弟子。2 执中无权犹执一：意为坚持中庸虽然正确，但如果不知因时制宜，加以权变，那就是偏执。语出《孟子·尽心上》。执中，即坚持中庸之道。无权，不知道灵活权变。执一，固执而不灵活。

※ 译文

惟乾向先生请教孟子说"执中无权犹执一"的含义。

先生说："中庸只要坚持天理，就是易。随着时间的变化而变化，怎么能固执不变呢？必须因时制宜，很难事先确定一个标准。比如后世儒生，想把道理阐述得完美无缺，便确定个固定的模式，这恰恰是偏执。”

四九

※ 原文

唐诩[1]问：“立志是常存个善念，要为善去恶否？”

曰：“善念存时即是天理，此念即善，更思何善？此念非恶，更去何恶？此念如树之根芽，立志者，长立此善念而已。‘从心所欲不踰矩’[2]，只是志到熟处。”

“精神、道德、言动，大率收敛为主，发散是不得已，天地人物皆然。”

※ 注释

1 唐诩：江西人，王阳明的弟子。2“从心”句：意为心与天理已合而为一，不管做什么都不会背离规矩。语出《论语·为政》。

※ 译文

唐诩问：“立志就是心中经常保存善念，就是要行善去恶吗？”

先生说：“善念存在心中，就是天理。这个念头就是善，还要想别的什么善呢？这个念头不是恶，还要去什么恶呢？这个意念就像树的根和芽，立志的人永远确立这个善念就行了。孔子说‘从心所欲不逾矩’，只是等到立志已经十分纯熟时方可做到。”

先生说：“精神、道德、语言行动，大多以收敛为主，发散开来也是不得已。天、地、人、物都是这样。”

五〇

※ 原文

问：“文中子是如何人？”

先生曰：“文中子庶几‘具体而微’[1]，惜其早死。”

问：“如何却有续经之非？”

曰：“续经亦未可尽非。”

请问。

良久曰：“更觉‘良工心独苦’[2]。”

※ 注释

1 具体而微：意为已经具备了圣人的基本条件，只是某些方面稍微逊色。语出《孟子·公孙丑上》。2 良工心独苦：语出杜甫《题李尊师松树障子歌》。意为优秀的工匠匠心独运，却因此而常受到庸人们的非议，可是跟一般俗人又无法沟通，所以很苦闷。

※ 译文

问："文中子是个什么样的人？"

先生说："文中子几乎'已经具备了圣人的条件，只是气度方面还有些欠缺'，可惜他早早地死了。"

问："可是他怎么会做出仿造经典这样的事呢？"

先生说："仿造经典也不都是错误的。"

问先生原因。

过了很久先生才说："我更能体会到'良工心独苦'这句话的意思了。"

五一

※ 原文

先生曰："许鲁斋[1]谓儒者以治生为先之说亦误人。"

问仙家元气、元神、元精。

先生曰："只是一件，流行为气，凝聚为精，妙用为神。"

"喜、怒、哀、乐本体自是中和的，才自家着些意思，便过不及，便是私。"

问："哭则不歌"[2]。

先生曰："圣人心体自然如此。"

"克己须要扫除廓清，一毫不存，方是；有一毫在，则众恶相引而来。"

※ 注释

1 许鲁斋：名衡，字仲平，号鲁斋，怀州河内（今河南沁阳）人。元代大儒，力倡程朱理学，为理学在北方的传播贡献很大。他曾说过：学者治生最为先务。2 哭则不歌：语出《论语·述而》"子于是日哭，则不歌"。意为孔子哭过后，当天就不再唱歌。

※ 译文

先生说："许鲁斋的儒生以谋生为第一要务的说法也是误人子弟。"

向先生请教道家所说的元气、元神、元精。

先生说："这三者是同一件事物，其运行则为气，凝聚在一起则为精，巧妙运用则为神。"

先生说："喜怒哀乐这几种情感的本体自然是中和的，只是人们人为地加了一些别的意念，就会过度或不足，于是就成了私欲。"

问："哭过就不再歌的意思。"

先生说："圣人的心体本来就是这样的。"

先生说："克制自己的私欲一定要彻底清除，一丝一毫不留存才是；有一点私念，那么各种各样的罪恶便接踵而至。"

五二

※ 原文

问《律吕新书》[1]。

先生曰："学者当务为急，算得此数熟，亦恐未有用，必须心中先具礼乐之本方可。且如其书说多用管以候气[2]，然至冬至那一刻时，管灰之飞或有先后，须臾之间，焉知那管正值冬至之刻？须自心中先晓得冬至之刻始得，此便有不通处。学者须先从礼、乐本原上用功。"

※ 注释

1 《律吕新书》：南宋蔡元定著，上卷《律吕本源》，下卷《律吕辨证》。

2 候气：测量阴阳之气的变化。古人用黄钟律管测定节气变化，把芦苇之灰放进律管里，冬至来时，阳气上升，管中的灰就会飞扬。

※ 译文

陆澄向先生请教《律吕新书》。

先生说："学者首先要做的是在心中确定礼、乐的根本，否则，即使把确定乐律的方法算得再熟，也恐怕没有用。就像《律吕新书》中说的，多数时候用律管测量阴阳二气的变化，然而到了冬至那一刻，律管中的芦苇灰的飞扬或许有先后，眨眼的工夫，哪能知道哪根律管中芦苇灰的飞扬代表正值冬至呢？必须在心中事先知道冬至时刻到了才行，这就有些说不通了。学者必须先从礼、乐的本源上下功夫。"

五三

※ 原文

曰仁[1]云："心犹镜也。圣人心如明镜，常人心如昏镜。近世'格物'之说，如以镜照物，照上用功，不知镜尚昏在，何能照？先生之'格物'如磨镜而使之明，磨上用功，明了后亦未尝废照。"

※ 注释

1 曰仁：徐爱的字。

※ 译文

徐爱说："人心好比镜子。圣人的心就像明亮的镜子，普通人的心就像昏暗的镜子。朱熹的'格物'的学说，如同用镜子照物体，只在照上下功夫，而不知道镜子还是昏暗的，怎么能照清楚呢？先生的'格物'的学说，正如打磨镜子使它变得明亮，在打磨上下功夫，镜子明亮后也不曾影响照物。"

五四

※ 原文

问道之精粗。

先生曰："道无精粗，人之所见有精粗。如这一间房，人初进来只见一个大规模如此；处久便柱壁之类一一看得明白，再久，如柱上有些文藻细细都看出来，然只是一间房。"

※ 译文

陆澄向先生请教道的精深、粗浅。

先生说："圣道本身没有精粗之分，只是人们对圣道的认识有精粗之分罢了。如同一间房，人刚进来时，见到的只是一个轮廓而已；在里面待久了，于是柱子墙壁也就一一看得很明白了，再过得久些，好比柱子上有些花纹，都看得清清楚楚，然而房子还是这一个房子。"

五五

※ 原文

先生曰："诸公近见时少疑问，何也？人不用功，莫不自以为已知为学，只循而行之是矣。殊不知私欲日生，如地上尘，一日不扫便又有一层。着实用功便见道无终穷，愈探愈深，必使精白，无一毫不彻方可。"

※ 译文

先生说："你们近来看见我很少有问题问，这是为什么？人不下功夫，没有谁不自认为已经知道如何做学问了，只要循着过去的方法去做就行了。却不知道私欲日渐滋长，如同地上的灰尘，一天不打扫就会又多一层。真正踏实用功，便会发现圣道是没有穷尽的，越挖掘越深奥，必须做到精通明白，没有丝毫不透彻才行。”

五六

※ 原文

问：“知至然后可以言诚意。今天理人欲知之未尽，如何用得克己功夫？”

先生曰：“人若真实切己用功不已，则于此心天理之精微日见一日，私欲之细微亦日见一日。若不用克己功夫，终日只是说话而已，天理终不自见，私欲亦终不自见。如人走路一般，走得一段，方认得一段，走到歧路处，有疑便问，问了又走，方渐能到得欲到之处。今人于已知之天理不肯存，已知之人欲不肯去，且只管愁不能尽知，只管闲讲，何益之有？且待克得自己无私可克，方愁不能尽知，亦未迟在。”

※ 译文

陆澄问：“《大学》中说，彻底认识了才能谈思想真诚。现在对天理私欲还没有完全弄明白，怎么能下克制私欲的功夫呢？”

先生说：“一个人如果真正决心不断用功修炼，那么他对天理的精妙细微的认识就会一天比一天深刻，对私欲的认识也是这样。如果不在克制私欲上下功夫，整天只是说说而已，终究不会认识清楚天理和私欲。就像人走路一样，走了一段，才能认识一段，走到岔路口时，有疑惑就问，问了再走，才能渐渐到达目的地。现在的人对已经认识到的天理不肯存养，对已经认识到的私欲不肯去除，只在那发愁不能完全认识天理，一味在那空谈，有什么用？姑且等到自己没有私欲可以克制的时候，再愁不能完全知晓天理，也还不算晚。”

五七

※ 原文

问：“道一而已[1]，古人论道往往不同，求之亦有要乎？”

先生曰：“道无方体[2]，不可执着，却拘滞于文义上求道，远矣。如今人只说天，其实何尝见天？谓日、月、风、雷即天，不可；谓人、物、草、木不是天，亦不可。道即是天，若识得时，何莫而非道？人但各以其一隅之见认定，以为道止如此，所以不同。若解向里寻求，见得自己心体，即无时无处不是此道，亘古亘今，无终无始，更有甚同异？心即道，道即天，知心则知道、知天。”

又曰：“诸君要实见此道，须从自己心上体认，不假外求，始得。”

※ 注释

1 道一而已：语出《孟子·滕文公上》“夫道，一而已矣”。2 道无方体：语出《易经·系辞上》“故神无方而易无体”。神，指道变化神妙。方，方向。体，具体形态。

※ 译文

陆澄问：“道只有一个，古人谈论的圣道往往不同，求得圣道也有关键之处吗？”

先生说：“圣道没有方向和形态，不能执着。如果拘泥于文义上探求圣道，反而离圣道越来越远。如同现在的人说天，其实他们何曾真正认识天？他们认为日、月、风、雷就是天，不对；认为人、物、草、木不是天，也不对。圣道就是天，如果认识到这一点，那么什么不是道？人们只是各自把其所见到的一个方面认作道，以为道不过如此，所以每个人的认识才会各不相同。如果向内心修养上寻求，看见自己的本心，那么时时处处都是这个道，从古至今，无终无始，哪里有什么异同？心就是道，道就是天，认识本心就认识了道和天。”

先生又说：“你们要确实想认识道，就必须从自己的本心上体会，不要借助外物去探求，才行。”

五八

※ 原文

问：“名物度数，亦须先讲求否？”

先生曰：“人只要成就自家心体，则用在其中。如养得心体果有‘未发之中’，自然有‘发而中节之和’，自然无施不可。苟无是心，虽预先讲得世上许多名物度数，与己原不相干，只是装缀，临时自行不去。亦不是将名物度数全然不理，只要‘知所先后，则近道’[1]。”

又曰：“人要随才成就。才是其所能为。如夔[2]之乐，稷[3]之种，是他资性合下便如此。成就之者，亦只是要他心体纯乎天理。其运用处皆从天理上发来，然后谓之才。到得纯乎天理处，亦能‘不器’，使夔、稷易艺而为，当亦能之。”

又曰：“如‘素富贵行乎富贵，素患难行乎患难’，皆是‘不器’。此惟养得心体正者能之。”

※ 注释

1 知所先后，则近道：语出《大学》“物有本末，事有终始。知所先后，则近道矣”。2 夔：传说是舜的乐官。3 稷：周人的先祖，尧舜时主管农事的官。

※ 译文

陆澄问："事物的名称、用处和数量，也必须预先弄清楚吗？"

先生说："人只要存养自己的心体，那么，运用就会包含在其中。如果存养心体达到'未发之中'的结果，情欲发出来自然会'符合中正平和'，自然也就无所不可。如果没有存养心体，即使事先探求到世上许多事物的知识，也与自己毫不相干，只能临时装点一下门面而已，不能行事。当然也不是将事物的知识置之不理，只是要'知道做事的先后顺序，这就接近圣道了'。"

先生又说："一个人要依据自己的才能做出成就。才是他所能做到的。就像夔对于音乐，后稷对于种庄稼一样，他们的天性本来就适合干这样的事。要成就一个人，也只是要他的心体纯正合乎天理就行。他做事都是对天理的自然运用，然后称他为有才能的人。等到心体达到纯正天理的地步，干什么都会成功，成为'不器'之才。假使夔和稷交换一下职业，他们也都能做得很好。"

先生又说："像《中庸》中说的'处于富贵就做富贵时能做的事，处于患难就做患难中能做的事'，这都是'不器'。干什么都能成功，这只有存养心体达到纯正的人才能做到。"

五九

※ 原文

"与其为数顷无源之塘水，不若为数尺有源之井水，生意不穷。"

时先生在塘边坐，傍有井，故以之喻学云。

※ 译文

先生说："与其做数顷大而没有水源的塘水，不如做数尺深而有水源的井水，井里的水源源不断，不会干枯。"

当时先生在池塘边坐着，旁边有一口井，所以他就用井和池塘来比喻做学问。

六〇

※ 原文

问："世道日降，太古时气象如何复见得？"

先生曰："一日便是一元[1]。人平旦时起坐，未与物接，此心清明景象，便如在伏羲时游一般。"

※ 注释

1 一元：邵雍所说的一个宇宙周期，指天地从形成到毁灭的过程，为 129,600 年。

※ 译文

陆澄问："如今世风日下，伏羲以前太古时期的淳朴民风什么时候才能再现？"

先生说："一天就是一元。一个人早上起来坐着，没有与任何事物接触，这时心中清净明朗，就好像在伏羲所处的那个时代游历一样。"

六一

※ 原文

问："心要逐物，如何则可？"

先生曰："人君端拱清穆，六卿分职，天下乃治。心统五官，亦要如此。今眼要视时，心便逐在色上；耳要听时心便逐在声上。如人君要选官时，便自去坐在吏部；要调军时，便自去坐在兵部，如此，岂惟失却君体，六卿亦皆不得其职！"

※ 译文

陆澄问："心要追求外物，该怎么办？"

先生说："国君庄重肃穆地坐在朝堂上，六卿各司其职，天下才能得到治理。人心统领五官，也要如此。现在眼睛要看时，心便用在追逐颜色上；耳朵要听时，心便用在追逐声音上。如同国君要选拔官吏时，就自然会去坐在吏部；要调动大军时，就自然会去坐在兵部。像这样，不仅仅失去了君王的身份，文武百官也不能好好地履行其职责。"

六二

※ 原文

"善念发而知之，而充之；恶念发而知之，而遏之。知与充与遏者，志也，天聪明也。圣人只有此，学者当存此。"

※ 译文

先生说："善念萌发时认识它，并发展扩充它；恶念萌发时认识它，并且努力遏止它。知道扩充善念与遏止恶念，就是心志，是上天赋予人的聪明才智。圣人只不过是拥有这种聪明才智，学者应该学习存养这种聪明才智。"

六三

※ 原文

澄曰：“好色、好利、好名等心，固是私欲，如闲思杂虑如何亦谓之私欲？”

先生曰：“毕竟从好色、好利、好名等根上起，自寻其根便见。如汝心中决知是无有做劫盗的思虑，何也？以汝元无是心也。汝若于货、色、名、利等心，一切皆如不做劫盗之心一般，都消灭了，光光只是心之本体，看有甚闲思虑？此便是‘寂然不动’，便是‘未发之中’，便是‘廓然大公’，自然‘感而遂通’[1]，自然‘发而中节’，自然‘物来顺应’[2]。”

※ 注释

1 寂然不动，感而遂通：语出《易经·系辞上》“寂然不动，感而遂通天下之故”。意为易本身是宁静不动的，有人来问吉凶，易便会与天下之事相通，显示出吉凶祸福来。2 发而中节，物来顺应：语出程颢《答横渠先生定性书》“君子之学，莫若廓然大公，物来而顺应”。意为心胸宽广，大公无私，遇到事情时能坦然自如地应对。

※ 译文

陆澄问：“好色、贪财、慕名等心，固然是私欲，但像那些闲思杂念，为什么也称私欲呢？”

先生说：“闲思杂念，归根结底还是从好色、贪财、慕名这些病根上滋生的，自己从本源上寻求定会发现。例如，你自信绝对不会有抢劫、盗窃的想法，这是为何？因为你根本就没有这份心思。如果你对色、财、名、利等这些心思，都似不做贼的心一样，都铲除干净了，只剩下完完全全的心的本体，还何来闲思杂念？这便是‘心本身的宁静不动’，便是‘感情的未发之中’，便是‘心胸宽广，大公无私’。这样，人心自然会‘与万事万物感应相通’，自然可以‘感情发出来时中正平和’，也自然可以‘遇到不同事情时坦然自如地应对’。”

六四

※ 原文

问：“志至气次。”[1]

先生曰：“志之所至，气亦至焉之谓；非极至、次贰之谓。‘持其志’，则养气在其中；‘无暴其气’，则亦持其志矣。孟子救告子[2]之偏，故如此夹持说。”

※ 注释

1 志至气次：语出《孟子·公孙丑上》"夫志，气之帅也；气，体之充也。夫志至焉，气次焉；故曰：'持其志，无暴其气'"。意为孟子说："所谓志向，是意气的统帅；意气，充满身体之内。志向为首要，意气还在其次。所以说：'把握住思想意志，不要随便意气用事。'"2 告子：名不害，战国人。他提出性无善恶论，并有"生之谓性"，"食色，性也"的论点，与孟子性善论相对立。所以有"孟子救告子之偏"说。

※ 译文

陆澄向先生请教"志至气次"的问题。

先生说："这说的是志向所到达的地方，意气也伴随着到达的意思；并不是像朱熹所说的，必须先立志向，然后才能存养意气。'坚持志向'，那么养气就在其中；'不随便意气用事'，则也就是坚持志向。孟子为了纠正告子的偏执，所以才这样一分为二来说的。"

六五

※ 原文

问："先儒曰，'圣人之道，必降而自卑。贤人之言，则引而自高。'如何？"

先生曰："不然。如此却乃伪也。圣人如天，无往而非天。三光[1]之上，天也，九地之下亦天也，天何尝有降而自卑？此所谓'大而化之'[2]也。贤人如山岳，守其高而已，然百仞者不能引而为千仞，千仞者不能引而为万仞。是贤人未尝引而自高也，引而自高则伪矣。"

※ 注释

1 三光：日月星辰。2 大而化之：语出《孟子·尽心下》"充实而有光辉之谓大，大而化之之谓圣"。意为内心充满善而且光明正大地表现出来便叫"大"，"大"又能融会贯通便叫"圣"。

※ 译文

陆澄问："程颐先生说，'圣人论道，必然自降身份而卑微。贤人说话，则自我抬高。'这话是什么意思？"

先生说："不对。如果这样就是假的了。圣人就像天，没有到哪里不是天的。日月星辰之上，是天，九泉之下也是天，天什么时候自降身份而显得卑微了？这就是孟子所说的‘大而化之’。贤人像高山的大岳，坚守着自己的高度而已，但是百仞高的山不能自拔为千仞，同样千仞高的山不能自拔为万仞。所以贤人并没有抬高自己，如果抬高了就是造假。”

六六

※ 原文

问：“伊川谓‘不当于喜怒哀乐未发之前求中’，延平[1]却教学者看未发之前气象。何如？”

先生曰：“皆是也。伊川恐人于未发前讨个中，把中做一物看，如吾向所谓认气定时做中，故令只于涵养省察上用功。延平恐人未便有下手处，故令人时时刻刻求未发前气象，使人正目而视惟此，倾耳而听惟此，即是‘戒慎不睹，恐惧不闻’[2]的功夫。皆古人不得已诱人之言也。”

※ 注释

1 延平：姓李，名侗，字愿中，世称延平先生，今福建南剑人。程颐三传弟子，朱熹曾从游其门下。2 “戒慎不睹，恐惧不闻”语出《中庸》：“是故君子戒慎乎其所不睹，恐惧乎其所不闻。莫见乎隐，莫显乎微。故君子慎其独也。”意为君子在别人看不到、听不到的情况下也不忘时时检点、警诫自己。

※ 译文

陆澄问：“程颐先生认为‘不应当在喜怒哀乐没有发出来之前讲求中正平和’。延平先生却教育学生观察感情未发之前的各种情形。他们的说法正确吗？”

先生说：“都是正确的。程颐先生恐怕人们在感情未发时追求中正平和，从而把中正看作一件事物，正如我经常把气定当作中正平和那样，所以让人们只在涵养反省体察上下功夫。延平先生恐怕人刚开始时找不到入手的地方，所以让人们时刻留意感情未发出来之前的各种现象，使人集中精力时所看到、听到的都是未发前的现象，这就是《中庸》所说的‘戒慎不睹，恐惧不闻’的功夫。这些都是古人迫不得已为了诱导学生存养天理才说的话。”

六七

※ 原文

澄问：“喜怒哀乐之中、和，其全体常人固不能有。如一件小事当喜怒者，平时无有喜怒之心，至其临时，亦能中节，亦可谓之中、和乎？”

先生曰："在一时一事，固亦可谓之中、和，然未可谓之大本、达道[1]。人性皆善，中、和是人人原有的，岂可谓无？但常人之心既有所昏蔽，则其本体虽亦时时发见，终是暂明暂灭，非其全体大用[2]矣。无所不中，然后谓之大本；无所不和，然后谓之达道。惟天下之至诚，然后能立天下之大本。"

曰："澄于中字之义尚未明。"

曰："此须自心体认出来，非言语所能喻。中只是天理。"

曰："何者为天理？"

曰："去得人欲，便识天理。"

曰："天理何以谓之中？"

曰："无所偏倚。"

曰："无所偏倚是何等气象？"

曰："如明镜然，全体莹彻，略无纤尘染著。"

曰："偏倚是有所染著，如著在好色、好利、好名等项上，方见得偏倚；若未发时，美色、名、利皆未相著，何以便知其有所偏倚？"

曰："虽未相著，然平日好色、好利、好名之心原未尝无；既未尝无，即谓之有；既谓之有，则亦不可谓无偏倚。譬之病疟之人，虽有时不发，而病根原不曾除，则亦不得谓之无病之人矣。须是平日好色、好利、好名等项，一应私心扫除荡涤，无复纤毫留滞，而此心全体廓然，纯是天理，方可谓之喜怒哀乐未发之中，方是天下之大本。"

※ 注释

1 大本、达道：语出《中庸》"喜怒哀乐之未发，谓之中；发而皆中节，谓之和。中也者，天下之大本也；和也者，天下之达道也"。2 全体大用：语出朱熹《大学》补传"是以《大学》始教……至于用力之久，而一旦豁然贯通焉，则众物之表里精粗无不利，而吾心之全体大用无不明矣"。

※ 译文

陆澄问："喜怒哀乐等感情发出来的中正、平和，它的全体，一般人是不可能有的。比如遇到一件应当感到高兴或者愤怒的小事，如果平日里心中没有喜怒，等到事情发生时，表现出来的也符合中正、平和的标准，这难道就可以称为中正、平和吗？"

先生说："在这一时刻这一件事上，固然也可以称为中正、平和，然而还不能说达到了大本、达道的境界。人本性善良，中正、平和原本是人人都有的，怎么可以说没有呢？但是平常人的心体已经有所昏蔽，尽管他们的本性时时显现，终究是时断时续，并非是心的全体作用。无时无处不中正的，才称之为大本；时刻平和的，才能称作达道。只有天下最真诚的人，才能确立天下的大本。”

陆澄说：“我对于‘中’字的意义仍旧没有弄明白。”

先生说：“这必须从自己的心体上才能认识清楚，不是语言所能够表达得了的。中就是天理。”

陆澄问：“什么是天理？”

先生说：“只要能清除所有私欲，就能够认识天理。”

陆澄问：“天理为什么称作中呢？”

先生说：“因为天理不偏不倚。”

陆澄说：“不偏不倚是怎样的一种情景呢？”

先生说：“就像明亮的镜子一样，通体晶莹透彻，一尘不染。”

陆澄说：“那么偏倚就是有所玷污了，比如表现在好色、追逐名利上才能看得出来偏倚；如果感情没有发出来，也没有表现在美色、名利上，怎么才能知道他有所偏倚呢？”

先生说：“虽然没有表现出来，但平时好色、好利、好名的心不会没有；既然不会没有，就是有了；既然有这些念头，就不能说没有偏倚。比如患有疟疾的人，即使有时候不会发作，但是病根不曾被清除，那么也不能说他没有病。必须把平时好色、好利、好名的私心杂念彻底清除干净，没有丝毫留存，此心豁然开阔，全是天理，才称得上是喜怒哀乐没有发出来时的中正，这才是天下的大本。”

六八

※ 原文

问：“‘颜子没而圣学亡’[1]，此语不能无疑。”

先生曰：“见圣道之全者惟颜子，观‘喟然一叹’[2]可见。其谓‘夫子循循然善诱人，博我以文，约我以礼’，是见破后如此说。博文、约礼如何是善诱人，学者须思之。道之全体，圣人亦难以语人，须是学者自修自悟。颜子‘虽欲从之，末由也已’，即文王‘望道未见’意。望道未见，乃是真见。颜子没而圣学之正派遂不尽传矣。”

※ 注释

1 颜子没而圣学亡：语出《阳明全书·送甘泉序》。颜子，姓颜名回，字子渊，亦称颜回。春秋鲁国人，孔子最得意的学生。2 喟然一叹：语出《论语·子罕》。

※ 译文

陆澄问：“先生说‘颜回死后孔子的学说就走向衰亡了’，这句话不能不叫人怀疑。”

先生说：“全部领会孔子学说的人只有颜回一个人，这从《论语》中颜回的一叹可以看出来。他说‘孔子循循善诱，用广博的知识教育我，用合乎礼节的思想来约束我’，这是他看透后才能说出的话。博文、约礼怎么能善于开导人呢，学者必须认真思考。圣道的全部，圣人也难以用言语表达给人，必须由学者自己修养领悟。颜回‘虽然我想追随天理，但还不曾找到突破口’，也就是周文王所说的‘远远地望着天理却从来没有真正见到过’的意思。望着而看不见才是真正的看见天理。所以颜回死后，正宗的孔子学说就不能全部流传下来了。”

六九

※ 原文

问：“身之主为心，心之灵明是知，知之发动是意，意之所着为物，是如此否？”

先生曰：“亦是。”

“只存得此心常见在，便是学，过去未来事，思之何益？徒放心耳。”

“言语无序，亦足以见心之不存。”

※ 译文

陆澄问：“身体的主宰是心，心的灵动神明是认识，认识的发动就是思想，思想的载体是事物，是这样吗？”

先生说：“也对。”

先生说：“只要经常存养本心就是学习，过去和未来的事情，想它有什么好处？只不过白白丧失本心而已。”

先生说：“说话语无伦次，也足以看出是没有存养本心的缘故。”

七〇

※ 原文

尚谦[1]问孟子之不动心与告子异[2]。

先生曰：“告子是硬把捉着此心，要他不动。孟子却是集义到自然不动。”

又曰：“心之本体，原自不动。心之本体即是性，性即是理，性元不动，理元不动。集义是复其心之本体。”

※ 注释

1 尚谦：薛侃，字尚谦，号中离，广东揭阳人，王守仁的弟子。2 孟子之不动心与告子异：语出《孟子·公孙丑上》。

※ 译文

尚谦向先生请教孟子讲的不动心与告子讲的有什么不同。

先生说："告子的观点是硬捉着心不让它动。孟子的观点却是要人不断存养本心使它自然不动。"

先生又说："心的本体，原本就是不动的。心的本体就是天性，天性就是天理，人的天性原本就是不动的，天理也是不动的。聚集正义就是恢复心的本体。"

七一

※ 原文

"万象森然时，亦冲漠无朕，冲漠无朕即万象森然。冲漠无朕[1]者，'一'之父，万象森然者'精'之母。'一'中有'精'，'精'中有'一'。"

"心外无物。如吾心发一念孝亲，即孝亲便是物。"

※ 注释

1 冲漠无朕：是一种寂然无我的境界。

※ 译文

先生说："心中万事万物呈现时，也就达到了寂然无我的境界，达到了寂然无我的境界，万事万物也就会全部呈现在心中。冲漠无朕是'惟一'之父，万象森然是'惟精'之母。'惟一'中有'惟精'，'惟精'中有'惟一'，二者是密不可分的。

先生说："本心之外没有事物。如果我的心中产生了孝敬父母的意念，那么孝敬父母就是事物。"

七二

※ 原文

先生曰："今为吾所谓'格物'之学者，尚多流于口耳。况为口耳之学者，能反于此乎！天理、人欲，其精微必时时用力省察克治，方日渐有见。如今一说话之间，虽口讲天理，不知心中倏忽之间已有多少私欲！盖有窃发而不知者，虽用力察之，尚不易见，况徒口讲而可得尽知乎？今只管讲天理来顿放著不循，讲人欲来顿放著不去，岂格物致知之学！后世之学，其极至只做得个‘义袭而取’[1]的功夫。”

※ 注释

1 “义袭而取”语出《孟子·公孙丑上》：“是集义所生者，非义袭而取之也。”

※ 译文

先生说：“现在学习我的‘格物’学说的人，多数尚且流行于口耳相传的方式。何况那些只会空谈的人，怎么能不这样呢！存养天理、去除私欲，其精微之处必须时刻反省体察克制，才能一天天有所收获。现在人们一开始说话，虽然嘴里讲着天理，不知道心中刹那间已有多少私欲产生！私欲潜滋暗长而不被认识！即使用功去体察发现尚且发现不了，更何况仅仅在口头上说说，怎么能够全部认识呢？现在只管讲天理而任其放在那里不知道遵循，谈到私欲而任其留存不知道克制，这难道是我格物致知的学说吗！后世的学问，顶多也是做得个‘用偶然合乎天理的举动而博得个好名声’的功夫。”

七三

※ 原文

问：“‘知止’者，知至善只在吾心，元不在外也，而后志定。”

曰：“然。”

问格物。

先生曰：“格者，正也，正其不正以归于正也。”

问：“‘格物’于动处用功否？”

先生曰：“‘格物’无间动、静，静，亦物也。孟子谓‘必有事焉’[1]，是动，静皆有事。”

※ 注释

1 “必有事焉”语出《孟子·公孙丑上》：“必有事焉而勿正，心勿忘，勿助长也。”这句话的意思是，任何时候都一定要培养浩然之气，不要有特定的目的，不要忘记，也不要违背客观规律去助长它。

※ 译文

陆澄问：“‘知止’就是明白至善只存在于我们的心中，原本就不在心外，然后志向才能坚定。”

先生说："对。"

陆澄向先生请教格物的学说。

先生说："格是纠正的意思，纠正不正确的使它正确。"

陆澄问："'格物'是在行动时下功夫吗？"

先生说："'格物'不分动、静，静止时也有事物呀。孟子说'必有事焉'，说的就是不论动、静都要用功。"

七四

※ 原文

"功夫难处全在'格物''致知'上，此即'诚意'之事。意既诚，大段心亦自正，身亦自修。但'正心''修身'功夫亦各有用力处，'修身'是已发边，'正心'是未发边。心正则中，身修则和。"

"自'格物''致知'至'平天下'[1]，只是一个'明明德'，虽'亲民'亦'明德'事也。'明德'是此心之德，即是仁。'仁者以天地万物为一体'，使有一物失所，便是吾仁有未尽处。"

"只说'明明德'而不说'亲民'，便似老、佛。"

"至善者，性也，性元无一毫之恶，故曰至善。止之，是复其本然而已。"

※ 注释

1 "'格物''致知'至'平天下'"语出《大学》，王阳明认为《大学》中的八条目即格物、致知、诚意、正心、修身、齐家、治国、平天下，都可归结为"明明德"，与程朱理学的解释不同。

※ 译文

先生说："功夫最难的就是'格物''致知'，这就是'意念是否真诚'合乎天理的事。意念真诚，大部分也能自然中正，自然也能修身。但是'端正心性''修身'的功夫也各自有出发点，'修身'是感情发出后的功夫，'正心'是感情没有发出来时的功夫。心性端正就是中正，修身就是平和。"

先生说："从'格物''致知'到'平天下'，只是一个'明明德'的过程。即使是'亲民'也是'明明德'的事情。'明德'是本心的德行，就是仁爱。'仁爱的人把天地万物包括自己都视作一个整体'，假使有一件事物流失，就是我心中的仁爱还有不完善的地方。"

先生说："只谈论'明明德'而不谈论'亲民'，就和道、佛两家学说有点类似。"

先生说：“至善是人的天性，天性原本没有丝毫恶念，所以称为最高的善。停止在至善上，只是恢复天性的本来面目而已。”

七五

※ 原文

问：“知至善即吾性，吾性具吾心，吾心乃至善所止之地，则不为向时之纷然外求，而志定矣。定则不扰扰而静，静而不妄动则安，安则一心一意只在此处，千思万想，务求必得此至善，是能虑而得矣。[1]如此说是否？”

先生曰：“大略亦是。”

※ 注释

1 这段话是用王阳明的观点解释《大学》中的几句话：“知止而后有定，定而后能静，静而后能安，安而后能虑，虑而后能得。”

※ 译文

陆澄问：“认识至善是人的天性，天性包含在本心之中，本心才是最高的善所在的地方，知此就不会像以前那样茫然地去心外寻求志向的安定。志向安定了心体就不会受到干扰，于是就会平静下来，心静而不胡乱动就会心安，心安就会一心一意于至善之上，费尽心思一定要寻求到至善，这就是虑而后能得的意思。这样说对还是错？”

先生说：“大概就是这样的。”

七六

※ 原文

问：“程子云，‘仁者以天地万物为一体。’何墨氏兼爱[1]，反不得谓之仁？”

先生曰：“此亦甚难言，须是诸君自体认出来始得。仁是造化生生不息之理，虽弥漫周遍，无处不是，然其流行发生亦只有个渐，所以生生不息。如冬至一阳生，必自一阳生而后渐渐至于六阳[2]；若无一阳之生，岂有六阳？阴亦然。惟有渐所以便有个发端处，惟其有个发端处所以生，惟其生所以不息。譬之木，其始抽芽，便是木之生意发端处，抽芽然后发干，发干然后生枝生叶，然后是生生不息。若无芽，何以有干有枝叶？能抽芽，必是下面有个根在。有根方生，无根便死。无根何从抽芽？父子兄弟之爱便是人心生意发端处，如木之抽芽，自此而仁民而爱物，便是发干生枝生叶。墨氏兼爱无差等，将自家父子兄弟与途人一般看，便自没了发端处，不抽芽，便知得他无根，便不是生生不息，安得谓之仁？孝、弟为仁之本，却是仁理从里面发生出来。”

※ 注释

1 墨氏兼爱：墨翟（公元前468—前376年），春秋战国之际思想家，墨家学派的创始人，后世称为墨子。鲁国人，曾为宋国大夫。“兼爱”是墨子政治思想和伦理思想的核心，以为天下之所以有众暴寡、强凌弱的现象，根源在于人们不能兼相爱，提倡天下人相爱互利，反对儒家的亲亲主张。2 渐渐至于六阳：汉代易学家孟喜用《周易》中六阳卦分别代表夏历十一月至第二年四月，用六阴卦分别代表夏历五月至十月，显示阴阳的消长，决定四季寒暑的变化。这十二个卦又称十二消息卦。

※ 译文

陆澄问：“程颐先生说，‘仁爱的人把天地万物包括自己都视为一个整体。’那为何墨子提倡兼爱，反而不被称作是仁爱呢？”

先生说：“这也非常难以说清，必须是你们自己体会才能弄明白。仁爱是万事万物生生不息的天理，尽管散布在天地之间，无处不在，但它的运动变化也是个循序渐进的过程，所以才会生生不息。比如冬至时一阳初生，必然从一阳然后渐渐发展到六阳；如果没有一阳产生，哪来的六阳？阴也是这样。只因为它是逐渐发展变化的，所以就有个生长点，有生长点才有生命，有生命才能生生不息。譬如树木，刚开始发芽就是树木生命的开端，发芽后生出树干，树干长出后生出枝条和叶子，然后就是生生不息。如果没有发芽，哪里会长出树干、枝叶？能发出芽来，一定是下面有一个树根在。有树根才能生长，没有根就会死掉。再说，没有根从哪里发芽？父子、兄弟之间的爱，就是人心意念的出发点，就像树木的发芽。由此而后才会仁爱百姓，关爱万物，也就是生发出枝条和叶子。墨子的兼爱说‘爱’没有差别，把自己的父子、兄弟同路人同等看待，便自然没有了生长点，不发芽，就知道他的兼爱无根，就不能生生不息，怎么能称得上仁爱呢？孝顺父亲、尊重兄长是仁爱的根本，仁理就是从这个根本中生发出来的。”

七七

※ 原文

问：“延平云，‘当理而无私心。’当理与无私心[1]，如何分别？”

先生曰：“心即理也。无私心即是当理，未当理便是私心。若析心与理言之，恐亦未善。”

又问：“释氏于世间一切情欲之私都不染着，似无私心；但外弃人伦，却似未当理。”

曰：“亦只是一统事，都只是成就他一个私己的心。”

※ 注释

1 当理而无私心：李侗语，语出《延平答问》。指既合天理又没有私心。

※ 译文

陆澄问：“延平先生说，‘既合天理又没有私心。’符合天理和没有私心，有什么区别？”

先生说：“心就是天理。没有私心就是符合天理，不符合天理就是有私心。把内心和天理等同看待，那就不对了。”

陆澄又问：“佛家对于人世间的一切私欲都不沾染，好像没有私心；但佛家抛弃人伦，却似乎不符合天理。”

先生说：“佛家和世人也只是一回事，都是为了成就自己的私心罢了。”

薛侃录

七八

※ 原文

侃问："持志如心痛，一心在痛上，安有工夫说闲话，管闲事？"

先生曰："初学功夫如此用亦好，但要使知'出入无时，莫知其乡'，心之神明原是如此，功夫方有着落。若只死死守着，恐于功夫上又发病。"

※ 译文

薛侃问："坚持志向好比心痛，一心在痛上，哪有工夫说闲话、管闲事？"

先生说："刚开始学习时这样下功夫也好，但是要让自己明白心灵的神明原本就是'出入没有固定的时间，不知道它要到哪里去'，这样功夫才有着落。如果只死死守着志向，恐怕又在下功夫上出差错。"

七九

※ 原文

侃问："专涵养而不务讲求，将认欲作理，则如之何？"

先生曰："人须是知学，讲求亦只是涵养，不讲求只是涵养之志不切。"

曰："何谓知学？"

曰："且道为何而学，学个甚？"

曰："尝闻先生教，学是学存天理；心之本体即是天理，体认天理只要自心地无私意。"

曰："如此则只须克去私意便是，又愁甚理欲不明？"

曰："正恐这些私意认不真。"

曰："总是志未切。志切，目视、耳听皆在此，安有认不真的道理！是非之心人皆有之[1]，不假外求。讲求亦只是体当自心所见，不成去心外别有个见！"

※ 注释

1 是非之心人皆有之：语出《孟子·公孙丑上》"恻隐之心，仁之端也；羞恶之心，义之端也；辞让之心，礼之端也；是非之心，智之端也。人之有是四端也，犹其有四体也。"

※ 译文

薛侃问："专注涵养天性而不讲求仔细研究，如果把私欲当作天理，该怎么办呢？"

先生说："人必须知道学习，研究也就是涵养，不研究只是涵养天性的志向不够坚定。"

薛侃说："怎样才是知道学习？"

先生说："你姑且说说为何学习，学习什么？"

薛侃说："曾经听先生讲过，学习就是学习存养天理；心的本体就是天理，体察认识天理，只要自己的内心没有私念。"

先生说："如果这样，则只需要克制自己的私欲就是了，还愁什么不明白天理、私欲呢？"

薛侃说："正是害怕认不清这些私欲。"

先生说："还是志向不坚定。志向坚定，眼睛看、耳朵听都集中在天理上，哪里会有认不清私欲的道理！辨别对错的能力是人与生俱来的，不需要到心外去寻求。研究学问也只是体察自己的本心所见，不必再去心外另寻他见。"

八〇

※ 原文

先生问在坐之友："比来功夫何似？"

一友举虚明意思[1]。先生曰："此是说光景。"

一友叙今昔异同。先生曰："此是说效验。"

二友惘然，请是。

先生曰："吾辈今日用功，只是要为善之心真切。此心真切，见善即迁，有过即改[2]，方是真切功夫。如此则人欲日消，天理日明。若只管求光景，说效验，却是助长外驰病痛，不是功夫。"

※ 注释

1 虚明意思：由静坐而产生的超觉体验，恍若海市蜃楼，故曰"光景"。2 见善即迁，有过即改：语出《易经·益卦》"君子以见善则迁，有过则改"。

※ 译文

先生问在座的朋友："近来功夫有何进展？"

一个朋友说自己寂静而有超觉。先生说："这只是讲表面现象。"

一位朋友讲述了过去和现在的异同。先生说："这是做功夫的效果。"

两位朋友茫然不解，向先生请教。

先生说："我们现在用功，就是要使为善的心更加真切。这个心真切，看见善就会向往，有过就会改正，这才是真切的功夫。如此一来，私欲才会日渐消亡，天理也就会日益光明。如果只在那里寻求表面情况、说效果，这样反倒助长了向外界寻求天理的弊端，再不是真切功夫了。"

八一

※ 原文

朋友观书，多有摘议晦庵者。

先生曰："是有心求异，即不是。吾说与晦庵时有不同者，为入门下手处有毫厘千里[1]之分，不得不辨。然吾之心与晦庵之心，未尝异也。若其余文义解得明当处，如何动得一字！"

※ 注释

1 毫厘千里：语出《论语·经解》"《易》曰'君子慎始，差若毫厘，谬以千里'"。

※ 译文

朋友们在一起看书，常常批评、议论朱熹。

先生说：“这样故意吹毛求疵，是不对的。我的主张和朱熹是有不同，主要是在学问的入门功夫上有毫厘千里之别，不能不分辨清楚。然而，我的心和朱熹的心是相同的。就像朱熹对文义解释的清晰精确之处，我又怎能改动一个字呢！”

八二

※ 原文

希渊[1]问：“圣人可学而至。然伯夷、伊尹于孔子才力终不同，其同谓之圣者安在？”

先生曰：“圣人之所以为圣，只是其心纯乎天理而无人欲之杂；犹精金之所以为精，但以其成色足而无铜铅之杂也。人到纯乎天理方是圣，金到足色方是精。然圣人之才力亦有大小不同；犹金之分两有轻重。尧、舜犹万镒[2]，文王、孔子犹九千镒，禹、汤、武王犹七八千镒，伯夷、伊尹犹四五千镒。才力不同而纯乎天理则同，皆可谓之圣人；犹分两虽不同，而足色则同，皆可谓之精金。以五千镒者而入于万镒之中，其足色同也，以夷、尹而厕之尧、孔之间，其纯乎天理同也。盖所以为精金者，在足色，而不在分两，所以为圣者，在纯乎天理，而不在才力也。故虽凡人而肯为学，使此心纯乎天理，则亦可为圣人，犹一两之金比之万镒，分两虽悬绝，而其到足色处，可以无愧，故曰‘人皆可以为尧、舜’[3]者以此。学者学圣人，不过是去人欲而存天理耳，犹炼金而求其足色。金之成色所争不多，则锻炼之功省而功易成，成色愈下，则锻炼愈难。人之气质清浊粹驳，有中人以上、中人以下，其于道，有生知安行，学知利行，其下者必须人一己百，人十己千[4]，及其成功则一。后世不知作圣之本是纯乎天理，却专去知识才能上求圣人，以为圣人无所不知，无所不能。我须是将圣人许多知识才能逐一理会始得，故不务去天理上着功夫，徒弊精竭力，从册子上钻研、名物上考索，形迹上比拟。知识愈广而人欲愈滋，才力愈多而天理愈蔽。正如见人有万镒精金，不务锻炼成色，求无愧于彼之精纯，而乃妄希分两，务同彼之万镒，锡、铅、铜、铁杂然而投，分两愈增而成色愈下，既其梢末，无复有金矣。”

时曰仁在旁，曰：“先生此喻足以破世儒支离之惑，大有功于后学。”

先生又曰：“吾辈用功，只求日减，不求日增。减得一分人欲，便是复得一分天理，何等轻快脱洒，何等简易！”

※ 注释

1 希渊：蔡宗兖，字希渊，号我斋，山阴（今浙江绍兴）人，王守仁的得意弟子。2 镒：古代重量单位，一镒合二十两，一说为二十四两。3 “人皆可以为尧舜”语出《孟子·告子下》：“曹交问曰：‘人皆可以为尧、舜，有诸？’孟子曰：‘然。’”4 人一己百、人十己千：语出《中庸》“人一能之，己百之；人十能之，己千之。果能此道矣，虽愚必明，虽柔必强”。

※ 译文

蔡希渊问：“人固然可以通过学习成为圣人。但是，伯夷、伊尹和孔子相比在才智上终究有所不同，孟子把他们同称为圣人，原因何在？”

先生说：“圣人之所以为圣人，只因他们的心纯为天理而没有掺杂丝毫人欲；犹如纯金之所以为纯金，是因它的成色充足而没有掺杂铜、铅等杂质。人心纯是天理才为圣人，金到成色充足时才为纯金。然而，圣人的才智也有大小之分；正如金的分量有轻重。尧、舜好比万镒的纯金，文王、孔子好比九千镒，禹、汤、武王有七八千镒，伯夷、伊尹则为四五千镒。他们的才智虽然各不相同，但在纯为天理方面是相同的，都可以称为圣人；仿佛金的分量不同，而只要成色十足，都可称为纯金。把重五千镒的纯金熔入重万镒的纯金之中，成色相同，把伯夷、伊尹和尧、舜、孔子放在一块，他们的心都纯为天理。之所以为纯金，在于成色足，而不在分量的轻重，之所以为圣人，在于纯乎天理而不在才智大小。因此，即使是普通人只要肯学习，使自己的心纯正为天理，同样可成为圣人，比如重一两的金子，和重万镒的金子相比，分量的确相差很远，但就其成色十足而言，则是毫不逊色。孟子说‘人皆可以为尧、舜’，根据就在于此。学者学习圣人，只不过是去除私欲而存养天理罢了，好比炼金求成色充足。金的成色离足赤相差不大时，功夫可节省很多，容易成为纯金，成色越差，冶炼就越难。人的气质有清纯浊杂之分，有中等以上、中等以下的区别，对于圣道来说，有生来就知道并且能自然去实践的人，有通过学习才知道并能顺利实践的人，资质低下的人，必须是别人用一分力，自己需用百分力，别人用十分力，自己需用千分力，最后所取得的成就是相同的。后世之人不理解圣人的根本在于心体纯是天理，只想在知识才能上力求做圣人，认为圣人无所不知，无所不会。我只需把圣人的许多知识才能一一学会就可以了。因此，他们不从天理上下功夫，白白浪费精力，从书本上钻研，名物上考究，从形迹上推理。这样，知识越渊博而私欲就越滋长，才能越高而天理越被蒙蔽。正如同看见别人有万镒纯金，却不肯在成色上冶炼自己的金子，以求无逊于别人的金子，而只妄想在分量上赶超别人的万镒，把锡、铅、铜、铁都掺杂进去，如此分量是增加了，但成色却越低下，炼到最后，不再是金子了。”

这时徐爱在一旁说道：“先生这个比喻，足以击破世儒造成的支离破碎的困惑，对后来的学者大有裨益。”

先生又说：“我们用功，只求每天减少，不求每天增加。减去一分私欲，便是恢复一分天理，这样多么轻快洒脱，多么简捷易行啊！”

八三

※ 原文

士德[1]问曰："'格物'之说，如先生所教，明白简易，人人见得；文公[2]聪明绝世，于此反有未审，何也？"

先生曰："文公精神气魄大，是他早年合下便要继往开来，故一向只就考索著述上用功；若先切己自修，自然不暇及此；到得德盛后，果忧道之不明。如孔子退修六籍，删繁就简，开示来学，亦大段不费甚考索。文公早岁便着许多书，晚年方悔，是倒做了。"

士德曰："晚年之悔，如谓'向来定本之误'，又谓'虽读得书，何益于吾事'，又谓'此与守书籍，泥言语，全无交涉'[3]，是他到此方悔从前用功之错，方去切己自修矣。"

曰："然。此是文公不可及处。他力量大，一悔便转。可惜不久即去世，平日许多错处，皆不及改正。"

※ 注释

1 士德：杨骥，字士德，王守仁的学生。2 文公：朱熹死后谥"文"，故称。3 "向来定本之误"句、"虽读得书"句、"此与守书籍"句：均出自《朱子晚年定论》中所录朱熹强调内心觉悟的书信。

※ 译文

杨骥问："'格物'的学说，就像先生所教的一样，简单明了，人人都能理解；朱熹先生绝世聪明，对格物的学问反而没有弄明白，这是为什么？"

先生说："朱熹先生的精神气魄宏大，早年他就下决心要继往开来，所以一直在考索和著述上下功夫，如果他先认真修养天性，自然就不能考索和著述了。等到德行很高时，果真担忧大道不行于世。如果像孔子那样退而删述《六经》，去繁就简，启发后学，也就不用费那么多功夫去考索了。朱熹早年就写了许多书，晚年才悔悟，原来是功夫做颠倒了。"

杨骥说："朱熹晚年的悔悟，就像他说'当初确定根本的错误'，又说'虽然读了那么多书，但对我的事业有何益处'，还说'这与死守书本，拘泥于语言，完全没有关系'，这正说明他到这时候才悔悟自己以前用的功夫白费了，才真正开始修养天性。"

先生说："是的。这是朱熹高于别人的地方。他才高智广，一旦悔悟就马上能转到正道上来。只可惜没过多久他就去世了，过去的许多错误，都没来得及改正。"

八四

※ 原文

侃去花间草，因曰："天地间何善难培，恶难去？"

先生曰："未培未去耳。"少间，曰："此等看善恶，皆从躯壳起念，便会错。"

侃未达。

曰："天地生意，花草一般，何曾有善恶之分？子欲观花，则以花为善以草为恶，如欲用草时，复以草为善矣。此等善恶，皆由汝心好恶所生，故知是错。"

曰："然则无善无恶[1]乎？"

曰："无善无恶者，理之静；有善有恶者，气之动。不动于气，即无善无恶，是谓至善。"

曰："佛氏亦无善无恶，何以异？"

曰："佛氏著在无善无恶上，便一切都不管，不可以治天下。圣人无善无恶，只是'无有作好''无有作恶'，不动于气。然'遵王之道'，'会其有极'[2]，便自一循天理，便有个裁成辅相[3]。"

曰："草既非恶，即草不宜去矣。"

曰"如此却是佛、老意见。草若是碍，何妨汝去！"

曰："如此又是作好、作恶。"

曰："不作好恶，非是全无好恶，却是无知觉的人。谓之不作者，只是好恶一循于理，不去又着一分意思，如此即是不曾好恶一般。"

曰："去草如何是一循于理，不着意思？"

曰："草有妨碍，理亦宜去，去之而已。偶未即去，亦不累心。若着了一分意思，即心体便有贻累，便有许多动气处。"

曰："然则善恶全不在物？"

曰"只在汝心，循理便是善，动气便是恶。"

曰："毕竟物无善恶？"

曰："在心如此，在物亦然。世儒惟不知此，舍心逐物，将'格物'之学错看了，终日驰求于外，只做得个'义袭而取'，终身行不著，习不察。"

曰："'如好好色，如恶恶臭'，则如何？"

曰："此正是一循于理，是天理合如此，本无私意作作好恶。"

曰："如好好色，如恶恶臭，安得非意？"

曰："却是诚意，不是私意。诚意只是循天理，虽是循天理，亦着不得一分意。故有所忿懥、好乐，则不得其正，须是廓然大公，方是心之本体。知此即知'未发之中'。"

伯生[4]曰："先生云'草有妨碍，理亦宜去'。缘何又是躯壳起念？"

曰："此须汝心自体当，汝要去草，是甚么心？周茂叔[5]窗前草不除，是甚么心？"

※ 注释

1 无善无恶：语出《坛经·行由第一》"惠能云：'不思善，不思恶。正与应时，那个是明上座本来面目'"。2 "无有作好"等句：语出《尚书·洪范》。无有作好、无有作恶，意为没有自私的好恶。遵王之道，意为遵行王道、公道。会其有极，意为会归于法度、准则。3 裁成辅相：语出《周易·泰卦·象传》。裁成，意为剪裁成适用的样子。辅相，意为辅助、帮助。4 伯生：孟源，字伯生，王阳明弟子。5 周茂叔：周敦颐（公元 1017—1073 年），字茂叔，湖南道州营道（今道县）人。

※ 译文

薛侃在清除花间的杂草时，顺便问："天地间为何善难以培养，而恶难以除尽呢？"

先生说："这是因为人们没有去培养善去除恶。"过了一会儿，又说："这样看善恶，都是从表面上去思考，容易出错。"

薛侃不理解。

先生说："天地间万物生生不息，像花草一样，哪里会有善恶之分？你想赏花，就以花为善，以草为恶。如果你需要用草时，就又会以草为善。这样的善恶区别，都是因为你心中的好恶而产生的。所以是错误的。"

薛侃说："那么就没有善恶的分别了吗？"

先生说："没有善没有恶，是天理处在静止状态；有善有恶，是因为有感情发出来。思想感情没有发出来，就没有善和恶之分了，这就是最高的善。"

薛侃说："佛教也不讲求善恶之分，这与先生的主张有何异同？"

先生说："佛教只在无善无恶上下功夫，其他的一切都不管了，这样就不能够治理天下。圣人讲的无善无恶，只是'不要从自身私欲出发从而产生好恶之心'，不要随感情的发出而动了本心。然而'遵循王道'，'归到准则上来'，就自然会遵循天理，如同《易经》中说的那样'裁成天地之道，辅助天地之宜'。"

薛侃说："既然草不是恶的，那么就不用将草除掉了。"

先生说："这样说就是佛、道的主张了。草如果碍事的话，你除掉它又有何妨呢？"

薛侃说："这样又是在为善为恶。"

先生说："不从私欲上产生好恶之心，并非完全没有好恶之分，如果那样的话就成没有知觉的人了。所谓不从私欲上产生，是指人的好恶要遵循天理，不另外夹杂丝毫私心杂念，这样，就像不曾有好恶一样。”

薛侃说：“除草时怎样才能做到遵循天理，而不夹杂私欲呢？”

先生说：“草妨碍到你了，按照天理应当除去，那就除去得了。偶尔有些没有除去，也不要记在心上。如果心中有一分在意，那么心体就会被它所累，便会有许多地方被意气所动。”

薛侃说：“那么善恶全然与事物无关了？”

先生说：“善恶只在你的心里。遵循天理就是善，感情发出来就是恶。”

薛侃说：“那么事物本身终究是没有善恶的？”

先生说：“在心是这样，在物也是如此。后世儒生独独不知道这个道理，才会舍弃本心的存养而去心外追求事物，是他们把‘格物’的学问搞错了，整天在心外寻求，最终只是做得个‘义袭而取’，终生做事开始时不知道其然，习惯后又不知其所以然。”

薛侃说：“对于喜欢美色，厌恶恶臭，该如何理解呢？”

先生说：“这正是遵循天理的结果，天理本应当如此，天理本来就是不因私欲为善为恶。”

薛侃说：“像喜好美色，厌恶恶臭，怎么能说没有私欲呢？”

先生说：“这是诚意，不是私欲。诚意就是遵循天理，尽管遵循天理去做事，也不能掺杂丝毫私欲。因此有一丝激愤、怨恨、喜欢、高兴，那么心就不能保持中正平和，必须豁然公正，才是心的本体。明白了这些，也就明白了什么是‘未发之中’了。”

孟源说：“先生说‘草妨碍到你了，按理应当拔掉’。为何又说这是从外表上产生的私念呢？”

先生说：“这需要你自己在心里体会，你要除掉草，是什么心思？周敦颐不拔掉窗前的草，又是什么心思？”

八五

※ 原文

先生谓学者曰：“为学须得个头脑，功夫方有着落。纵未能无间，如舟之有舵，一提便醒。不然，虽从事于学，只做个‘义袭而取’，只是行不著，习不察，非大本、达道也。”

又曰：“见得时，横说竖说皆是。若于此处通，彼处不通，只是未见得。”

※ 译文

先生对学生说："做学问必须有个目标，这样下功夫才有方向。即使不能无间断，也应该像船有舵一样，关键时刻一提便明白。否则，虽然是做学问，但也只是'义袭而取'罢了，只能行而不明，习而不察，这并非学习的大本、达道。"

先生又说："有了目标，不管怎样说都正确。如果这里明白了，别处又不懂，只是因为没有目标。"

八六

※ 原文

或问："为学以亲故，不免业举之累。"

先生曰："以亲之故而业举为累于学，则治田以养其亲者，亦有累于学乎？先正云'惟患夺志'[1]，但恐为学之志不真切耳。"

※ 注释

1 惟患夺志：程颐语，语出《河南程氏外书》"故科举之事，不患妨功，惟患夺志"。意为不怕科学耽误、妨碍学习，只怕因科举丧失了为学的志向。

※ 译文

有人问："为了父母而做学问，难免被科举所累。"

先生说："为了父母的原因参加科举考试而妨碍学习，那么，为了侍奉父母而种田，也妨碍学习吗？程颐先生认为'只害怕丧失了志向'，只是担心做学问的志向不够坚定。"

八七

※ 原文

崇一[1]问："寻常意思多忙，有事固忙，无事亦忙，何也？"

先生曰："天地气机，元无一息之停，然有个主宰，故不先不后，不急不缓，虽千变万化，而主宰常定。人得此而生，若主宰定时，与天运一般不息，虽酬酢万变，常是从容自在，所谓'天君泰然，百体从令'[2]。若无主宰，便只是这气奔放，如何不忙？"

※ 注释

1 崇一：欧阳德（公元1495—1554年），字崇一，号南野，江西泰和人，王守仁的弟子。2 天君泰然，百体从令：语出宋范浚《香溪集》。

※ 译文

欧阳崇一问："平时意念思想很忙乱，有事时固然会忙，无事时也忙乱，这是怎么回事？"

先生说："天地间万物的变化，本来就没有瞬息中断过，但有了一个主宰，变化时就会不先不后，不急不缓，即使千变万化，而主宰却是一成不变的。人有了这个主宰才生存，如果人的主宰恒定不变，就像天地运行一样永无停息，即使日理万机，却也从容自在，也就是所谓的'天君泰然不动，百体遵令而行'。若无主宰，便只有气在四处奔流，怎么会不忙呢？"

八八

※ 原文

先生曰："为学大病在好名。"

侃曰："从前岁自谓此病已轻，比来精察，乃知全未。岂必务外为人，只闻誉而喜，闻毁而闷，即是此病发来。"

曰："最是。名与实对，务实之心重一分，则务名之心轻一分；全是务实之心，即全无务名之心；若务实之心如饥之求食，渴之求饮，安得更有功夫好名？"

又曰："'疾没世而名不称'[1]，称字去声读，亦'声闻过情，君子耻之'[2]之意。实不称名，生犹可补，没则无及矣。'四十五十而无闻'[3]，是不闻道，非无声闻也。孔子云：'是闻也，非达也。'[4]安肯以此望人！"

※ 注释

1 疾没世而名不称：语出《论语·卫灵公》"子曰：'君子疾没世而名不称焉。'"此句有二解，一为，到去世时名字不为人称道，君子引以为憾；二为，到去世时名声与自己的实际不相符，君子引以为憾。王阳明从第二种解释。2 声闻过情，君子耻之：语出《孟子·离娄下》"故声闻过情，君子耻之"。意为盛名之下，其实难副，君子以此为耻。3 四十五十而无闻：语出《论语·子罕》。4 是闻也，非达也：语出《论语·颜渊》。意为是有名声，而不是有作为。

※ 译文

先生说："做学问最大的毛病就是沽名钓誉。"

薛侃说："从去年起，我自己觉得我这个毛病已经减轻了许多，但是最近仔细体察，才发现完全不是那回事。难道我一直喜好虚名吗，只要是听到赞誉就高兴，听到诋毁就郁闷，就是好名的毛病在发作的表现。”

先生说：“十分正确。好名与务实相对，务实的心重一分，求名的心就轻一分；如果全是务实的心，就没有一丝求名之心；如果务实的心犹如饥饿要吃饭，渴了要喝水一样，哪有时间追逐名利？”

先生又说：“‘疾没世而名不称’，‘称’字读四声，也就是‘名声超过了实际，君子感到羞耻’的意思。实际和名声不相符合，活着还可以补救，死了就没办法再改了。‘四十五十而无闻’中的‘闻’是没有闻道，并非没有名声。孔子说：‘这是有名声，而不是有作为。’他哪里会以是否有名气来看人呢？”

八九

※ 原文

侃多悔。

先生曰：“悔悟是去病之药；然以改之为贵，若留滞于中，则又因药发病。”

※ 译文

薛侃经常悔悟反省。

先生说：“悔悟是治病良药，然而贵在改正。如果把悔恨留滞在心里，则又会因药而生病了。”

九〇

※ 原文

德章[1]曰：“闻先生以精金喻圣，以分两喻圣人之分量，以锻炼喻学者之功夫，最为深切。惟谓尧、舜为万镒，孔子为九千镒，疑未安。”

先生曰：“此又是躯壳上起念，故替圣人争分两。若不从躯壳上起念，即尧、舜万镒不为多，孔子九千镒不为少，尧、舜万镒只是孔子的；孔子九千镒，只是尧、舜的，原无彼我。所以谓之圣，只论‘精一’，不论多寡，只要此心纯乎天理处同，便同谓之圣，若是力量气魄，如何尽同得？后儒只在分两上较量，所以流入功利；若除去了比较分两的心，各人尽着自己力量精神，只在此心纯天理上用功，即人人自有，个个圆成，便能大以成大，小以成小，不假外慕，无不具足[2]，此便是实实落落明善诚身的事。后儒不明圣学，不知就自己心地良知良能[3]上体认扩充，却去求知其所不知，求能其所不能，一味只是希高慕大，不知自己是桀、纣心地，动辄要做尧、舜事业，如何做得！终年碌碌，至于老死，竟不知成就了个什么，可哀也已。”

※ 注释

1 德章：姓刘，王阳明的学生。2 具足：佛教名词，指佛教比丘和比丘尼所受戒律，与沙弥和沙弥尼所受十介戒相比，戒品具足，故称具足戒。这里是完备的意思。3 良知良能：语出《孟子·尽心上》“孟子曰：‘人之所不学而能者，其良能也；所不虑而知者，其良知也’”。

※ 译文

德章说：“听先生用纯金比喻圣人，以金的分量比喻圣人才智的大小，用金的锻造提炼比喻学者的修养功夫，最为深刻贴切。只是把尧、舜比作万镒重的金子，而把孔子比作九千镒的金子，我怀疑不太妥当。”

先生说：“这又是从表面形式上去考虑的，所以会替孔子争分量。如果不是这样，那么把尧、舜比作万镒也不算多，把孔子比作九千镒也不算少，尧、舜的万镒也是孔子的；孔子的九千镒也是尧、舜的，原本就没有什么你我之分。之所以称为圣人，只看心体是否‘精一’，而不论才智的大小，只要心体至纯至精为天理，就都可以称为圣人，如果论及他们的才智气魄，怎么可能完全相同呢？后世儒生只知道在才能大小上计较，所以会沦落到只追求功利；如果去掉了比较才能的私心，每个人尽自己所能，只在存养天理上下功夫，那么人人都会有成就，个个都会功德圆满，即便是能力大做出大的成就，能力小做出小的成就，不需要凭借外力，没有不完美纯粹的，这才是实实在在的修身养性的事情。后世儒生不明白圣人的学说，不知道从自己心体的良知良能上体认扩充，却去追求认识自己所不能认识的事情，做自己所不能做的事情，一味地好高骛远，爱慕虚荣，不知道自己是桀、纣的心体，却动不动就想做尧、舜的事业，这怎么能做到？一年到头碌碌无为，直到终老死去，究竟不知道有什么成就，真是悲哀呀！”

九一

※ 原文

侃问：“先儒以心之静为体，心之动为用，如何？”

先生曰：“心不可以动、静为体、用，动、静，时也。即体而言，用在体；即用而言体在用，是谓‘体、用一源’。若说静可以见其体，动可以见其用，却不妨。”

※ 译文

薛侃问：“先儒认为静是心的本体，动是心的应用，这样讲对吗？”

先生说：“心不可以用动静来区分本体和应用，动静只是就时间而言的。就本体而言，应用在本体之中；就应用而言，本体也寓于在应用之中，这就是‘体、用一源’。倘若说静时可以看见心的本体，动时可以看见心的作用，倒也无妨。”

九二

※ 原文

问：“上智下愚如何不可移[1]？”

先生曰：“不是不可移，只是不肯移。”

问“子夏门人问交”[2]章。

先生曰：“子夏是言小子之交，子张[3]是言成人之交。若善用之，亦俱是。”

※ 注释

1 上智、下愚，不可移：语出《论语·阳货》“子曰：‘唯上智与下愚不移。’”一般认为孔子所说的“不移”是不可移。2 子夏门人问交：语出《论语·子张》。子夏，姓卜，名商，字子夏，春秋时晋国人，孔子的弟子。3 子张：姓颛孙，名师，春秋时陈国阳城人，孔子的弟子。

※ 译文

薛侃问：“聪明和愚笨，为什么不能改变呢？”

先生说：“不是不能改变，只是不肯改变罢了。”

薛侃向先生请教“子夏门人问交”这一章。

先生说：“子夏说的是小孩子之间的交往，子张说的是成年人之间的交往。如果善于应用它们，也都可以称得上是正确的。”

九三

※ 原文

子仁[1]问：“‘学而时习之，不亦说乎’[2]先儒以学为效先觉之所为[3]，如何？”

先生曰：“学是学去人欲、存天理。从事于去人欲、存天理，则自正诸先觉，考诸古训，自下许多问辨思索、存省克治功夫，然不过欲去此心之人欲，存吾心之天理耳。若曰‘效先觉之所为’，则只说得学中一件事，亦似专求诸外了。‘时习’者，‘坐如尸’，非专习坐也，坐时习此心也；‘立如斋’[4]，非专习立也，立时习此心也。‘说’是理义之说我心[5]之说，人心本自说理义，如目本说色，耳本说声，惟为人欲所蔽所累，始有不说。今人欲日去，则理义日洽浃，安得不说！”

※ 注释

1 子仁：冯恩，字子仁，号南江，今上海松江人，王守仁的弟子。2 学而时习之，不亦说乎：语出《论语·学而》。3 效先觉之所为：语出朱熹《论语·集注》"学之为言效也。人性皆善，而觉有先后。后觉者，必效先觉之所为，乃可以明善而复其初也"。4 坐如尸、立如斋：语出《礼记·曲礼》。坐如尸，意为像祭礼中受祭者一样端正地坐；立如斋，指谦恭地站立。5 理义之说我心：语出《孟子·告子上》"谓理也，义也，圣人先得我心之所同然耳。故理义之悦我心，犹刍豢之悦我口"。意为天理使我高兴。

※ 译文

子仁问："孔子说'学习并经常复习，这不是愉快的事吗？'朱熹则认为学习是效法先觉者的行为，这样说对吗？"

先生说："学的意思是学习去除私欲、存养天理。如果经常在去除私欲、存养天理上下功夫，那么自然能效法先觉者，考证先贤的训言，自觉地在问辨、思考、存养、克制上下很多功夫。然而这不过是去除私欲、存养天理的功夫罢了。如果说是'效法先觉者的行为'，那么只说了学习中的一件事，好像是专门在心外探求。'时习'就像'坐如尸'，不是专门学习端坐，而是为了在端坐时修身养性；'立如斋'，不是专门学习站立，而是要在站立时学习存养天性。'说'是'理义之说我心'中的'说'，人心原本就愉悦于天理，就像眼睛喜欢颜色，耳朵喜欢声音一样，只因为被私欲所蒙蔽所牵累，才开始有不愉悦。现在人们如果一天天地去除私欲，那么天理就会一天天增加滋养人的身心，怎么会不高兴呢？"

九四

※ 原文

国英[1]问："曾子三省[2]虽切，恐是未闻一贯[3]时功夫？"

先生曰："一贯是夫子见曾子未得用功之要，故告之。学者果能忠、恕上用功，岂不是一贯？'一'如树之根本，'贯'如树之枝叶。未种根，何枝叶之可得？体、用一源，体未立，用安从生？谓'曾子于其用处，盖已随事精察而力行之，但未知其体之一'。此恐未尽。"

※ 注释

1 国英：姓陈，名桀，字国英，福建莆田人，王阳明的学生。2 三省：语出《论语·学而》"曾子曰：'吾日三省吾身：为人谋而不忠乎？为朋友交而不信乎？传不习乎？’”曾子，即曾参，字子舆，鲁国人，孔子著名的弟子。3 一贯：即一以贯之。语出《论语·里仁》。

※ 译文

国英问：“曾参的‘吾日三省吾身’的功夫虽然真切，恐怕他还没有理解一以贯之的功夫？”

先生说：“一以贯之是孔子看到曾子没有掌握用功的要领，所以才告诉他的。学者果真能在忠、恕上下功夫，难道不是一以贯之吗？‘一’如同树的根，‘贯’如同树的枝叶。没有种根，哪有枝叶？体和用同源，体没有立存，用从哪来？”朱熹说‘曾参对于心的运用，已经可以在事情上精确体察并付诸实践了，只是他还不知道心的本体和运用是同源的’。这样说恐怕不全面吧。”

九五

※ 原文

黄诚甫[1]问“汝与回也孰愈”[2]章。

先生曰：“子贡[3]多学而识，在闻见上用功，颜子在心地上用功，故圣人问以启之。而子贡所对又只在知见上，故圣人叹惜之，非许之也。”

“颜子‘不迁怒，不贰过’[4]，亦是有‘未发之中’始能。”

※ 注释

1 黄诚甫：名宗贤，字诚甫，号致斋，宁波人，王阳明的学生。2 汝与回也，孰愈：语出《论语·公冶长》。3 子贡：姓端木，名赐，字子贡，亦作子赣，春秋卫国人，孔子的弟子。能言善辩，长于经商。4 颜子“不迁怒，不贰过”：语出《论语·雍也》。意为颜回不迁怒于别人，同样的错误不会犯两次。

※ 译文

黄诚甫向先生请教《论语》中“汝与回也，孰愈”这一章。

先生说：“子贡博学多识，经常在见闻上下功夫，颜回则在存养心性上下功夫，所以孔子问子贡以便启发他。但是子贡的回答只停留在知识见闻上，所以孔子慨叹、惋惜，并非赞许他。”

先生说：“颜回‘做错事不会迁怒于别人，同样的错误不会犯两次’，这也是有了‘未发之中’的功夫才能做到的。”

九六

※ 原文

“种树者必培其根，种德者必养其心。欲树之长，必于始生时删其繁枝；欲德之盛，必于始学时去夫外好。如外好诗文，则精神日渐漏泄在诗文上去；凡百外好皆然。”

又曰：“我此论学，是无中生有的功夫。诸公须要信得及，只是立志。学者一念为善之志，如树之种，但勿助勿忘，只管培植将去，自然日夜滋长，生气日完，枝叶日茂。树初生时，便抽繁枝，亦须刊落，然后根干能大。初学时亦然，故立志贵专一。”

因论先生之门，某人在涵养上用功，某人在识见上用功。

先生曰：“专涵养者日见其不足；专识见者日见其有余。日不足者日有余矣；日有余者日不足矣。”

※ 译文

先生说：“种树必须先培育树根，培养德性必须先存养心性。想要让树长高，必须在刚开始生长时修剪掉它的多余的树枝；要想让德行兴盛，必须在刚开始学习时就去除外在的喜好。比如喜好诗文，那么精神就会渐渐转移到诗文上面来；凡是喜好都是这样。”

先生接着说：“我这样谈论学问，是无中生有的功夫。你们一定要相信的话，就必须立志。学习的人有行善立志的念头，就像种树，只要不揠苗助长，也不忘记它，只管去培植它，任由它自由生长，自然会昼夜生长，一天比一天更有生机，枝叶也会越来越茂盛。树木刚开始生长时，发出来的乱枝，必须修剪掉，然后树干才能高大粗壮。刚开始学习时也是这样，所以立志贵在专一。”

在谈论先生的弟子时，谈到某人是在修养身心上用功，某人在知识见闻上用功。

先生说：“只在修养上用功，每天能发现自己的不足；只在知识见闻上用功，每天都会觉得自己懂得越来越多。每天发现不足的人，德行将会一天天提高。每天感到自己知识越来越多的人，德行将会一天天下降。”

九七

※ 原文

梁日孚[1]问：“居敬、穷理是两事[2]，先生以为一事，何如？”

先生曰：“天地间只有此一事，安有两事？若论万殊，礼仪三百，威仪三千[3]，又何止两？公且道居敬是如何，穷理是如何？”

曰："居敬是存养功夫，穷理是穷事物之理。"

曰："存养个甚？"

曰："是存养此心之天理。"

曰："如此，亦只是穷理矣。"

曰："且道如何穷事物之理？"

曰："如事亲便要穷孝之理，事君便要穷忠之理。"

曰："忠与孝之理在君、亲身上，在自己心上？若在自己心上，亦只是穷此心之理矣。且道如何是敬？"

曰："只是主一。"

曰："如何是主一？"

曰："如读书便一心在读书上，接事便一心在接事上。"

曰："如此则饮酒便一心在饮酒上，好色便一心在好色上，却是逐物，成甚居敬功夫！"

日孚请问。

曰："一者，天理，主一是一心在天理上。若只知主一，不知一即是理，有事时便是逐物，无事时便是着空。惟其有事无事，一心皆在天理上用功，所以居敬亦即是穷理。就穷理专一处说，便谓之居敬；就居敬精密处说，便谓之穷理，却不是居敬了别有个心穷理，穷理时别有个心居敬；名虽不同，功夫只是一事，就如《易》言：'敬以直内，义以方外'[4]，敬即是无事时义，义即是有事时敬。两句合说一件。如孔子言'修己以敬'[5]，即不须言义。孟子言'集义'，即不须言敬。会得时，横说竖说，功夫总是一般；若泥文逐句，不识本领，即支离决裂，功夫都无下落。"

问："穷理何以即是尽性？"

曰："心之体，性也，性即理也。穷仁之理真要仁极仁，穷义之理真要义极义。仁、义只是吾性，故穷理即是尽性，如孟子说充其恻隐之心，至仁不可胜用，这便是穷理功夫。"

日孚曰："先儒谓一草一木亦皆有理。不可不察，如何？"

先生曰："夫我则不暇[6]。公且先去理会自己性情，须能尽人之性，然后能尽物之性。"

日孚悚然有悟。

※ 注释

1 梁日孚：梁焯，字日孚，南海人。王阳明的弟子。2 居敬、穷理是两事：语出朱熹《朱子语类》"学者功夫，唯在居敬、穷理二事，此二事互相发，能穷理，则居敬功夫益进；能居敬，则穷理功夫日益密”。居敬，居心恭敬；穷理，通晓事物之理。3 礼仪三百，威仪三千：语出《中庸》“礼仪三百，威仪三千，待其人而后行”。4 敬以直内，义以方外：意为内心恭敬而正直，待人接物则要行为合乎正义。语出《周易·坤卦·文言》。5 修己以敬：意为以恭敬的心情修养身性。语出《论语·宪问》。6 夫我则不暇：意为没有时间做与修道无关的事情。语出《论语·宪问》。

※ 译文

梁日孚问：“程朱学派认为居敬与穷理是两码事，而先生为什么认为是一件事，这是为什么呢？”

先生说：“天地间只有一件事，怎么会有两件事？至于说到事物的千差万别，那么礼仪三百，威仪三千，又何止两件？你姑且先说一下什么是居敬？什么是穷理？”

梁日孚说：“居敬是存养功夫，穷理是推究事物的道理。”

先生说：“存养什么？”

梁日孚说：“存养己心中的天理。”

先生说：“这样解释，居敬也就是穷理了。”

先生接着说：“你暂且谈一下怎样推究事物的道理？”

梁日孚说：“如果侍奉父母就要推究尽孝的道理，辅佐国君就要推究尽忠的道理。”

先生说：“忠和孝的道理，是在国君、父母身上，还是在自己心上？如果在自己心上，也就是要穷尽此心的道理了。你再谈一下什么是居敬？”

梁日孚说：“居敬，就是主一。”

先生问：“怎样才算是主一？”

梁日孚说：“例如读书就专心在读书上，做事就专心在做事上。”

先生说：“这样一来，饮酒就专心在饮酒上，好色就专心在好色上，这是追逐外在物欲，怎么能称为居敬功夫呢！”

梁日孚请教先生怎样才能做到主一。

先生说：“一就是天理，主一就是一心在天理上。如果只懂得主一，却不明白它就是天理，那么有事时就是向外追逐物欲，无事时就是凭空幻想。只有不管有事无事，都一心在天理上下功夫，才是真正的主一，这样居敬也就是穷理。就穷理的专一而言，穷理就是居敬；就居敬的精密上来说，居敬就是穷理，并非居敬同时还有一个心去穷理，穷理的同时还有一个心去居敬，两者名称虽然不同，功夫却就像《易经》中说的‘内心恭敬而正直，待人接物则要行为合乎正义’。这里敬就是无事时的义，义就是有事时的敬。两句话说的是同一个事物。正如孔子说‘恭恭敬敬地修养身性’时，就不需要说义。孟子说‘积累善德而行为合乎正义’时，也不需要说敬。体悟了这些后，横说直说，功夫总是一样的；如果局限于文句，不了解根本，只会把完整的东西弄得支离破碎，功夫就没有着落。”

梁日孚问：“为什么说穷理就是尽性呢？”

先生说：“心的本体就是天性，天性就是天理。穷尽仁的道理，就是使仁成为至仁，穷尽义的道理，就是使义成为至义。仁与义只是我们的天性，因此，穷理就是尽性。孟子所说的扩充恻隐之心，到仁的程度就会取之不尽，这就是穷理的功夫。”

梁日孚说：“程颐先生说的一草一木亦皆有天理，不能不仔细考察，这句话是否正确？”

先生说：“对于我来说，且没有那份闲工夫。你姑且先去修养自己的身性，只有穷尽了人之本性，然后才能穷尽事物的道理。”

梁日孚因此忽然警醒并有所感悟。

九八

※ 原文

惟乾问：“知如何是心之本体？”

先生曰：“知是理之灵处，就其主宰处说便谓之心，就其禀赋处说便谓之性。孩提之童无不知爱其亲，无不知敬其兄[1]，只是这个灵能不为私欲遮隔；充拓得尽，便完完是他本体，便与天地合德。自圣人以下不能无蔽，故须格物以致其知。”

※ 注释

1 “孩提”三句：语出《孟子·尽心上》“孩提之童，无不知爱其亲者，及其长也，无不知敬其兄也”。孩提，指儿童。

※ 译文

惟乾问：“知为什么是心的本体？”

先生说：“知是天理的奇妙之处，从它的主宰处来说就是心，从它的先天禀赋来说就是性。儿童没有不知道热爱自己的父母、尊敬自己的兄长的，只是这个灵性不被私欲所遮蔽阻隔；能完全发挥出来，这就完完全全是心的本体，德行就与天地合而为一了。在圣人之下普通人不能不被私欲蒙蔽，所以必须通过格物来求得良知。”

九九

※ 原文

守衡问："《大学》功夫只是诚意，诚意功夫只是格物。修、齐、治、平，只诚意尽矣，又有正心之功，'有所忿懥好乐，则不得其正'，何也？"

先生曰："此要自思得之。知此则知'未发之中'矣。"

守衡再三请。

曰："为学功夫有浅深，初时若不着实用意去好善、恶恶，如何能为善、去恶？这着实用意便是诚意。然不知心之本体原无一物，一向着意去好善、恶恶，便又多了这分意思，便不是廓然大公。《书》所谓'无有作好、作恶'，方是本体。所以说'有所忿懥、好乐，则不得其正'。正心只是诚意功夫里面体当自家心体，常要鉴空衡平[1]，这便是'未发之中'。"

※ 注释

1 鉴空衡平：语出朱熹《大学或问》"人之一心，湛然虚明，如鉴之空，如衡之平，以为一身之主者，固其真体之本然"。鉴，镜子。衡，秤杆。此语以镜之空、秤之平比喻心体的清明中正。

※ 译文

守衡问："《大学》的功夫就是诚意，诚意的功夫就是格物。修身、齐家、治国、平天下的功夫，只一个诚意就可以包括完了，可是《大学》中还有正心的功夫，说'心中有怨愤喜乐，那么就会失去心的中正'，这又是为什么？"

先生说："这要自己思考体会才能领悟。理解了这一点就知道了什么是'未发之中'了。"

守衡再三请教于先生。

先生说："做学问的功夫有深有浅，刚开始时若不肯专心致志去好善、憎恶，又怎么可以为善、除恶呢？这里的专心致志就是诚意。然而经过一阵学习后，如果还不懂得心的本体原本没有一物，始终执着地去好善、憎恶，就又多了这份有意为善、憎恶的意思，心的本体就不会再恢弘阔大中正平和了。《尚书》中所说的'不有意为善、作恶'，才是心的本体。所以《大学》中说'有所忿懥、好乐，心就不能中正'。正心就是从诚意功夫上体认自己的心体，使它经常像镜子一样明亮，像秤杆一样平稳，这就是'未发之中'。"

一〇〇

※ 原文

正之[1]问曰："戒惧是己所不知时功夫，慎独是己所独知时功夫，此说如何？"

先生曰："只是一个功夫，无事时固是独知，有事时亦是独知。人若不知于此独知之地用力，只在人所共知处用功，便是作伪，便是'见君子而后厌然'[2]。此独知处便是诚的萌芽，此处不论善念、恶念，更无虚假，一是百是，一错百错，正是王霸、义利、诚伪、善恶界头。于此一立立定，便是端本澄源，便是立诚。古人许多诚身的功夫，精神命脉，全体只在此处，真是莫见莫显，无时无处，无终无始，只是此个功夫。今若又分戒惧为己所不知，即功夫便支离，亦有间断。既戒惧即是知，己若不知，是谁戒惧？如此见解，便要流入断灭禅定。"

曰："不论善念恶念，更无虚假，则独知之地，更无无念时邪？"

曰："戒惧亦是念，戒惧之念，无时可息。若戒惧之心稍有不存，不是昏聩，便已流入恶念。自朝至暮，自少至老，若要无念，即是己不知，除是昏睡，除是槁木死灰。"

※ 注释

1 正之：黄弘纲（公元1492—1561年），字正之，号洛村，江西人，官至刑部主事，王守仁的学生。2 见君子而后厌然：意为见到君子后掩饰自己的恶行。语出《大学》"小人闲居为不善，无所不至，见君子而后厌然，掩其不善而著其善"。

※ 译文

正之问："戒惧是自己不知道时下的功夫，慎独是自己独处时所下的功夫，这样说对吗？"

先生说："两者只不过是一个功夫，没有事时固然是独知，有事时也是独知。人们如果不知道在独知的地方用功，只在人人都知道的地方用功，这就是做假，就是'见到君子后掩饰自己的罪行'。这里独知的地方就是诚意萌芽的地方，这里不论善念、恶念，没有一点虚假，一荣俱荣，一损俱损，这就是所谓的王道霸道、义和利、真诚和虚伪、善和恶的界限。在这里坚定志向，就是正本清源，就是坚定诚意。古人许多诚身的功夫，精神命脉，全都在这里了，真正是不见不显，无时无处，无始无终，只是这一个功夫。现在如果又把戒惧说成是自己不知道时的功夫，那就是把功夫离散开来了，中间就有阻隔。既然戒惧就是自己知道知的功夫，自己如果不知道，那是谁在戒惧？这样的见解，就会沦落为佛教所批评的断灭禅定。"

正之说："无论善念恶念，毫无虚假，那么，自己独处时就没有无所思虑的时候了吗？”

先生说：“戒惧也是意念，戒惧的意念从来不会间断。如果戒惧的意念稍有放松，人不是昏聩糊涂，就是被恶念侵袭。从早到晚，从小到老，如果没有意念，那就是自己没有知觉，这种情形，如果不是昏睡，就是形如槁木，心如死灰了。”

※ 原文

志道[1]问：“荀子云‘养心莫善于诚’[2]，先儒非之，何也？’”

先生曰：“此亦未可便以为非。诚字有以功夫说者。诚是心之本体，求复其本体，便是思诚的功夫。明道说‘以诚敬存之’[3]，亦是此意。《大学》：‘欲正其心先诚其意。’荀子之言固多病，然不可一例吹毛求疵。大凡看人言语，若先有个意见，便有过当处。‘为富不仁’之言，孟子有取于阳虎[4]，此便见圣贤大公之心。”

※ 注释

1 志道：姓管，字登之，号东溟，江苏太仓人。王阳明门人耿定的弟子。2 养心莫善于诚：意为养心最好的办法是思诚。语出《荀子·不苟》。3 以诚敬存之：语出《河南程氏遗书》“学者须先识仁。仁者浑然与物同体，义礼知信，皆仁也。识得此理，以诚敬存之而已。不须防检，不须穷索”。4 孟子有取于阳虎：指孟子在谈话中引用阳虎的话。语出《孟子·滕文公上》“阳虎曰：‘为富不仁矣，为仁不富矣。’”阳虎，春秋晚期鲁国人，正卿季氏的家臣，曾挟持季氏专政鲁国，后因失败而流亡。

※ 译文

志道问：“荀子说‘养心最好的办法是思诚’，程颐先生认为不正确，这是为什么？’”

先生说：“这也不能就认为不对。诚字也可以从存养天理的功夫上来理解。诚意是心的本体，求得恢复心体的功夫，就是思诚的功夫。程颢先生说‘用诚敬的心存养它’，也是这个道理。《大学》中说：‘要端正人的心体，必须先端正他的思想。’荀子的话固然有很多毛病，然而也不能一概否定。凡是看待别人的学说，如果事先就有偏见，就会有不公平的地方。‘为富不仁’这句话，就是孟子引用阳虎的话，由此可见圣贤的阔大公正的心。”

一〇二

※ 原文

萧惠[1]问："己私难克，奈何？"

先生曰："将汝己私来，替汝克[2]。"又曰："人须有为己之心，方能克己；能克己，方能成己。"

萧惠曰："惠亦颇有为己之心，不知缘何不能克己？"

先生曰："且说汝有为己之心是如何？"

惠良久曰："惠亦一心要做好人，便自谓颇有为己之心。今思之，看来亦只是为得个躯壳的己，不曾为个真己。"

先生曰："真己何曾离着躯壳？恐汝连那躯壳的己也不曾为。且道汝所谓躯壳的己，岂不是耳、目、口、鼻、四肢？"

惠曰："正是为此，目便要色，耳便要声，口便要味，四肢便要逸乐，所以不能克。"

先生曰："'美色令人目盲，美声令人耳聋，美味令人口爽，驰骋田猎令人发狂。'[3]这都是害汝耳、目、口、鼻、四肢的，岂得是为汝耳、目、口、鼻、四肢？若为着耳、目、口、鼻、四肢时，便须思量耳如何听，目如何视，口如何言，四肢如何动。必须非礼勿视、听、言、动[4]，方才成得个耳、目、口、鼻、四肢，这个才是为着耳、目、口、鼻、四肢。汝今终日向外驰求，为名、为利，这都是为着躯壳外面的物事。汝若为着耳、目、口、鼻、四肢，要非礼勿视、听、言、动时，岂是汝之耳、目、口、鼻、四肢自能勿视、听、言、动？须由汝心。这视、听、言、动皆是汝心，汝心之视，发窍于目，汝心之听，发窍于耳，汝心之言发窍于口，汝心之动，发窍于四肢。若无汝心，便无耳、目、口、鼻、四肢。所谓汝心，亦不专是那一团血肉。若是那一团血肉，如今已死的人，那一团血肉还在，缘何不能视、听、言、动？所谓汝心，却是那能视、听、言、动的，这个便是性，便是天理。有这个性，才能生，这性之生理，便谓之仁。这性之生理，发在目便会视，发在耳便会听，发在口便会言，发在四肢便会动，都只是那天理发生，以其主宰一身故谓之心。这心之本体原只是个天理，原无非礼，这个便是汝之真己。这个真己是躯壳的主宰，若无真己便无躯壳，真是有之即生，无之即死。汝若真为那个躯壳的己，必须用着这个真己，便须常常保守着这个真己的本体。戒慎不睹，恐惧不闻，惟恐亏损了他一些。才有一毫非礼萌动，便如刀割，如针刺，忍耐不过，必须去了刀，拔了针，这才是有为己之心，力能克己。汝今正是认贼作子，缘何却说有为己之心，不能克己！"

※ 注释

1 萧惠：王阳明的弟子，生平不详。2 "替汝克"据《景德传灯录》记载：禅宗二祖神光师从达摩老祖之初，曾对达摩说“我心未安，请师安心”。达摩说“将心来，与汝安”。3 “美色令人目盲”四句：语出《老子》“五色令人目盲，五音令人耳聋，五味令人口爽，驰骋田猎令人发狂”。意为过度的感官享受有损人的健康。爽，败坏，在此指味觉有失误。4 非礼勿视听言动：语出《论语·颜渊》“子曰‘非礼勿视，非礼勿听，非礼勿言，非礼勿动’”。

※ 译文

萧惠问：“自己的私欲不容易克去，该怎么办呢？”

先生说：“把你的私欲拿来，让我替你克去，”接着说，“人需要有为自己着想的心才能克去私欲；能够克去私欲，才能成就自己。”

萧惠说：“我也颇有为自己着想的心，但不知为什么就是不能克去私欲？”

先生说：“你不妨先谈谈你为自己的心是怎样的？”

萧惠沉思良久，说：“我也一心要做好人，就自我感觉很有一些为自己的心。现在想来，也只是为一个空躯壳的自己，并非为真正的自己。”

先生说：“真正的自己什么时候离开过躯体？恐怕你连只有躯壳的自己也不曾为过。你所说的躯壳的自己，难道不是指耳、目、口、鼻、四肢吗？”

萧惠说：“正是为了这些。眼睛要看美色，耳朵要听美声，嘴巴要吃美味，四肢要享受安逸，因此不能克制私欲。”

先生说：“‘美色使人眼瞎，美声使人耳聋，美味使人口味败坏，骑马狩猎使人发狂。’所有这些，对你的耳、目、口、鼻和四肢都有损害，怎么是满足耳、目、口、鼻和四肢的需求呢？如果真的是为了耳、目、口、鼻和四肢，就需要考虑耳朵怎么听，眼睛怎么看，嘴巴吃什么，四肢怎么运动。只有做到非礼勿视，非礼勿听，非礼勿言，非礼勿动，才能实现耳、目、口、鼻和四肢的功能，这才真正是为了自己的耳、目、口、鼻和四肢。你现在每天只知道向外寻求，为名为利，这都是为了心外的私欲。你如果只是为了耳、目、口、鼻和四肢，就要不看、不听、不说、不做违背礼的事情，难道你的耳、目、口、鼻和四肢会自动不看、不听、不说、不动吗？这必须是你的心在起作用。这看、听、说、做就是你的心在运动，你的心通过眼睛去看，通过耳朵去听，通过嘴巴去说，通过四肢去运动。如果你的心不存在，就没有你的耳、目、口、鼻和四肢的活动。所谓你的心，也不单是那一团血肉。如果只指那一团血肉，现在已经死去的人，他的那一团血肉还在，为何不能看、听、说、动呢？因此你的心，就是那个能使你看、听、说、动的心，这个就是天性，也就是天理。有了这个性，才能产生这性的生理，也就是仁。人性的生理，表现在眼睛上就是能看，表现在耳朵上就是能听，表现在嘴巴上就是能说，表现在四肢上就是能运动，这些都是天理在起作用，因为天理主宰着人的身体，所以又叫心。这心的本体，原本只是一个天理，原本不存在违背天理的地方，这就是你真实的自己。这个真己是人的躯体的主宰，如果没有真已，也就没有躯体，有了真己人就有生命，没有真己人就会死去。你如果真为了那个躯体的自己，必须依靠这个真己，就需要时刻存养这个真己的本体。在一个人待着时警诫自己，在别人听不到时也恐慌畏惧，生怕对这个真己的本体有一丝损伤。稍有丝毫的违背礼的意念萌生，犹如刀剜针刺，不堪忍受，必须扔了刀，拔掉针，这样才是有为己之心，才能克制自己的私欲。你现在正是认贼为子，反而说什么有为自己的心，却不能克制自己的私欲呢！”

一〇三

※ 原文

有一学者病目，戚戚甚忧。先生曰：“尔乃贵目贱心。”

萧惠好仙、释。

先生警之曰：“吾亦自幼笃志二氏，自谓既有所得，谓儒者为不足学。其后居夷三载，见得圣人之学若是其简易广大，始自叹悔错用了三十年气力[1]。大抵二氏之学，其妙与圣人只有毫厘之间。汝今所学乃其土苴，辄自信自好若此，真鸱鸮窃腐鼠[2]耳。”

惠请问二氏之妙。

先生曰：“向汝说圣人之学简易广大，汝却不问我悟的，只问我悔的。”

惠惭谢，请问圣人之学。

先生曰：“汝今只是了人事问。待汝辨个真要求为圣人的心，来与汝说。”

惠再三请。

先生曰：“已与汝一句道尽，汝尚自不会。”

※ 注释

1 “始自叹悔”句：据《王阳明年谱》，正德九年五月，王阳明曾告诫王嘉秀、萧惠曰：“吾幼时求圣学不得，亦尝笃志二氏。其后居夷三载，始见圣人端绪，悔错用功三十年。”2 鸱鸮窃腐鼠：语出《庄子·秋水》。鸱鸮，猫头鹰一类的鸟。

※ 译文

有一个学者眼睛有病，很是担忧，先生说：“你这是看重眼睛而轻视本心。”

萧惠喜好佛、道两家的主张。

先生提醒他说：“我也从小坚定志向在佛、道上，自以为有所收获，认为儒家学说不值得学习。后来我在贵州龙场待了三年，领略了圣人的学说是如此的微言大义，于是开始感慨后悔自己枉花了三十年的工夫。一般说来，佛道两家的学说，其精华处与圣人的学说差别非常小。你现在所学的，只不过是佛、道两家的糟粕，就自我感觉良好到这种地步，真像猫头鹰捉住了一只腐鼠一样。”

萧惠向先生请教佛、道两家的精华部分。

先生说：“刚刚给你说过圣人的学说微言大义，你却不问我所领悟的，只问我所悔悟的。”

萧惠惭愧地向先生表示歉意，请他告诉自己圣人的学说。

先生说：“你今天只是为了敷衍我才问的，等你明辨是非真有要做圣人的心时，我再告诉你。”

萧惠又再三请求先生。

先生说：“已经用一句话告诉过你了，你还是不明白。”

一〇四

※ 原文

刘观时[1]问：“‘未发之中’是如何？”

先生曰：“汝但戒慎不睹，恐惧不闻，养得此心纯是天理，便自然见。”

观时请略示气象。

先生曰：“哑子吃苦瓜，与你说不得。你要知此苦，还须你自吃。”

时曰仁在傍，曰：“如此才是真知，即是行矣。”

一时在座诸友皆有省。

※ 注释

1 刘观时：湖南常德人，王阳明的弟子。

※ 译文

刘观时问：“‘未发之中’是什么样的？”

先生说：“你只要做到在独处时谨慎警戒，不为外物扰乱，面对恐惧好像没有听到，存养本心至纯至精为天理，便自然会领会到。”

刘观时请先生大概介绍一下“未发之中”的表象。

先生说：这就像哑巴吃苦瓜，没法跟你说。你要想体味其中的苦味，还必须你亲自尝一尝。”

这时徐爱在旁边说：“这才是真正的认识，也就是实践。”

一时间在座的学生都有所省悟。

一〇五

※ 原文

萧惠问死、生之道。

先生曰："知昼、夜即知死、生。"

问昼、夜之道。

曰："知昼则知夜。"

曰："昼亦有所不知乎？"

先生曰："汝能知昼？懵懵而兴，蠢蠢而食，行不著，习不察，终日昏昏，只是梦昼。惟'息有养，瞬有存'[1]，此心惺惺明明，天理无一息间断，才是能知昼。这便是天德，便是通乎昼夜之道而知[2]，更有甚么死、生！"

※ 注释

1 息有养，瞬有存：意为瞬息之间都不要间断存养的功夫。语出张载《张子全书》。2 "通乎"句：意为通晓了昼夜阴阳的变化规律就会明白天地宇宙的运动规律。语出《易经·系辞上》。

※ 译文

萧惠向先生请教生、死的道理。

先生说："知道了昼、夜变化，就能知道了生、死。"

萧惠又请教昼、夜的道理。

先生说："知道了白天，就知道了黑夜。"

萧惠说："白天还有不知道的吗？"

先生说："你能知道白天？懵懵懂懂起床，胡嚼乱咽地吃饭，开始时不明白是怎么回事，习惯后还不知道为什么这样，成天浑浑噩噩，这只是在做白日梦。只有时刻存养自己的本心，使它清彻明亮，天理没有片刻中断，才能知道是白天。这个就是天理，就是明白了昼夜交替的道理，还有什么生死的问题弄不明白呢！"

一〇六

※ 原文

马子莘[1]问："'修道之教'，旧说谓圣人品节吾性之固有[2]，以为法于天下，若礼、乐、刑、政之属。此意如何？"

先生曰："道即性即命，本是完完全全，增减不得，不假修饰的。何须要圣人品节？却是不完全的物件。礼、乐、刑、政是治天下之法，固亦可谓之教，但不是子思本旨。若如先儒之说，下面由教入道的，缘何舍了圣人礼、乐、刑、政之教，别说出一段戒慎恐惧功夫？却是圣人之教敢为虚设矣。"

子莘请问。

先生曰："子思性、道、教皆从本原上说，天命于人，则命便谓之性。率性而行，则性便谓之道。修道而学，则道便谓之教。率性是诚者事。所谓'自诚明，谓之性'也。修道是诚之者事，所谓"自明诚，谓之教'[3]也。圣人率性而行，即是道。圣人以下未能率性，于道未免有过不及，故须修道。修道则贤知者不得而过，愚不肖者不得而不及，都要循着这个道，则道便是个教。此教字与'天道至教'[4]'风雨霜露，无非教也'[5]之'教'同。'修道'字与'修道以仁'[6]同。人能修道，然后能不违于道，以复其性之本体，则亦是圣人率性之道矣。下面'戒慎恐惧'便是修道的功夫，'中和'便是复其性之本体。如《易》所谓'穷理尽性以至于命'[7]，'中和位育'，便是尽性至命。"

※ 注释

1 马子莘：马明衡，字子莘，福建莆田人。官至御史，王阳明的弟子。2 "旧说"句：指朱熹对"修道之教"的解释。语出朱熹《中庸集注》"修，品节之也。性道虽同，而气禀或异，故不能无过、不及之差。圣人因人物之所当行者而品节之，以为法于天下，则谓之教，若礼、乐、刑、政之属是也。"品节之，按素质而加以评价，并规定什么是人应该做的。3 自诚明，谓之性；自明诚，谓之教：意为由于天生具有道德觉悟而有道德认识，这是圣人本性所固有的，是尽心知性；由于有了道德认识而产生道德觉悟，是贤人受教化的结果，是存心养性。语出《中庸》"自诚明，谓之性。自明诚，谓之教。诚则明矣，明则诚矣"。4 天道至教：意为天道就是至高无上的教化。语出《礼记·礼器》"天道至教，圣人至德"。5 风雨霜露，无非教也：意为天象的变化都是教化。语出《礼记·孔子闲居》。6 修道以仁：意为修养道德要依靠仁。语出《中庸》。7 "穷理"句：意为《周易》可以穷究推理、通晓人性、渗透天命。语出《易经·说卦传》。

※ 译文

马子莘问："'修道之教'朱熹说是圣人评价和规定我们人性中应有的道，作为世人遵循的法则，像礼、乐、刑、政之类。这样解释对吗？"

先生说："道就是人性，就是天命，原本是完完整整的，不需要增减，也不需要修饰。怎么会需要圣人来评价、规定呢？只有不完整的东西才需要评价、规定。礼、乐、刑、政是治理天下的法则，固然也可以称之为教化，但不是子思所说的教的原意。如果按照朱熹先生的说法，资质偏下的人通过教化才能领悟圣道，为何舍弃圣人的礼乐刑政的教化，而另外说出一段戒慎恐惧的功夫来？这是把圣人的教化当作摆设了。”

子莘向先生请教。

先生说：“子思所说的性、道、教都是从本质上说的，天命在人，那么命就是性。按照人性去实践，那么性就是道。为修养圣道而去学习，那么道就是教。按照人性去实践，是心体符合天道的人所能做的事，就是《中庸》中所说的‘自诚明，谓之性’。为修养圣道而学习，是那些希望能遵循天道的人所能做的事，就是《中庸》中所说的‘自明诚，谓之教’。圣人按自己的天性而行，就是修养圣道。圣人以下的普通人不能按照自己的天性而行，对于圣道难免有过分或不及的地方，所以必须修养圣道。修养圣道使贤明的人不至于做过了头，才智愚钝的人就不至于出现欠缺的地方，而会遵循圣道，这里圣道便有教化的意思。这个‘教’字与‘天道至教’‘风雨霜露，无非教也’中的‘教’字相同。‘修道’两个字也与‘修道以仁’中的字相同。人能修养圣道，而后能不违背圣道，恢复其天性的本体，那么也就和圣人按照天性行道一样了。《中庸》后面所说的‘戒慎恐惧’就是修道的功夫，‘中和’便是恢复天性的本体。正如《易经》中所说的‘穷理尽性以至于命’，‘中和位育’，就是充分发挥天性，完全遵循天命行事。”

一〇七

※ 原文

黄诚甫问：“先儒以孔子告颜渊为邦[1]之问，是立万世常行之道[2]，如何？”

先生曰：“颜子具体圣人，其于为邦的大本大原都已完备。夫子平日知之已深，到此都不必言，只就制度文为上说，此等处亦不可忽略，须要是如此方尽善。又不可因自己本领是当了，便于防范上疏阔，须是要放郑声，远佞人。盖颜子是个克己向里，德上用心的人，孔子恐其外面末节或有疏略，故就他不足处帮补说。若在他人，须告以‘为政在人，取人以身，修身以道，修道以仁’，‘达道’‘九经’及‘诚身’许多功夫，方始做得。这个方是万世常行之道，不然只去行了夏时，乘了殷辂，服了周冕，作了《韶》《舞》，天下便治得？后人但见颜子是孔门第一人，又问个为邦，便把做天大事看了。”

※ 注释

1 孔子告颜渊为邦：典出《论语·卫灵公》“颜渊问为邦。子曰‘行夏之时，乘殷之辂，服周之冕，乐则《韶》《舞》。放郑声，远佞人，郑声淫，佞人殆’”。朱熹认为，孔子所言，是从先王之礼中总结出来的万世常行之道。2 万世常行之道：朱熹《论语集注》引程颐言“盖三代之制，皆因时损益。及其久也，不能无弊。周衰，圣人不作。故孔子斟酌先王之礼，立万世常行之道，发此以为之兆尔”。

※ 译文

黄诚甫问：“朱熹认为孔子回答颜回关于治国的问题，是为后代万世确立了治国的根本原则，这样说对吗？”

先生说：“颜回基本上具备了圣人的条件，他对治国兴邦的大计方针都已悉数掌握。孔子平时就很了解他，在此就没有必要再说那么多，只就典章制度上说了说，当然这方面也是不可忽略的，必须加进去这些才算完善。也不要以为自己的本领足以胜任治国兴邦的重任了，就在防范克制上疏忽了，必须‘禁止郑国那样的靡靡之音，远离阿谀逢迎的小人’。大概颜回是个严于律己、性格内向、注重德行的人，孔子生怕他在外面制度上的细枝末节有所疏忽，所以就他不足的地方加以补充。如果对于其他人，孔子一定会告诉他‘为政在人，取人以身，修身以道，修道以仁’，‘达道’‘九经’以及‘诚身’等许多功夫，才能把国家治理好。以上那些才是子孙万代常行的治国准则，要不然只去推行夏朝的历法，乘坐商朝的辂车，穿上周朝的服饰，听了《韶》《舞》那样的音乐，天下就能治理好吗？后世的人只知道颜回是孔子最得意的门生，又问了个如何治国安邦的道理，便把孔子有针对性的回答当作治国的准则了。”

一〇八

※ 原文

蔡希渊问：“文公《大学》新本，先‘格致’而后‘诚意’功夫，似与首章次第相合[1]。若如先生从旧本之说，即‘诚意’反在‘格致’之前，于此尚未释然。”

先生曰：“《大学》功夫即是‘明明德’，‘明明德’只是个‘诚意’，‘诚意’的功夫只是‘格物’‘致知’。若以诚意为主，去用‘格物’‘致知’的功夫，即功夫始有下落，即为善、去恶，无非是‘诚意’的事。如新本先去穷格事物之理，即茫茫荡荡，都无着落处，须用添个‘敬’字，方才牵扯得向身心上来，然终是没根源。若须用添个‘敬’字，缘何孔门倒将一个最紧要的字落了，直待千余年后要人来补出？正谓以‘诚意’为主，即不须添‘敬’字。所以提出个‘诚意’来说，正是学问的大头脑处。于此不察，真所谓‘毫厘之差，千里之谬’。大抵《中庸》功夫只是‘诚身’，‘诚身’之极便是‘至诚’；《大学》功夫只是‘诚意’，‘诚意’之极便是‘至善’。功夫总是一般。今说这里补个‘敬’字，那里补个‘诚’字，未免画蛇添足。”

※ 注释

1 “《大学》新本”三句：朱熹所著《大学章句》中，“诚意”在“格物致知”之后。

※ 译文

蔡希渊问：“朱熹先生修改过的《大学》中，先有‘格物’‘致知’，后有‘诚意’功夫，似乎和《大学》第一章的内容次序相吻合。如果就像先生遵循旧本的学说，那么‘诚意’反而在‘格物’‘致知’之前，对此我尚不太明白。”

先生说：“《大学》中的功夫就是‘明明德’，‘明明德’就是‘诚意’，‘诚意’的功夫就是‘格物’‘致知’。如果以诚意为主，去下‘格物’‘致知’的功夫，功夫才有着落，就是说行善去恶无非是‘诚意’的功夫。如果像新本中朱熹先生说的那样，先去推究事物的道理，那么功夫就会茫茫荡荡，没有边际，都没有落脚的地方，必须添加一个‘敬’字，才能把功夫牵扯到身心上来，然而这终究缺乏根基。如果必须添加一个‘敬’字，为何孔子的门生倒把一个最关键的字给遗漏了，而要等到千年以后要别人来补出来呢？这正好说明是以‘诚意’为根本的，不需要添加‘敬’字。之所以要提出一个‘诚意’来，正是做学问的关键所在。在这一点上弄不明白，就真的是‘差之毫厘，谬以千里’了。大抵上说来，《中庸》中讲的功夫就是‘诚身’，‘诚身’的最高境界就是‘至诚’；《大学》中讲的功夫就是‘诚意’，‘诚意’的最高境界就是‘至善’。它们所讲的功夫都是一样的。现在如果在这里加上个‘敬’字，那里添个‘诚’字，未免显得画蛇添足了。”

卷中

德洪曰：昔南元善刻《传习录》于越，凡二册。下册摘录先师手书，凡八篇。其答徐成之二书，吾师自谓“天下是朱非陆，论定既久，一旦反之为难，二书姑为调停两可之说，使人自思得之”。故元善录为下册之首者，意亦以是欤！今朱、陆之辨明于天下久矣。洪刻先师文录，置二书于外集者，示未全也，故今不复录。

钱德洪序

※ 原文

德洪曰：昔南元善[1]刻《传习录》于越，凡二册。下册摘录先师手书，凡八篇。其答徐成之[2]二书，吾师自谓“天下是朱非陆，论定既久，一旦反之为难；二书姑为调停两可之说，使人自思得之”[3]。故元善录为下册之首者，意亦以是欤！今朱、陆之辨明于天下久矣。洪刻先师文录，置二书于外集者，示未全也，故今不复录。

其余指知、行之本体，莫详于《答人论学》[4]与答周道通、陆清伯、欧阳崇一四书。而谓格物为学者用力日可见之地，莫详于答罗整庵[5]一书。平生冒天下之非诋推陷，万死一生，遑遑然不忘讲学，惟恐吾人不闻斯道，流于功利机智，以日堕于夷狄禽兽，而不觉其一体同物之心，譊譊终身至于毙而后已。此孔孟以来贤圣苦心，虽门人子弟未足以慰其情也。是情也，莫详于答聂文蔚[6]之第一书。此皆仍元善所录之旧。而揭“必有事焉”即“致良知”功夫，明白简切，使人言下即得入手，此又莫详于答文蔚之第二书，故增录之。

元善当时汹汹，乃能以身明斯道，卒至遭奸被斥，油油然惟以此生得闻斯学为庆，而绝无有纤芥忿郁不平之气。斯录之刻，人见其有功于同志甚大，而不知其处时之甚艰也。今所去取，裁之时义则然，非忍有所加损于其间也。

※ 注释

1 南元善：名大吉，字元善，号瑞泉，陕西渭南人。官至户部郎中、知府，王守仁的学生，曾刊刻《传习录》。因支持王学被罢官后，归陕讲学，致力于王学的传播。2 徐成之：名守诚，绍兴人。3 “吾师自谓”两句：语出《王阳明全集》卷二十一《答徐成之》。南宋淳熙二年（公元 1175 年），在信州（今江西上饶）鹅湖寺，朱熹与陆九渊进行了一次学术辩论，陆讥朱为支离，朱讥陆为空渺。朱陆门户之争历数百年，阳明之前，朱派一直占上风。4 《答人论学》：即《答顾东桥书》。顾东桥，字华玉，号东桥，江苏江宁人，进士，官至南京刑部尚书，王阳明友人。少有才，工诗文。5 罗整庵：名钦顺（公元 1465—1547 年），字允升，号整庵，江西泰和人。进士，官至南京吏部尚书，后辞官归家，潜心学问。早年笃信佛学，后崇举儒学，著有《困知记》等。6 聂文蔚：名豹（公元 1487—1563 年），字文蔚，号双江，江西永丰人。进士，官至太子太保，曾会晤王阳明，后以王门子弟自称，著有《困辩录》等。

※ 译文

德洪说：从前南元善在浙江刻录《传习录》上、下两册。下册摘录了先生的八篇书信。其中在给徐成之的两封信中，先生自己说“世人肯定朱熹而否定陆九渊，这种定论已经存在这么久了，要一下子改变过来很难；这两封信姑且是为了调和两家学说，使人通过自己思考得出正确的结论”。所以元善把这两封信放在下册的开头，目的也是这样的！而今朱、陆两家的争辩已经大白于天下很长时间了。我刻先生的文录时，把这两封书信放在外集中，表明书信中的观点不完全，所以本次就没有再收录。

其余关于知、行本体的论述，最详细的莫过于回答顾东桥与回答周道通、陆清伯、欧阳崇一等人的四封书信。而论述学者日常用功学习的格物理论，最详细的莫过于答复罗整庵的书信。先生一生冒着被天下人诽谤诋毁和诬陷的危险，虽九死一生，也不忘到处传播自己的学说，只害怕我们不知道他的学说，而沦为追逐功名利禄和算计之中，以至于一天天堕落为野蛮之人和禽兽为伍，而不能领会他的天地万物为一体的思想，先生一生都在为此奔走呼号，直到他死去才停止。这也是孔、孟以来圣贤的良苦用心，即使是门人学生也不足以宽慰他的情怀。这种情怀，在回答聂文蔚的一封信中表现得最为详尽。这些信都是仍旧按照元善以前所刻而录的。而揭示孟子说的“必有事焉”就是“致良知”功夫的论述，简洁明白，使人一听就能入手，这一点讲得最明白的莫过于先生回答聂文蔚的第二封信，所以在此我也增录进来了。

元善在当时天下群起攻击先生的情况下，竟然还能奋不顾身地把先生的学说发扬光大，以至于遭到奸臣的排斥，但他还欣欣然地以今生得到了先生的学说而庆幸，心中没有丝毫愤怒和郁闷不平。他刻录《传习录》，世人只看见它对同学们的学习有很大帮助，却不知他当时的处境是多么的艰难。我现在对其版本所做的增删，是出于对于目前情况的考虑，而不是故意要这么做的。

答顾东桥书

一

※ 原文

来书云："近时学者务外遗内，博而寡要，故先生特倡'诚意'一义[1]，针砭膏肓，诚大惠也。"

吾子洞见时弊如此矣，亦将同以救之乎？然则鄙人之心，吾子固已一句道尽，复何言哉！复何言哉！若'诚意'之说，自是圣门教人用功第一义，但近世学者乃作第二义看，故稍与提掇紧要出来，非鄙人所能特倡也。

※ 注释

1 "故先生"一句：王阳明早期曾强调"诚意"的重要性，他所著的《大学古本序》第一句就是："《大学》之要，诚意而已也矣。"

※ 译文

你来信说："现在的学者只注重外在的知识追求而忽视了本心的存养，知识虽然广博但不得要领，所以先生特别提倡'诚意'这一点，针砭时弊，使那些病入膏肓的人有所醒悟，真是大有裨益呀！"

你对时弊洞察得如此透彻，你打算怎样纠偏呢？显然我的思想观点，你已经悉数领略，我还有什么好说的呢！我还有什么好说！至于‘诚意’的学说，本来就是圣人教人用功的根本出发点，但是近代的学者却把它放在了次要位置上，所以我简略地把它的重要性提出来，并不是我本人的特别提倡。

二

※ 原文

来书云：“但恐立说太高，用功太捷，后生师传，影响谬误，未免坠于佛氏明心见性[1]、定慧、顿悟[2]之机，无怪闻者见疑。”

区区格、致、诚、正之说，是就学者本心、日用事为间体究践履，实地用功，是多少次第，多少积累在！正与空虚顿悟之说相反，闻者本无求为圣人之志，又未尝讲究其详，遂以见疑，亦无足怪。若吾子之高明，自当一语之下便瞭然矣。乃亦谓“立说太高，用功太捷”，何邪？

※ 注释

1 明心见性：佛教禅宗的主张，意为让自己心底清澈明亮，待看见自己的真性，就可以成佛，而无须于文字上抠求。2 定慧、顿悟：定慧，佛教的修养功夫，指禅定与智慧。除去心中的杂念为定，明了事物的道理为慧。顿悟，意为突然之间明白了困惑已久的佛理，一悟成佛。与儒家的‘困知’相对。

※ 译文

你来信说：“只害怕先生的学说立论太高，下功夫去实践时太方便简捷，学生们互相传承时出现谬误，就不免会陷入佛教的明心见性、定慧、顿悟的禅机中，也难怪听了先生学说的人会产生疑惑。”

我对于格物、致知、诚意、正心的学说，是就学者的本心要在日常事务中体察、探究、实践、落实而言的，实实在在下功夫，其间可有很多阶段、很多积累呀！这正与佛教的定慧、顿悟相反。听到我的学说的人本来没有做圣人的追求，又不曾仔细推敲我的学说，所以会心存疑惑，也不足为奇。像你这么聪明的人，自然会对我的学说一点就透。却也说我的学说“立说太高，用功太捷”，这是为什么？

三

※ 原文

来书云：“所喻知、行并进，不宜分别前后，即《中庸》‘尊德性而道问学’之功，交养互发，内外本末一以贯之之道。然功夫次第不能无先后之差，如知食乃食，知汤乃饮，知衣乃服，知路乃行，未有不见是物先有是事，此亦毫厘倏忽之间，非谓截然有等，今日知之而明日乃行也。”

既云“交养互发，内外本末一以贯之”，则知、行并进之说无复可疑矣；又云“功夫次第，不能无先后之差”，无乃自相矛盾已乎？“知食乃食”等说，此尤明白易见，但吾子为近闻[1]障蔽，自不察耳。夫人必有欲食之心，然后知食，欲食之心即是意，即是行之始矣。食味之美恶必待入口而后知，岂有不待入口而已先知食味之美恶者邪？必有欲行之心，然后知路，欲行之心即是意，即是行之始矣。路岐之险夷，必待身亲履历而后知，岂有不待身亲履历而已先知路岐之险夷者邪？“知汤乃饮，知衣乃服”，以此例之，皆无可疑。若如吾子之喻，是乃所谓“不见是物而先有是事”者矣。吾子又谓，“此亦毫厘倏忽之间，非谓截然有等，今日知之，而明日乃行也”。是亦察之尚有未精，然就如吾子之说，则知、行之为合一并进，亦自断无可疑矣。

※ 注释

1 近闻：指朱熹的知先行后的观点。

※ 译文

你信中说：“你所说的知、行应该并举，不应该分为前后两步，就是《中庸》中说的‘尊德性而道问学’两种功夫互相存养，互相激发，本心和外物本来就是一个整体，不可分割。然而修行的功夫有个先后顺序，不可能没有先后的区别，就像知道是食物才会吃，知道是汤羹才会喝，知道是衣服才会穿，知道是路才会走在上面，从来没有还没见到事物就先做事的，这中间的先后顺序也是瞬间微妙的，不会截然分明的，不像今天知道了事物，明天才去实践那样。”

既然说“交养互发，内外本末一以贯之”，那么知行并举的说法就没有什么可以怀疑的了。又说：“功夫次第，不能无先后之差”，这难道不是自相矛盾吗？“知食乃食”等说法，尤其显而易见，但是你被朱熹先生说的知先行后的观点所蒙蔽，而自己不曾察觉。人必然有想吃东西的心，然后才会去认识食物，想吃的心就是意念，也就是行动的开始。食物口味的好坏，一定要等到入口之后才知道，哪有不尝一尝就已经预先知道食物味道的好坏呢？一定先有想走的心，然后才会去认识路，想走的心就是意念，也就是行走的开始。路途的坦荡险峻，必须亲身行走过之后才能知道，哪里有还没有走过就预先知道路途的坦荡险峻的呢？“知汤乃饮，知衣乃服”以此类推，都没有什么可怀疑的。如果如你说的那样，才正是“不见是物而先有是事”。你又说“此亦毫厘倏忽之间，非谓截然有等，今日知之而明日乃行也”，这也是你体察还不够精确，然而就像你所说的，那么知和行并举也肯定没有什么好怀疑的。

四

※ 原文

来书云："真知即所以为行，不行不足谓之知，此为学者吃紧立教，俾务躬行则可，若真谓行即是知，恐其专求本心，遂遗物理，必有暗而不达之处，抑岂圣门知行并进之成法哉！"

知之真切笃实处即是行，行之明觉精察处即是知。知行功夫本不可离，只为后世学者分作两截用功，失却知、行本体，故有合一并进之说。真知即所以为行，不行不足谓之知。即如来书所云"知食乃食"等说可见，前已略言之矣。此虽吃紧救弊而发，然知、行之体本来如是，非以己意抑扬其间，姑为是说以苟一时之效者也。

"专求本心遂遗物理"，此盖失其本心者也。夫物理不外于吾心，外吾心而求物理，无物理矣；遗物理而求吾心，吾心又何物邪？心之体，性也，性即理也。故有孝亲之心即有孝之理，无孝亲之心即无孝之理矣；有忠君之心即有忠之理，无忠君之心即无忠之理矣。理岂外于吾心邪？晦庵谓"人之所以为学者，心与理而已。心虽主乎一身而实管乎天下之理，理虽散在万事而实不外乎一人之心"，是其一分一合之间，而未免已启学者心、理为二之弊。此后世所以有"专求本心，遂遗物理"之患，正由不知心即理耳。夫外心以求物理，是以有暗而不达之处，此告子义外之说[1]，孟子所以谓之不知义也。心一而已，以其全体恻怛而言，谓之仁，以其得宜而言，谓之义，以其条理而言，谓之理。不可外心以求仁，不可外心以求义，独可外心以求理乎？外心以求理，此知、行之所以二也；求理于吾心，此圣门知、行合一之教，吾子又何疑乎？

※ 注释

1 告子义外之说：语出《孟子·告子上》"告子曰：'仁，内也，非外也；义，外也，非内也。'"孟子的评论见《孟子·公孙丑上》"我故曰：'告子未尝知义，以其外之也'"。

※ 译文

你来信说："真正的认识是能够实践的，不能实践就不能称作认识。这是为学者提出的重要立论，必须踏实躬行才可以，如果真的以为实践就是认识，恐怕人们只专心存养本心，而忘了事物的道理，这样一定会有不明白不理解的地方，这难道是圣学中所说的知行并举的既成方法吗！"

认识真切地付诸行动就是实践，实践之后明白精确地体察就是认识。认识和实践两者的功夫本不可以分割，只因为后世学者把它们分作两部分来用功，先失去了知、行的本体，所以才有知行合一并举的说法。真正的认识是能够付诸实践的，不能实践就不能叫作认识，就从你信中所说的“知食乃食”等说法可以明白，前边已大致说过了。这虽然是紧急纠正时弊时才说的，然而知、行的本体就是这样，不是我为了用自己的意思来进行褒贬而提出的，以追求一时的效果。

“专门存养本心，而忘了推究事物的道理”，这大概是失去了本心。事物的道理不存在于本心之外，在心外推究事物的道理，也就没有事物的道理了；遗弃事物的道理而存养本心，那么本心又是什么呢？心的本体就是人性，人性就是天理。所以有孝顺父母的心就有孝顺父母的道理，没有孝顺父母的心就没有孝顺父母的道理；有忠君的心就有忠君的道理，没有忠君的心就没有忠君的道理。天理难道存在于本心之外吗？朱熹先生认为“人之所以要学习，是因为有心和理的存在，心虽然主宰全身而实际上统管着天下万物的道理，道理虽然体现在万事万物上而实际上存在于人心之中”，他这样把心和理先分开再结合起来，就未免成为使学者把心与理分开来看的弊端。后世之所以有“专求本心，遂遗物理”的错误，正是因为不知道心就是天理。在心外推究事物的道理，就会有不明白和不理解的地方，这实际上就是告子的义外观点，孟子也因此批评告子不懂得什么是义。心是一个整体，以它对所有人的恻隐之心来说，就是仁，以它合乎时宜来说，就是义，以它条理清晰来说，就是理。不可以在心外探求仁、义，难道唯独可以在心外探求理吗？在心外求理，这就是把知、行看作是两件事。在心里寻求理，这正是圣学知、行合一的教诲，你还有什么怀疑的呢？

五

※ 原文

来书云：“所释《大学》古本，谓致其本体之知，此固孟子‘尽心’之旨。朱子亦以虚灵知觉为此心之量[1]，然‘尽心’由于‘知性’，‘致知’在于‘格物’。”

“尽心”由于“知性”，“致知”在于“格物”，此语然矣。然而推本吾子之意，则其所以为是语者，尚有未明也。朱子以“尽心、知性、知天”为物格、知致。以“存心、养性、事天”为诚意、正心、修身，以“夭寿不贰、修身以俟”为知至仁尽，圣人之事。若鄙人之见，则与朱子正相反矣。夫“尽心、知性、知天”者，生知、安行，圣人之事也。“存心、养性、事天”者，学知、利行，贤人之事也。“夭寿不贰、修身以俟”者，困知、勉行，学者之事也。岂可专以“尽心、知性”为知，“存心、养性”为行乎？吾子骤闻此言，必又以为大骇矣，然其间实无可疑者，一为吾子言之。

夫心之体，性也；性之原，天也。能尽其心，是能尽其性矣。《中庸》云：“惟天下至诚为能尽其性。”又云：“知天地之化育，质诸鬼神而无疑，知天也。”此惟圣人而后能然，故曰：此生知、安行，圣人之事也。存其心者，未能尽其心者也，故须加存之之功；必存之既久，不待于存而自无不存，然后可以进而言尽。盖“知天”

之“知”，如“知州”“知县”之“知”。“知州”则一州之事皆己事也，“知县”则一县之事皆己事也，是与天为一者也。“事天”则如子之事父，臣之事君，犹与天为二也。天之所以命于我者，心也，性也，吾但存之而不敢失，养之而不敢害，如“父母全而生之，子全而归之”[2]者也。故曰：此学知、利行，贤人之事也。至于“夭寿不贰”，则与存其心者又有间矣。存其心者，虽未能尽其心，固已一心于为善，时有不存则存之而已，今使之“夭寿不贰”，是犹以夭寿贰其心者也。犹以夭寿贰其心，是其为善之心犹未能一也，存之尚有所未可，而何尽之可云乎？今且使之不以夭寿贰其为善之心，若曰死生夭寿皆有定命，吾但一心于为善，修吾之身以俟天命而已，是其平日尚未知有天命也。“事天”虽与天为二，然已真知天命之所在，但惟恭敬奉承之而已耳。若“俟之”云者，则尚未能真知天命之所在，犹有所俟者也，故曰“所以立命”。立者“创立”之“立”，如“立德”“立言”“立功”“立名”之类[3]，凡言立者皆是昔未尝有而今始建立之谓，孔子所谓“不知命无以为君子”者也。故曰：此困知、勉行，学者之事也。

今以“尽心、知性、知天”为“格物、致知”，使初学之士尚未能不贰其心者，而遽责之以圣人生知、安行之事，如捕风捉影，茫然莫知所措其心，几何而不至于“率天下而路”[4]也。今世致知、格物之弊，亦居然可见矣。吾子所谓“务外遗内，博而寡要”者，无乃亦是过欤？此学问最紧要处，于此而差，将无往而不差矣。此鄙人之所以冒天下之非笑，忘其身之陷于罪戮，呶呶其言，其不容已者也。

※ 注释

1 “朱子”句：语出《中庸章句序》“心之虚灵知觉，一而已”。2 父母全而生之，子全而归之：语出《礼记·祭仪》“父母全而生之，子全而归之，可谓孝”。意为父母把子女完好地生下来，子女要好好地保全身体发肤，等到死时完完整整地归还给父母，这才是孝。3 “立德”句：语出《左传·襄公二十四年》。讲做人的几种境界。4 率天下而路：语出《孟子·滕文公上》“且一人之身，而百工之所为备。如必自为而后用之，是率天下而路也”。意谓对一个人来说，各种工匠的产品对他都是不可缺少的，如果每件东西都要自己制造出来才能用，这是率领天下的人疲于奔命。

※ 译文

你的来信中说：“先生所注释的《大学》旧本认为，致知是对其心的本体的认识，这与孟子尽心的宗旨相一致。朱熹先生也认为虚灵知觉是心的本体，然而尽心是由于认识天性，致知依赖于格物。”

“尽心”由于“知性”，“致知”在于格“物”，这话是对的。然而我仔细推究你的意思，你之所以说这话是因为还有地方不明白。朱熹认为“尽心、知性、知天”是物格、知致。以为“存心、养性、事天”是诚意、正心、修身，认为“夭寿不贰，修身以俟”是认识的最高境界、仁爱的顶点，是圣人才能做的事。如果依我的观点来看，则正好和朱熹相反。“尽心、知性、知天”，天生就知道，生来就能实践，这是圣人才能做到的；“存心、养性、事天”，学习了就知道，并能够顺利实践，这是贤人才能做到的事；“夭寿不贰，修身以俟”，艰难地获得知识，勉强用于实践，这是学者的事情。怎么能只把“尽心知性”作为认识，把“存心养性”作为实践呢？你突然听到我这话，一定会因此而大惊失色了。然而这中间确实没有什么可以怀疑的，下面我一一为你解释清楚。

心的本体就是人性；人性的本源就是天理。能尽其心，就是能尽其天性。《中庸》中说：“只有天下最虔诚的人才能充分发挥其天性。”又说：“知道天地万物的生化孕育，向鬼神求证而没有疑问，这就是知天。”这些只有圣人才能做到，所以我说：这“天生就知道，生来就能实践，是圣人才能做到的事情。存养心性，是还不能充分发挥心性，所以必须加上个存养的功夫；心性存养了很久以后，不需要特地去存养而时刻都在存养，然后才能进一步而充分发挥心性。“知天”中的“知”，就如“知州”“知县”中的“知”一样，管理一州、一县是知州、知县的职责，“知天”就是与天合为一体。“事天”就像儿子侍奉父亲，大臣辅佐君王一样，还没有和天合为一体。上天赐予我们的是本心、本性，我们只管时时存养而不敢丢失、损害，就像“父母全而生之，子全而归之”一样。所以我说这是学习了就能知道、并能顺利实践，是贤人才能做的事。至于“不管生命长短都不要心存杂念”，则和存养本心的人还有差距。存养本心的人虽然未能充分发挥自己的心性，但已经一心向善，有时失去了本心，存养它就行了。现在要求人“夭寿不贰”，是因为还有人由于寿命长短而心生杂念，因为寿命的长短而分心，是他为善的心还不能始终如一，存养它尚且有些不可能，更何况充分发挥它呢？现在要让人们不因为生命的长短而改变向善的心，就好比说生死夭寿都是天命，我只要一心向善，修养我的身性等待天命的降临，这是因为他平素还不知道有天命的存在。“事天”虽然未曾与天合二为一，然而已经知道天命的存在了，只是恭恭敬敬地顺应它罢了。如“那些等待天命降临”的人，是尚且没有真正认识到天命的存在，还只是在等待天命，所以孟子说：“这就是安身立命。”“立”就是“创立”的“立”，如同“立德”“立言”“立功”“立名”等的“立”。大凡说“立”的，都是以前未曾有过而现在才开始建立，就是孔子所说的“不知道天命，不能成君子”的那种人。所以说：艰难地获得知识、勉强用于实践，是学者的事情。

现在把“尽心、知性、知天”作为“格物、致知”，在初学的人还不能做到一心一意时，就指责他不能像圣人那样天生能认识能实践，简直是捕风捉影，让人茫然不知所措，怎能不把天下人带入疲于奔命的境地呢？现在社会上格物、致知的弊端已经显而易见了。你所说的“只注重外在的学习而忽视内心的存养，博学而不得要领”难道不也是这种过失吗？这是做学问最关键的地方，在这里出差错，将会时时处处出差错。这也是我冒着被天下讥讽、嘲笑，不顾身陷囹圄，还要喋喋不休的原因。

六

※ 原文

来书云：“闻语学者，乃谓‘即物穷理[1]之说亦是玩物丧志’；又取其‘厌繁就约’‘涵养本原’数说，标示学者，指为晚年定论[2]。此亦恐非。”

朱子所谓格物云者，在即物而穷其理也，即物穷理是就事事物物上求其所谓定理者也。是以吾心而求理于事事物物之中，析心与理为二矣。夫求理于事事物物者，如求孝之理于其亲之谓也。求孝之理于其亲，则孝之理其果在于吾之心邪？抑果在于亲之身邪？假而果在于亲之身，则亲没之后，吾心遂无孝之理欤？见孺子之入井，必有恻隐之理，是恻隐之理果在于孺子之身欤？抑在于吾心之良知欤？其或不可以从之于井欤？其或可以手而援之欤？是皆所谓理也。是果在于孺子之身欤？抑果出于吾心之良知欤？以是例之，万事万物之理莫不皆然，是可以知析心与理为二之非矣。夫析心与理而为二，此告子义外之说，孟子之所深辟也。“务外遗内，博而寡要”，吾子既已知之矣，是果何谓而然哉？谓之玩物丧志，尚犹以为不可欤？

若鄙人所谓致知格物者，致吾心之良知于事事物物也。吾心之良知即所谓天理也，致吾心良知之天理于事事物物，则事事物物皆得其理矣。致吾心之良知者，致知也。事事物物皆得其理者，格物也。是合心与理而为一者也。合心与理而为一，则凡区区前之所云，与朱子晚年之论，皆可以不言而喻矣。

※ 注释

1 即物穷理：意为通过接触事物来研究事物的道理。语出朱熹《大学章句》“所谓致知在格物者，言欲致吾之知，在即物而穷其理也”。2 晚年定论：王阳明作《朱子晚年定论》，收录朱熹一些包含“厌繁就约”“涵养本原”等论点的书信，认为朱熹晚年改变了观点，与陆九渊的观点接近。此说遭到后世的非议。

※ 译文

你在信中说“听你对学生讲，‘即物穷理就是玩物丧志’，又把朱熹的一些关于‘厌繁就约’‘涵养本原’等观点的书信展示给学生看，认为是朱熹晚年的定论，这恐怕不对。”

朱熹所说的格物，在于即物穷理。也就是在万事万物上探求其固有的道理，是用自己的心在万事万物上推究道理，这就把心和天理一分为二了。在事物上探求道理，就像在父母身上寻求孝敬的道理。在父母身上寻求孝敬的道理，那么孝敬的道理是在我们的心中还是在父母身上？假如果真在父母身上，那么父母去世之后，我们的心中随即就没有孝敬的道理了吗？看见小孩子落井，一定会有恻隐之心，那么恻隐的道理是在孩子身上还是在我们内心的良知上呢？或许不能跟着孩子跳进井里，或许可以伸手把孩子从井里拉上来。这都是所谓的道理。道理在孩子身上，还是在我们内心的良知上呢？以此类推，万事万物的道理都是这样，这就可以知道把心与天理一分为二是错误的。把心与天理一分为二，这是告子的“义外”学说，孟子曾深刻批判过。“只注重外在学习而忽略内心的存养，知识广博而不得要领”，你既然已经知道这样不对，为何还要这样说呢？我说“即物穷理”是玩物丧志，你还认为不正确吗？

如我所说的格物致知，是把我们心中的良知用到万事万物上。我们心中的良知就是所谓的天理，把我们心中的良知天理应用到万事万物上，那么万事万物都得到天理了。求得我们内心中的良知是致知的功夫。使万事万物都得到天理是格物的功夫。这是把心与天理合二为一。把心与天理合二为一，那么凡是我前面所讲的，以及我对于朱熹先生晚年学说的说法，就都可以不言而喻了。

七

※ 原文

来书云：“人之心体本无不明，而气拘物蔽，鲜有不昏；非学、问、思、辨以明天下之理，则善、恶之机、真、妄之辨不能自觉，任情恣意，其害有不可胜言者矣。”

此段大略似是而非。盖承沿旧说之弊，不可以不辨也。夫学问思辨行，皆所以为学，未有学而不行者也。如言学孝，则必服劳奉养，躬行孝道，然后谓之学。岂徒悬空口耳讲说，而遂可以谓之学孝乎？学射则必张弓挟矢，引满中的。学书则必伸纸执笔，操觚染翰[1]。尽天下之学，无有不行而可以言学者，则学之始固已即是行矣。笃者，敦实笃厚之意。已行矣，而敦笃其行，不息其功之谓尔。盖学之不能以无疑，则有问，问即学也，即行也；又不能无疑，则有思，思即学也，即行也；又不能无疑，则有辨，辨即学也，即行也。辨既明矣，思既慎矣，问即审矣，学既能矣，又从而不息其功焉，斯之谓笃行，非谓学问思辨之后而始措之于行也。是故，以求能其事而言谓之学，以求解其惑而言谓之问，以求通其说而言谓之思，以求精其察而言谓之辨，以求履其实而言谓之行。盖析其功而言则有五，合其事而言则一而已。此区区心理合一之体，知行并进之功，所以异于后世之说者，正在于是。

今吾子特举学问思辨以穷天下之理，而不及笃行，是专以学问思辨为知，而谓穷理为无行也已。天下岂有不行而学者邪？岂有不行而遂可谓之穷理者邪？明道云："只穷理便尽性至命。"故必仁极仁而后谓之能穷仁之理，义极义而后谓之能穷义之理。仁极仁则尽仁之性矣，义极义则尽义之性矣。学至于穷理至矣，而尚未措之于行，天下宁有是邪？是故知不行之不可以为学，则知不行之不可以为穷理矣。知不行之不可以为穷理，则知"知、行"之合一并进，而不可以分为两节事矣。

夫万事万物之理不外于吾心，而必曰穷天下之理，是殆以吾心之良知为未足，而必外求于天下之广，以裨补增益之，是犹析心与理而为二也。夫学问思辨笃行之功，虽其困勉至于人一己百[2]，而扩充之极至于尽性知天，亦不过致吾心之良知而已。良知之外岂复有加于毫末乎？今必曰穷天下之理，而不知反求诸其心，则凡所谓善恶之机、真妄之辨者，舍吾心之良知，亦将何所致其体察乎？吾子所谓气拘物蔽者，拘此蔽此而已。今欲去此之蔽，不知致力于此，而欲以外求，是犹目之不明者，不务服药调理以治其目，而徒伥伥然求明于其外，明岂可以自外而得哉？任情恣意之害，亦以不能精察天理于此心之良知而已。此诚毫厘千里之谬者，不容于不辨，吾子毋谓其论之太刻也。

※ 注释

1 操觚染翰：意为提笔作文。觚，古人书写时用的竹简。翰，笔。2 人一己百：语出《中庸》"人一能之己百之，人十能之己千之。果能此道矣，虽愚必明，虽柔必强"。

※ 译文

你来信说："人心的本体原本清清楚楚明明白白，然而由于气的拘束和物欲的蒙蔽，很少有不昏昏茫茫的；不借助学习、询问、思考、辨析来明白天下的道理，那么善恶的原因、真假的异同就不能自然觉察，就会恣意妄断，所产生的危害是不能用语言来描述的。"

以上这段话大部分似是而非。大概是继承了朱熹学说的弊端，在这里我不能不分辨清楚。学习、询问、思考、辨析、实践都是学习的步骤，没有学习而不运用到实践上的。比如说学习孝顺，就必须服侍奉养父母，亲身实践孝顺的道理，然后才能称之为学习孝顺。难道只是夸夸其谈空口说说，就可以说是学习孝道吗？学习射击就必须亲自张弓挟箭，射中靶心。学习书法就必须铺纸提笔，书写文章。穷尽天下的学习，没有不实践就可以说是学习的，因而学习的开始本身就是在实践。笃是切实认真的意思。已经实践了，而又切实认真地实践，就是不停地实践的意思。学习不可能没有疑问，那么就需要询问，问就是学习，也就是实践；询问之后可能还有疑惑，那么就需要思考，思考就是学习，也就是实践；思考了可能还有疑问，那么就需要辨析，辨析也是学习，也就是实践。辨析明白了，思考谨慎了，询问也很周密了，学习也有长进了，并且不间断地用功，这就叫笃行，并非学问思辨之后，才开始下手实践。所以就追求能做某事而言称作学习，就追求能解除疑惑而言称作询问，就通达其学说而言叫作思，就追求精密而言叫作辨，就具体履行实践而言叫作行。分析它们的功用则有五个，综合它们的功用则只有一个。我所说的心与理合一块是本体，知和行并举是方法，所以和朱熹先生的观点不一样，原因就在于此。

现在你特别举出学习、询问、思考、辨析来穷尽天下的道理，而不去切身实践，这是专门把学、问、思、辨作为认识活动，而不把穷理当作实践活动。天下哪里有不实践而学习的呢？哪里有不实践就可以称作穷理的呢？程颢先生说："只要穷尽事理，就可以充分发挥天性，从而知道天命。"所以必须在实践中达到仁爱的最高境界，才能称作穷尽仁爱的道理，在实践中达到义的最高境界后，才能说穷尽义的道理。达到仁爱的最高境界，就能充分发挥仁爱的天性，达到义的最高境界，就能充分发挥义的天性。学习达到了穷尽事理的最高境界，却还没有着手实践，天下哪有这样的道理？所以知道不实践就不能学习，知道不实践就不能穷尽事物的道理。知道不实践就不能穷尽事物的道理，那么就知道知行必须合一并举的，而不能够把他们分成两件事。

既然万事万物的道理不存在于我们的心外，而又一定要说穷尽天下的事理，这大概是因为我们心中还没有足够的良知，而必须向外寻求天下众多事物的道理，用以弥补增加我们心中的良知，这仍是把心与理一分为二了。学、问、思、辨的功夫，虽然天资比较困顿的人得比别人多付出百倍的努力，但是努力扩充到了极点，以至于充分发挥天性而知道天命，充其量不过是使我们心中的良知得以圆满罢了。除了良知，难道还要再增加一丝一毫其他东西吗？现在一定要说穷尽天下的事理，而不知道反过来向我们的本心寻求，那么凡是善恶的原因、真假的异同，舍弃我们心中的良知，又将如何体察辨明呢？你所说的'气拘物蔽'，正是受以上观点的拘束和蒙蔽。现在想要清除这一弊端，而不知道在本心上用功，却要向心外寻求，就好像眼睛有毛病的人，不吃药调理治疗眼睛，而只是徒劳地去眼睛外面探寻光明，光明怎么能从眼睛之外求得呢？肆意放纵的危害，也是因为不能从我们内心的良知上精细洞察天理的原因。这些的确是差之毫厘，谬以千里的事情，不能不详细分辨。你不要说我的论断太尖刻了。

八

※ 原文

来书云："教人以致知明德，而戒其即物穷理，诚使昏暗之士深居端坐不闻教告，遂能至于知致而德明乎？纵令静而有觉，稍悟本性，则亦定慧无用之见，果能知古今，达事变，而致用于天下国家之实否乎？其曰：‘知者意之体，物者意之用’，‘格物如格君心之非之格’。语虽超悟独得，不踵陈见，抑恐于道未相吻合。”

区区论致知格物正所以穷理，未尝戒人穷理，使之深居端坐而一无所事也。若谓即物穷理，如前所云“务外而遗内”者，则有所不可耳。昏暗之士果能随事随物精察此心之天理，以致其本然之良知，则虽愚必明，虽柔必强。大本立而达道行，《九经》[1]之属可一以贯之而无遗矣，尚何患其无致用之实乎？彼顽空虚静之徒，正惟不能随事随物精察此心之天理，以致其本然之良知，而遗弃伦理，寂灭虚无以为常，是以“要之不可以治家国天下”。孰谓圣人穷理尽性之学，而亦有是弊哉？

心者身之主也，而心之虚灵明觉，即所谓本然之良知也。其虚灵明觉之良知，应感而动者谓之意。有知而后有意，无知则无意矣，知非意之体乎？意之所用必有其物，物即事也。如意用于事亲，即事亲为一物；意用于治民，即治民为一物；意用于读书，即读书为一物；意用于听讼，即听讼为一物。凡意之所用，无有无物者。有是意即有是物，无是意即无是物矣，物非意之用乎？

格字之义，有以至字之训者，如“格于文祖”[2]“有苗来格”[3]，是以至训者也。然格于文祖必纯孝诚敬，幽明之间无一不得其理，而后谓之格。有苗之顽，实以文德诞敷而后格，则亦兼有正字之义在其间，未可专以至字尽之也。加格其非心、大臣格君心之非之类，是则一皆正其不正以归于正之义，而不可以至字为训矣。且《大学》格物之训，又安知其不以正字为训，而必以至字为义乎？如以至字为义者，必曰穷至事物之理，而后其说始通，是其用功之要，全在一穷字，用力之地，全在一理字也。若上去一穷、下去一理字，而直曰致知在至物，其可通乎？夫穷理尽性，圣人之成训，见于《系辞》者也。苟格物之说而果即穷理之义，则圣人何不直曰“致知在穷理”，而必为此转折不完之语，以启后世之弊邪？

盖《大学》格物之说，自与《系辞》穷理大旨虽同，而微有分辨。穷理者，兼格致诚正而为功也。故言穷理则格致诚正之功皆在其中，言格物则必兼举致知、诚意、正心，而后其功始备而密。今偏举格物而遂谓之穷理，此所以专以穷理属知，而谓格物未尝有行，非惟不得格物之旨，并穷理之义而失之矣。此后世之学所以析知、行为先后两截，日以支离决裂，而圣学益以残晦者，其端实始于此。吾子盖亦未免承沿积习见，则以为“于道未相吻合”，不为过矣。

※ 注释

1 九经：语出《中庸》“凡为天下国家有九经，曰：修身也，尊贤也，亲亲也，敬大臣也，体群臣也，子庶民也，来百工也，柔远人也，怀诸侯也”。2 格于文祖：语出《尚书·舜典》“归，格于艺祖”。注曰：“归，告至文祖之庙，艺，文也。”

格，至、到。文祖，尧的庙。3 有苗来格：意为有苗族人到来。语出《尚书·大禹谟》“七旬，有苗格”。格，至、到。

※ 译文

你来信说：“你教育学生致知明德，却不让他们从事物上推究天理，假如让糊涂的人深居简出，不听圣人的教诲和告诫，就能致知而明德吗？纵然他们在静坐时有所觉悟，稍微能领悟到人的本性，那也是定慧之类的佛家无用的学说，难道真能通晓古今、通达事变，对治理国家有实际作用吗？你说：‘认识是意念的本体，事物是意念的运用’，‘格物’的‘格’就是‘格君心之非’的‘格’，这话虽然显示出高超的悟性和独到的见解，不落俗套，但恐怕与圣道不相吻合吧。”

我所说的格物致知就是所谓的穷尽事物的道理，不曾禁止人们穷尽事物的道理，让他们深居简出无所事事地端坐在那里。如果说在事物上推究道理，就像前面所说的只注重外在学习而忽视向内存养心性，那么就不对了。糊涂的人如果真能在万事万物上精心体察本心的天理，发现其原本的良知，那么“即使愚蠢也必定能变得聪明，即使柔弱也必定能变得强大”。于是就能够立大本，行达道，《九经》之类就可以一概贯穿而没有遗漏，你还担心他没有治理国家的实际才能吗？那些顽固地坚持空虚静灵的佛道弟子，正是由于不能在万事万物上精心体察本心的天理，从而发现其心中原本的良知，所以才会抛弃伦理，把寂灭虚无当作正常现象，所以他们不能够齐家、治国、平天下。谁说圣人穷尽天理充分发挥人性的学说也有这样的弊病呢？

心是身体的主宰，而心的虚灵明觉，就是人本心固有的良知。虚灵明觉的良知，因为感应而发动就是意念。有认识后有意念，无认识就没有意念。认识不是意念的本体吗？意念的运用之所以必须有相应的东西，这就是事情。如果意念作用到侍奉双亲上，那么侍奉双亲就是一件事情；意念作用于治理百姓上，那么治理百姓就是一件事情；意念作用于读书上，那么读书就是一件事情；意念作用于听讼上，那么听讼就是一件事情。凡是意念作用到的地方，没有不存在事物的。有什么样的意念就有什么样的事物，没有什么样的意念就没有什么样的事物，事物难道不是意念的运用吗？

“格”字的意思，有用“至”来解释的，如“格于文祖”“有苗来格”，其中的“格”都是“至”的意思。然而“格于文祖”必定是至孝至敬，对于阴阳两世的道理都通晓，然后才能叫作“格”。苗族人愚昧顽固，只有实行礼乐教化后才能格，所以格也有正字的意思，不可以只用至字来解释格的含义。如“格其非心”“大臣格君心之非”等中的“格”，都是纠正错误使它归于正确的意思，而不能用至字来解释。况且《大学》中对于格物的解释，又怎么能知道它不能用“正”字而必须用“至”字来解释？如果用“至”字来解释，必须穷尽事物的道理，这样才说得通，这样用功的要领全在一个

"穷"字上，用力的对象全在一个"理"上。如果前面去掉一个"穷"字，后面去掉一个"理"字，直接说致知在至物，能说得通吗？穷理尽性是圣人既定的教诲，在《易经》中有所记载。假如格物的学说真的是穷理的意思，那么圣人为何不直接说"致知在穷理"，而一定要说这种语意转折而且不完整的话，用以导致后世的弊端呢？

《大学》中的格物之说同《易经》中的穷理的意思大致相同而只是稍微有点区别。穷理中包含有格物致知诚意正心等功夫。所以谈到穷理，那么格物致知、诚意正心等功夫都在其中，谈到格物就必然兼有致知、诚意正心，然后格物的功夫才能严密。现在只提到格物就说是穷理，这是只把穷理当作认识了，而认为格物中不包括实践，这非但没有抓住格物的宗旨，而且连穷理的本义也一并丢失了。这就是后世的学者为什么把认识实践分成两部分，使其一天天地支离破碎，而圣学也日渐残缺晦涩的原因，它们的开端实际就在这里。你继承过去的观点也在所难免，认为我的见解"和圣道不相吻合"，也不算过分。

九

※ 原文

来书云："谓致知之功，将如何为温凊、如何为奉养即是诚意，非别有所谓格物，此亦恐非。"

此乃吾子自以己意揣度鄙见而为是说，非鄙人之所以告吾子者矣。若果如吾子之言，宁复有可通乎！盖鄙人之见，则谓：意欲温凊、意欲奉养者，所谓意也，而未可谓之诚意；必实行其温凊奉养之意，务求自慊而无自欺，然后谓之诚意。知如何而为温凊之节，知如何而为奉养之宜者，所谓知也，而未可谓之致知；必致其知如何为温凊之节者之知，而实以之温凊，致其知如何为奉养之宜者之知，而实以之奉养，然后谓之致知。温凊之事，奉养之事，所谓物也，而未可谓之格物；必其于温凊之事也，一如其良知之所知当如何为温凊之节者而为之，无一毫之不尽，于奉养之事也，一如其良知之所知当如何为奉养之宜者而为之，无一毫之不尽，然后谓之格物。温凊之物格，然后知温凊之良知始致；奉养之物格，然后知奉养之良知始致。

故曰"物格而后知至"[1]致其知温凊之良知，而后温凊之意始诚，致其奉养之良知，而后奉养之意始诚，故曰"知至而后意诚"。此区区诚意致知格物之说盖如此。吾子更熟思之，将亦无可疑者矣。

※ 注释

1 物格而后知至：语出《大学》"物格而后知至，知至而后意诚，意诚而后心正，心正而后身修，身修而后家齐，家齐而后国治，国治而后天下平"。

※ 译文

你信中说："你说的致知的功夫，就是怎样让父母冬暖夏凉、如何奉养父母就是诚意，并非别有个格物，这也恐怕不对吧。"

这是你以自己的意思来揣度我的观点，并非我这样告诉过你。如果真像你所说的，难道能讲得通吗！我的看法是：要想让父母冬暖夏凉、想侍奉他们，这是所谓的意念，而不能称作诚意；一定切实实践了使父母冬暖夏凉、侍奉他们的愿望，并且务求自己对此感到愉快而不是违心，然后才能叫作诚意。知道怎样使父母冬暖夏凉，怎样侍奉父母最适宜，这只能称作知，而尚不能说是致知；必须知道了，并且切实做到了，然后才能称作致知。使父母冬暖夏凉，对父母奉养适宜，这是事物，而不能说是格物；使父母冬暖夏凉和侍奉适宜的事，必须遵循自己的良知要求去做，而没有丝毫的保留，这才叫格物。父母冬暖夏凉的物"格"了，然后使父母冬暖夏凉的良知才算是"致"了；奉养父母适宜的物"格"了，然后很好地侍奉父母的良知才算是"致"了。

所以《大学》里说："物格而后知至"达到了那个知道冬暖夏凉的良知，而后使父母冬暖夏凉的意念才能真诚，达到了那个知道适宜奉养的良知，而后奉养适宜的意念才能真诚，所以《大学》中说"知至而后意诚"。我的诚意致知格物的学说大概就是这样。你再好好想想，就也没有什么好怀疑的了。

一〇

※ 原文

来书云："道之大端易于明白，所谓'良知良能，愚夫愚妇可与及者'[1]。至于节目时变之详，毫厘千里之谬，必待学而后知。今语孝于温凊定省，孰不知之？至于舜之不告而娶，武之不葬而兴师，养志养口[2]，小杖大杖[3]，割股[4]庐墓[5]等事，处常处变、过与不及之间，必须讨论是非，以为制事之本。然后心体无蔽，临事无失。"

"道之大端易于明白"，此语诚然。顾后之学者，忽其易于明白者而弗由，而求其难于明白者以为学，此其所以道在迩而求诸远，事在易而求诸难[6]也。孟子云：'夫道若大路然，岂难知哉？人病不由耳。'良知良能，愚夫愚妇与圣人同，但惟圣人能致其良知，而愚夫愚妇不能致，此圣愚之所由分也。

节目时变，圣人夫岂不知，但不专以此为学，而其所谓学者，正惟致其良知，以精察此心之天理，而与后世之学不同耳。吾子未暇良知之致，而汲汲焉顾是之忧，此正求其难于明白者以为学之蔽也。夫良知之于节目时变，犹规矩、尺度之于方圆长短也。节目时变之不可预定，犹方圆、长短之不可胜穷也。故规矩诚立，则不可欺以方圆，而天下之方圆不可胜用矣。尺度诚陈，则不可欺以长短，而天下之长短不可胜用矣。良知诚致，则不可欺以节目时变，而天下之节目时变不可胜应矣。毫厘千里之谬，不于吾心良知一念之微而察之，亦将何所用其学乎！是不以规矩而欲定天下之方圆，不以尺度而欲尽天下之长短，吾见其乖张谬戾，日劳而无成也已。

吾子谓“语孝于温凊定省，孰不知之”，然而能致其知者鲜矣。若谓粗知温凊定省之仪节，而遂谓之能致其知，则凡知君之当仁者，皆可谓之能致其仁之知；知臣之当忠者，皆可谓之能致其忠之知，则天下孰非致知者邪？以是而言，可以知致知之必在于行，而不行之不可以为致知也，明矣。知行合一之体，不益较然矣乎！

夫舜之不告而娶，岂舜之前已有不告而娶者为之准则，故舜得以考之何典，问诸何人而为此邪？抑亦求诸其心一念之良知，权轻重之宜，不得已而为此邪？武之不葬而兴师，岂武之前已有不葬而兴师者为之准则，故武得以考之何典，问诸何人，而为此邪？抑亦求诸其心一念之良知，权轻重之宜，不得已而为此邪？使舜之心而非诚于为无后[7]，武之心而非诚于为救民，则其不告而娶与不葬而兴师，乃不孝不忠之大者。而后之人不务致其良知，以精察义理于此心感应酬酢之间，顾欲悬空讨论此等变常之事，执之以为制事之本，以求临事之无失，其亦远矣。其余数端，皆可类推，则古人致知之学从可知矣。

※ 注释

1 愚夫愚妇可与及者：语出《中庸》“君子之道费而隐。夫妇之愚，可以与知焉；及其至也，虽圣人亦有所不知焉”。2 养志、养口：典出《孟子·离娄上》。3 小杖大杖：典出《孔子家语·六本》。曾子在瓜地锄草时，锄掉了瓜苗。其父大怒，用大杖将其打昏在地。曾子醒来后，先向父亲请安，又回到屋里弹琴，使父亲知道自己安然无恙。孔子知道后很生气，教育曾子应像大舜侍奉父亲那样，父亲用小杖打时则坦然承受，用大杖打时就逃跑，以免使自己身体受伤，使父亲背上不义的罪名。4 割股：春秋时期，晋文公重耳流亡时，介子推曾割大腿上的肉给文公吃。后以割股治疗父母之病为至孝。5 庐墓：古时，父母亡故后，孝子在墓旁搭建草棚，一般要住三年，以表达对父母的哀思怀念之情。6 “道在迩”二句：语出《孟子·离娄上》。7 为无后：语出《孟子·离娄上》“不孝有三，无后为大。舜不告而娶，为无后也，君子以为犹告也”。

※ 译文

你信中说：“圣道的大方面容易明白，就像你所说的‘良知良能，即使蠢汉愚妇也有可以明白的地方’。至于具体内容随时代变化的详情，则差之毫厘谬以千里，必须等到学习后才能明白。现在就父母的冬暖夏凉、早晚向父母请安上谈论孝道，谁不明白？至于舜不告诉父母就娶妻，武王没有安葬文王就兴师伐纣，曾子赡养父亲是遵从父亲的意愿、而曾元赡养父亲只是让父亲活命，父亲用小杖打则应该承受、用大杖打则应该逃走，割股疗亲，结庐守孝等事情，在正常与不正常之间、过分与不足之间，一定要讨论个是非对错，作为解决事情的原则。然后人的心体才能不被蒙蔽，遇到事情才能没有过失。”

“圣道的大方面容易明白”，这句话很对。看看后世学者忽略简单明白的大道理不去遵循，而追求那些难以理解的东西作为学问，这就是所以圣道在旁边却偏偏向远不可及的地方寻求，简单的事情偏偏要使它复杂化。孟子说：‘圣道就像大路一样，难道很难认识吗？人们的问题在于不去探求罢了。’在拥有良知良能上，愚夫愚妇和圣人是相同的，但是只有圣人能致其良知，而愚夫愚妇则不能，这就是圣人和愚蠢的人的区别。

具体内容随时代而变化，圣人难道会不知道，只是不专门把这当作学问罢了，圣人所谓的学问，只是致其良知以精确体察心中的天理，因而与后世所学的学问不同。你不花时间去致良知，却念念不忘为这些细节发愁，这正是追求那些难于理解的东西当作学问的弊端。良知对于随时而变的具体内容，就像规矩、尺度对于方圆长短一样。具体内容随时间变化是不可事先预测的，就像方圆、长短的变化是无穷无尽的。所以规矩一旦确立，那么是方是圆就很明白了，而天下的方圆也就用不完了。尺度一旦制定，那么是长是短就一目了然了，而天下的长短也就用不完了。良知确实达到了，那么具体内容随时间的变化也就暴露无遗，天下不断变化的具体内容就都能应付了。差之毫厘就会谬以千里，不在我们心中良知的细微处体察，所学的东西又有什么用呢！这是不依照规矩而要确定天下的方圆，不依照尺度而要度量天下的长短，我看这种张狂谬论，只会一天天徒劳而无所收获。

你说“孝子温凊定省的道理，谁不知道”，然而真正能致孝的良知的人却很少。如果说粗略地知道温凊定省的仪节，于是就称作能致孝的良知，那么凡是知道国君应当仁爱的人，都可以说他能致仁爱的良知；凡是知道臣子应当忠诚的人，都可以说他能致忠诚的良知，那么天下谁不是致良知的人呢？由此可见，前面说致知的关键在于实践，而不实践是不可以称作致知的道理，就很明白了。知行合一的概念，不就更加明白了吗！

至于舜不告诉父母就娶妻，难道是舜之前已经有不告而娶的准则，所以舜得以考证某经典，询问某人才那样做的吗？抑或是他根据心中的一念良知，权衡利弊，不得已才那样做的？周武王没有安葬文王就兴师讨伐商纣，难道是武王之前就已经有不葬而兴师的准则，所以武王得以考证某经典、询问某人才那样做的吗？抑或是他根据自己心中的一念良知，权衡利弊，不得已才那样做的呢？假使舜在心里不是真怕没有后代，武王在心中不是真的要救百姓于水火之中，那么他们不告诉父母就娶妻和不安葬父亲就兴师伐纣，就是天下最大的不孝不忠。后世的人不努力致其良知，不在处理事情时精心体察天理，只想凭空去谈论这种非常的事变，把它作为处理事情的依据，以求得遇到任何事情都能没有过失，这也太离谱了。其余几件事都可以以此类推，那么古人致良知的学问从此就可以知道了。

一一

※ 原文

来书云："谓《大学》格物之说专求本心犹可牵合，至于《六经》《四书》所载'多闻多见'[1]'前言往行'[2]'好古敏求'[3]'博学审问''温故知新''博学详说'[4]'好问好察'[5]，是皆明白求于事为之际，资于论说之间者，用功节目固不容紊矣。"

格物之义，前已详悉，牵合之疑，想已不俟复解矣。至于"多闻多见"，乃孔子因子张之务外好高，徒欲以多闻多见为学，而不能求诸其心，以阙疑殆，此其言行所以不免于尤悔，而所谓见闻者，适以资其务外好高而已。盖所以救子张多闻多见之病，而非以是教之为学也。夫子尝曰："盖有不知而作之者，我无是也。"[6]是犹孟子"是非之心人皆有之"之义也。此言正所以明德性之良知，非由于闻见耳。若曰"多闻，择其善者而从之，多见而识之"，则是专求诸见闻之末，而已落在第二义矣，故曰"知之次也"。夫以见闻之知为次，则所谓知之上者果安所指乎？是可以窥圣门致知用力之地矣。夫子谓子贡曰："赐也，汝以予为多学而识之者欤？非也，予一以贯之。"使诚在于多学而识，则夫子胡乃谬为是说以欺子贡者邪？一以贯之，非致其良知而何？《易》曰："君子多识前言往行以畜其德。"夫以畜其德为心，则凡多识前言往行者，孰非畜德之事？此正知行合一之功矣。

"好古敏求"者，好古人之学而敏求此心之理耳。心即理也，学者学此心也，求者求此心也。孟子云："学问之道无他，求其放心而已矣。"非若后世广记博诵古人之言词以为好古，而汲汲然惟以求功名利达之具于外者也。"博学审问"，前言已尽。"温故知新"，朱子亦以温故属之尊德性矣。德性岂可以外求哉？惟夫知新必由于温故，而温故乃所以知新，则亦可以验知行之非两节矣。"博学而详说之"者，将"以反说约也"。若无反约之云，则"博学详说"者果何事邪？舜之"好问好察"，惟以用中，而致其精一于道心耳，道心者良知之谓也。君子之学何尝离去事为而废论说？但其从事于事为论说者，要皆知行合一之功，正所以致其本心之良知，而非若世之徒事口耳谈说以为知者，分知行为两事，而果有节目先后之可言也。

※ 注释

1 多闻多见：意为通过多闻多见增长知识。语出《论语·为政》。2 前言往行：语出《周易·大畜》卦辞“君子以多识前言往行，以畜其德”。意为君子应该多了解古代前贤的言行，以积蓄自己的德性。3 好古敏求：意为喜欢古代的文化，勤奋学习。语出《论语·述而》。4 博学详说：语出《孟子·离娄下》“博学而详说之，将以反说约也”。意为广泛地学习并详细地解说，等到融会贯通之后，再回头来简略地叙述其精髓大义。5 好问好察：意为喜欢请教别人，并且喜欢体察人们日常生活中的言谈，以便能了解民意。语出《中庸》。6 “盖有”二句：语出《论语·述而》“子曰‘盖有不知而作之者，我无是也。多闻，择其善者而从之；多见而识之，知之次也’”。

※ 译文

你信中说：“你认为《大学》中格物的意思是专门探求本心尚且勉强说得过去，至于《六经》《四书》中记载的‘多闻多见’‘前言往行’‘好古敏求’‘博学审问’‘温故知新’‘博学详说’‘好问好察’，这些都很明显是在处事和辩论的过程中求得的，下功夫的内容次序是不能改变的。”

格物的含义，前面已经详细说过了，你觉得牵强的疑惑，想必也不用我再多解释什么了。至于“多闻多见”，是孔子因为子张好高骛远才说的，子张仅仅以多闻多见作为学问，而不能从本心上认真存养，因为一点缺失就怀疑危险，因此他的语言和行为难免有过失和悔恨，而他所谓的见闻恰恰助长了他的好高骛远的气焰。所以孔子的话是为了纠正子张的毛病，而并非把多闻多见当作学问。孔子曾经说过：“大概有一种人，什么都不知道却喜欢凭空瞎说一通，我不是这种人。”就像孟子所说的“是非之心人皆有之”一样。这些话正说明人的德行良知并非从见闻中来。至于孔子所说的“多闻，择其善者而从之，多见而识之”，则是专门探求见闻的细枝末节，而这也是第二位的事情了，所以孔子说“知之次也”。以见闻方面的知识为次要的学问，那么首要的学问又指的是什么呢？从这里可以看到圣学致知用功的地方。孔子对子贡说：“端木赐呀，你以为我是博学多识的人吗？不是这样的，我的学说是一个忠恕之道贯穿着的。”如果良知果真在于多闻多见，那么孔子为何说这种谬论来欺骗子贡呢？一以贯之，不是致良知又是什么？《易经》中说：“君子多识前言往行以畜其德。”如果以积蓄存养德性为目的，那么凡是更多地了解圣人言行的人，难道不是在做积蓄德性的事吗？这正是知行合一的功夫。

所谓“好古敏求”，就是喜欢古人的学说并勤奋地探求心中的天理。心就是天理，学习就是学习这个本心，探求就是探求这个本心。孟子说：“学问的道理没有别的，只要把它放在心上就行了。”并不是后世那样，广泛地背诵记忆古人的词句，认为这就是好古，却又念念不忘地追求功名利禄等外在的东西。“博学审问”，前面已经谈过。“温故知新”，朱熹也认为“温故”属于尊德性。德性难道能从心外求得吗？知新必须通过温故，温故才能知新，那么也可以证明知行并不是两部分。至于“博学而详说之”，是为了再回过头来简要地叙述精髓内容。如果不是为了“反说约”，那么“博学详说”到底是为了什么？舜好问好察，就是用中正平和使其心至精至纯达到天理的境界，道心就是良知。君子的学问什么时候离开过实践、抛弃过辩论呢？但是从事实践和辩论，都要遵循知行合一的功夫，这正是致其本心的良知，而并非像后世学者只把空谈当作认识，把认识和实践分成两件事，从而产生用功的内容有先有后的说法。

一二

※ 原文

来书云：“杨、墨之为仁义[1]，乡愿之乱忠信[2]，尧、舜、子之之禅让[3]，汤、武、楚项之放伐[4]，周公、莽、操之摄辅[5]，谩无印证，又焉适从？且于古今事变、礼乐、名物未常考识，使国家欲兴明堂、建辟雍、制历律、草封禅，又将何所致其用乎？故《论语》曰‘生而知之’者，义理耳。若夫礼乐、名物，古今事变，亦必待学而后有以验其行事之实，此则可谓定论矣。”

所喻杨、墨、乡愿、尧、舜、子之、汤、武、楚项、周公、莽、操之辨，与前舜、武之论，大略可以类推。古今事变之疑，前于良知之说已有规矩尺度之喻，当亦无俟多赘矣。

至于明堂、辟雍诸事，似尚未容于无言者，然其说甚长，姑就吾子之言而取正焉，则吾子之惑将亦可以少释矣。夫明堂、辟雍之制，始见于《吕氏》之《月令》、汉儒之训疏。《六经》《四书》之中，未尝详及也。岂吕氏、汉儒之知，乃贤于三代之贤圣乎？齐宣之时，明堂尚有未毁，则幽、厉之世，周之明堂皆无恙也。尧、舜茅茨土阶，明堂之制未必备，而不害其为治。幽、厉之明堂，固犹文、武、成、康之旧，而无救于其乱。何邪？岂能“以不忍人之心，而行不忍人之政”，则虽茅茨土阶，固亦明堂也；以幽厉之心而行幽厉之政，则虽明堂亦暴政所自出之地邪？武帝肇讲于汉，而武后盛作于唐[6]，其治乱何如邪？天子之学曰辟雍，诸侯之学曰泮宫[7]，皆象地形而为之名耳。然三代之学，其要皆所以明人伦，非以辟不辟，泮不泮为重轻也。

※ 注释

1 杨、墨之为仁义：杨，即杨朱，字子居，又称阳生，战国时魏人，主张为我，近似于义。墨，即墨翟，战国时鲁人，墨家的创始人，提倡兼爱、非攻，反对儒家“爱有差等”，近似于仁。2 乡愿之乱忠信：语出《论语·阳货》。乡愿，指不讲原则、八面玲珑的好好先生。3 尧、舜、子之之禅让：古代部落首领的职位传贤不传子，尧禅让于舜，舜禅让于禹。子之为战国时燕王哙的相国，后哙让位于子之，事见《史记·燕召公世家》。4 汤、武、楚项之放伐：商汤放逐夏桀于南巢，周武王讨伐商纣于牧野，项羽杀义帝而自立为西楚霸王。5 周公、莽、操之摄辅：周公在周成王年幼时摄政，待成王成年后还政于成王，为后世典范，事见《史记·周本纪》。王莽以外戚居大司马，杀汉平帝，立孺子婴，自摄其政，后篡位，改国号新，事见《汉书·王莽传》。曹操讨伐董卓，迎立汉献帝，自任丞相，挟天子以令诸侯，其子曹丕废献帝，建魏国，事见《三国志·魏志》。6 武帝肇讲于汉，而武后盛作于唐：汉武帝时曾与大臣们议论立明堂之事，武则天曾毁乾元殿而立明堂。7 泮宫：西周时诸侯设立的大学。

※ 译文

你信中说："杨朱、墨子的仁与义，乡愿的乱忠信，尧、舜、子之的禅让，商汤、周武王、项羽的流放与杀伐，周公、王莽、曹操的摄政，这些事烦琐而无从考证，又听谁的呢？更何况对于古今事变、礼乐、名物不曾考察识别，假如使国家建造明堂、设立学校、制定历法乐律、进行封禅大典，又能发挥什么作用呢？所以《论语》中所说的'生而知之'，就是义和理。就像礼乐、名物、古今事变，也必须等到学习之后才有验证其是否可行的事例。这句话可以称得上是公理了。"

你所说的杨朱、墨翟、乡愿、尧、舜、子之、商汤、武王、项羽、周公、王莽、曹操等人的区别，同前面所说的舜和武王的事类似。至于对古今事变的疑问，前面在说良知时，已经用规矩尺度做过比喻，这里就不需要再多说了。

建造明堂、设立学校等事，似乎还不能不说。但是这些事情说来话长，姑且就你信中提到的来谈一下吧，那么你的困惑将减少一些。明堂、学校的制度，最早出现在《吕氏春秋》中的《月令》篇和汉代儒生的注释中，《六经》《四书》中没有详细记载。难道吕不韦、汉代儒生的知识超过三代的圣贤了吗？齐宣王时，明堂尚且还有没被毁掉的，那么幽王、厉王时，周朝的明堂应该都安然无恙。尧舜时住茅屋，垒土台阶，明堂的制度未必完备，但这并不影响他们很好地治理天下。幽王、厉王时的明堂，是沿袭文王、武王、成王、康王时的明堂，但这并不能帮助他们避免天下大乱。这是为什么？这难道不正说明，用仁爱之心推行仁政，那么即使是茅屋和土台阶，也可以作为明堂；以幽王、厉王的心来行幽王、厉王的暴政，那么尽管有明堂，不也成了他们施行暴政的地方吗？汉武帝曾经与臣子们谈论过立明堂的事，武则天曾毁了乾元殿而修建明堂，他们治理天下的情况又如何呢？天子建造的学校叫辟雍，诸侯建造的学校叫泮宫，都是根据地形来命名的。然而三代时的学校，都是以明白伦理纲常为主要目的的，并非看样子像不像璧环，以是不是建造在水边为主的。

一三

※ 原文

孔子云："人而不仁，如礼何！人而不仁，如乐何！"制礼作乐，必具中和之德，声为律而身为度[1]者，然后可以语此。若夫器数之末，乐工之事，祝史之守。故曾子曰："君子所贵乎道者三……笾豆之事，则有司存也。[2]"尧命羲、和，钦若昊天，历象日月星辰，其重在于敬授人时也[3]。舜在璇玑玉衡，其重在于"以齐七政"[4]也。是皆汲汲然以仁民之心，而行其养民之政，治历明时之本，固在于此也。羲和历数之学，皋、契未必能之也，禹、稷未必能之也；"尧、舜之知而不遍物"，虽尧舜亦未必能之也。然至于今，循羲和之法而世修之，虽曲知小慧之人，星术浅陋之士，亦能推步占候[5]而无所忒，则是后世曲知小慧之人反贤于禹、稷、尧、舜者邪？

封禅之说，尤为不经，是乃后世佞人谀士所以求媚于其上，倡为夸侈以荡君心而靡国费，盖欺天罔人，无耻之大者，君子之所不道，司马相如之所以见讥于天下后世也。吾子乃以是为儒者所宜学，殆亦未之思邪？

夫圣人之所以为圣者，以其生而知之也。而释《论语》者曰："生而知之者，义理耳。若夫礼乐、名物、古今事变，亦必待学而后有以验其行事之实。"夫礼乐、名物之类，果有关于作圣之功也，而圣人亦必待学而后能知焉，则是圣人亦不可以谓之生知矣。谓圣人为生知者，专指义理而言，而不以礼乐、名物之类，则是礼乐、名物之类，无关于作圣之功矣。圣人之所以谓之生知者，专指义理而不以礼乐、名物之类，则是学而知之者亦惟当学知此义理而已；困而知之者亦惟当困知此义理而已。今学者之学圣人，于圣人之所能知者，未能学而知之，而顾汲汲焉求知圣人之所不能知者以为学，无乃失其所以希圣之方欤？凡此皆就吾子之听惑者而稍为之分释，未及乎拔本塞源[6]之论也。

※ 注释

1 声为律而身为度：意为大禹是标准的完人，他的声音是音律的标准，身长是尺度的标准。语出《史记·夏本纪》。2 "君子所贵"三句：语出《论语·泰伯》"曾子言曰'君子所贵乎道者三：动容貌，斯远暴慢矣；正颜色，斯近信矣；出辞气，斯远鄙倍矣。笾豆之事，则有司存'"。笾为竹制器皿，豆为木制器皿，笾豆之事指祭祀礼仪中的具体小事。存，此指掌管、安排。3 "命羲、和"四句：意为尧命令羲氏与和氏，恭敬谨慎地遵循上天的意旨行事，观察推算日月星辰的运行情况，目的是制定和颁行历法。语出《尚书·尧典》。4 "在璇玑玉衡"二句：语出《尚书·舜典》

“在璇玑玉衡，以齐七政”。意为舜观测北斗星的运行，以排列七件政事。天璇、天玑、玉衡，北斗七星中的三颗。七政，指日、月、金、木、水、火、土。《尚书·大传》则认为“七政者，谓春、夏、秋、冬、天文、地理、人道”。5 推步占候：推算历法，占卜天象。推步，推算天文历法。占候，观察天象变化以测吉凶。6 拔本塞源：意为拔除树根，堵塞水源，比喻从根本上破坏。语出《左传·昭公九年》。

※ 译文

孔子说：“人如果没有仁爱之心，有礼又如何！人如果没有仁爱之心，有乐又如何！”制作礼乐，必须具备中和的品德，只有声音可以作为音律、身高可以作为尺度的人，才能做这种事。至于礼乐器具的细节，那是乐工和祝史们的职责。所以曾子说：“君子重视的道有三个方面，……至于行礼过程中的具体事项，则由有关官员负责安排。”尧命令羲氏、和氏遵循天意，观测推算日月星辰的运行情况，他看重的是恭敬地授予百姓农时。舜观测北斗七星的运行，他看重的是“安排好七种政事”。这都是念念不忘用仁爱之心推行养育百姓的仁政，制定历法、明晓时令的根本就在于此。羲氏、和氏在历法和数学方面的学问，皋陶和契未必能比得上，大禹和后稷也未必有；根据《孟子·尽心上》中“尧舜的智慧不能知晓万物”的说法，即使尧舜也未必能做到。然而现在，遵循羲、和二人的方法再进行世世代代的修正积累，即使一知半解稍有智慧的人，浅薄的星象术士，也能正确地推算历法、占卜天象，那么难道后世稍一知半解稍有智慧的人反而比大禹、后稷、尧舜还要贤明吗？

帝王筑坛祭天的说法，尤其荒诞不经，是后世巧言谄媚阿谀奉承的小人为了向皇帝献媚，夸夸其谈，鼓动君心，浪费国家财物，可以称得上祸国殃民，是最大的无耻，君子是不会这样说的，这也就是司马相如被天下耻笑的原因。你却认为这是后世儒生所应该好好学习的，恐怕是没有认真思考吧？

至于圣人之所以是圣人，是因为他们生而知之。然而朱熹解释《论语》时说：“生而知之者，义理耳。若夫礼乐、名物古今事变，亦必待学而后有以验其行事之实。”如果礼乐、名物果真是成为圣人的功夫。圣人也必须等到学习之后才能知晓，那么圣人就不能称得上生而知之了。之所以说圣人生而知之，是专门就义理上来说的，而不包括礼乐、名物之类，那么礼乐、名物之类是和成为圣人的功夫无关的东西。圣人之所以生而知之，专指义理而不是礼乐名物之类，那么学而知之的人也只应当学习知晓义理而已；困而知之的人也只应当努力学习知晓义理而已。现在的学者学习圣人，对于圣人能知晓义理，不能去学习知晓，却反过来念念不忘地去探求圣人所不知晓的东西作为学问，这难道不是迷失了成为圣人的方向吗？以上这些都是针对你所困惑的而稍微加以解释，并未从根本上澄清问题。

一四

※ 原文

夫拔本塞源之论不明于天下，则天下之学圣人者，将日繁日难，斯人沦于禽兽、夷狄而犹自以为圣人之学，吾之说虽或暂明于一时，终将冻解于西而冰坚于东，雾释于前而云滃于后，呶呶焉危困以死，而卒无救于天下之分毫也已。

夫圣人之心以天地万物为一体，其视天下之人，无外内远近，凡有血气，皆其昆弟赤子之亲，莫不欲安全而教养之，以遂其万物一体之念。天下之人心，其始亦非有异于圣人也，特其间于有我之私，隔于物欲之蔽，大者以小，通者以塞，人各有心，至有视其父子兄弟如仇雠者。圣人有忧之，是以推其天地万物一体之仁以教天下，使之皆有以克其私，去其蔽，以复其心体之同然。其教之大端，则尧、舜、禹之相授受，所谓“道心惟微，惟精惟一，允执厥中”；而其节目，则舜之命契，所谓“父子有亲，君臣有义，夫妇有别，长幼有序，朋友有信”五者而已[1]。唐、虞、三代之世，教者惟以此为教，而学者惟以此为学。当是之时，人无异见，家无异习，安此者谓之圣，勉此者谓之贤，而背此者虽其启明如朱[2]，亦谓之不肖。下至闾井、田野，农工、商、贾之贱，莫不皆有是学，而惟以成其德行为务。何者？无有闻见之杂，记诵之烦，辞章之靡滥，功利之驰逐，而但使之孝其亲，弟其长，信其朋友，以复其心体之同然。是盖性分之所固有，而非有假于外者，则人亦孰不能之乎？

学校之中惟以成德为事，而才能之异，或有长于礼乐，长于政教、长于水土播植者，则就其成德，而因使益精其能于学校之中。迨夫举德而任，则使之终身居其职而不易。用之者惟知同心一德，以共安天下之民，视才之称否，而不以崇卑为轻重，劳逸为美恶。效用者亦惟知同心一德，以共安天下之民，苟当其能，则终身处于烦剧而不以为劳，安于卑琐而不以为贱。当是之时，天下之人熙熙皞皞，皆相视如一家之亲。其才质之下者，则安其农、工、商、贾之分，各勤其业，以相生相养，而无有乎希高慕外之心。其才能之异，若皋、夔、稷、契者，则出而各效其能。若一家之务，或营其衣食，或通其有无，或备其器用，集谋并力，以求遂其仰事俯育[3]之愿，惟恐当其事者之或怠而重己之累也。故稷勤其稼而不耻其不知教，视契之善教即己之善教也。夔司其乐而不耻于不明礼，视夷之通礼即己之通礼也。盖其心学纯明，而有以全其万物一体之仁，故其精神流贯，志气通达，而无有乎人己之分，物我之间。譬之一人之身，目视耳听，手持足行，以济一身之用，目不耻其无聪，而耳之所涉，目必营焉；足不耻其无执，而手之所探，足必前焉。盖其元气充周，血脉条畅，是以痒疴呼吸，感触神应，有不言而喻之妙。此圣人之学所以至易至简，易知易从，学易能而才易成者，正以大端惟在复心体之同然，而知识技能非所与论也。

※ 注释

1 “舜之命契”六句：语出《孟子·滕文公上》“圣人有忧之，使契可为司徒，教以人伦：父子有亲，君臣有义，夫妇有别，长幼有序，朋友有信”。2 启明如朱：语出《尚书·尧典》“放齐曰：‘胤子朱，启明。’帝曰：‘吁，嚚讼，可乎？’”。3 仰事俯育：语出《孟子·梁惠王上》“是故明君制民之产，必使仰足以事父母，俯足以畜妻子”。

※ 译文

正本清源的学说不大白于天下，那么天下学习圣人的人将会感到越来越烦琐艰难，甚至人沦落为禽兽、夷狄却还以为自己学的是圣人的学说，我的学说虽然可能通明于一时，但终究是解了西边的冻而东边又冻上了，前面的雾散开了后面的云又涌了上来，我就是不顾艰难险阻喋喋不休地进行宣传，也丝毫不能起到拯救天下的作用。

圣人的心与天地万物为一体，他看待天下人，没有内外远近之分，凡是有生命的都是兄弟儿女，都要教养他们，以成全他与天地万物为一体的意念。天下人的心，刚开始的时候和圣人并没有什么差异，只是后来在中间夹杂了私心，被物欲所蒙蔽，为公的大心变成了为私的小心，通达的心被堵塞了，人人各有私心，以至于把父子兄弟都看作仇人。圣人对此十分担忧，所以推广他的天地万物为一体的仁爱之心来教育天下人，使他们都能克制私心、去除物欲，恢复他们与自己相同的本心。圣人教化的主要内容，就是尧、舜、禹相沿袭的“道心惟微，惟精惟一，允执厥中”；而它的具体内容，就是舜让契教化天下的“父子有亲，君臣有义，夫妇有别，长幼有序，朋友有信”的五个方面。唐尧、虞舜与夏、商、周三代，教师仅仅教这些，学生也仅仅学这些。当时，人人没有不同意见，家家没有不同习惯，能自然遵循这些内容的就是圣人，能通过勉励自己得以实践的就是贤人，而背离这些的人即使聪明如丹朱，也被称作不肖之徒。下而至于在田野市井中从事农、工、商、贸的人，也都要学习这些，把成就其德行当作第一重要的事情。这是为什么呢？当时没有杂乱无章的见闻，没有背诵的烦恼，也没有诗词章句的泛滥芜杂，更不用追逐功名利禄，而只是孝敬父母，尊敬兄长，信任朋友，来恢复人心本体所固有的良知。这是人性中本来就有的，而并非从外边借来的，那么哪个人不能做到呢？

学校里以培养人的品德为重，而人的才能有差异，有的擅长礼乐，有的擅长政治教化，有的擅长水利农事，那么就根据他们的才能，因材施教，使他们的才能在学校中能够得到进一步的提高。根据他们各自的德行才能使他们终身担任某一职务不变。用人者只知同心同德，共同使天下百姓安居乐业，只看他的才能是否称职，而不以身份高低分轻重，不以职业分贵贱。被任用的人也只知道同心同德，齐心协力使天下百姓安居乐业，如果所处的职位符合自己的才能，那么就是一生都从事繁重的工作也不觉得辛苦，安于卑微琐碎的工作而不感到低贱。当时，天下所有的人都高高兴兴，亲如一家。那些才智低下的人，就安于农、工、商、贸的职业本分，各自在自己的岗位上兢兢业业，互相为对方提供生活必需品，却没有攀比、虚荣的心。那些才能超群，像皋陶、夔、后稷、契那样聪明的人，则出来做官以发挥他们的才能。整个天下就像一个大家庭，有的人负责衣服、食物方面的工作，有的人经商互通有无，有的人制造器具备用，大家集思广益，群策群力，来实现赡养父母、教养子女的心愿，都生怕自己从事的事情做不好给大家带来损失，因而都尽心尽力。所以后稷勤于稼穑而不以自己不知道教化而感到羞耻，把契的善于教化当作自己的善于教化。夔专职于音乐而不以自己不知道礼而感到羞耻，把伯夷的通晓礼当作自己的通晓礼。因为他们的心地纯洁明亮，从而具有完全以天下万物为一体的仁爱之心，所以他们的精神、志气流贯通达，而没有你我之分，人和物之分。就像一个人的身体，眼看、耳听、手拿、脚走，都是为了满足自身的需要，眼睛不会因为自己听不到而感到羞耻，当耳朵听到声音的时候，眼睛一定会去看；脚不会因为不能拿而感到羞耻，当手向前伸去拿东西的时候，脚必定也会向前迈。这是因为人体元气充沛循环，血脉畅通，所以痒痛呼吸都能做出神奇的反应，有言语所不能描绘的奇妙。圣人的学问之所以最容易最简单，容易通晓容易实践，正是因为主要内容在于恢复人心本体所共有的良知，而对于知识技能并没有加以论述。

一五

※ 原文

三代之衰，王道熄而霸术倡；孔孟既没，圣学晦而邪说横。教者不复以此为教，而学者不复以此为学。霸者之徒窃取先王之近似者，假之于外以内济其私己之欲，天下靡然而宗之，圣人之道遂以芜塞。相仿相效，日求所以富强之说，倾诈之谋，攻伐之计，一切欺天罔人，苟一时之得，以猎取声利之术，若管、商、苏、张[1]之属者，至不可名数。既其久也，斗争劫夺，不胜其祸，斯人沦于禽兽夷狄，而霸术亦有所不能行矣。

世之儒者慨然悲伤，搜猎先圣王之典章法制，而掇拾修补于煨烬之余，盖其为心良亦欲以挽回先王之道；圣学既远，霸术之传积渍已深，虽在贤知，皆不免于习染，其所以讲明修饰，以求宣畅光复于世者，仅足以增霸者之藩篱，而圣学之门墙遂不复可睹。于是乎有训诂之学，而传之以为名；有记诵之学，而言之以为博；有词章之学，而侈之以为丽。若是者纷纷籍籍，群起角立于天下，又不知其几家。万径千蹊，莫知所适，世之学者如入百戏之场，欢谑跳踉、骋奇斗巧、献笑争妍者，四面而竞出，前瞻后盼，应接不遑，而耳目眩瞀，精神恍惑，日夜遨游淹息其间，如病狂丧心之人，莫自知其家业之所归。时君世主亦皆昏迷颠倒于其说，而终身从事于无用之虚文，莫自知其所谓，间有觉其空疏谬妄、支离牵滞，而卓然自奋，欲以见诸行事之实者，极其所抵，亦不过为富强功利、五霸[2]之事业而止。

圣人之学日远日晦，而功利之习愈趋愈下。其间虽尝瞽惑于佛老，而佛老之说，卒亦未能有以胜其功利之心，虽又尝折衷于群儒，而群儒之论终亦未能有以破其功利之见。盖至于今，功利之毒沦浃于人之心髓，而习以成性也几千年矣。相矜以知，相轧以势，相争以利，相高以技能，相取以声誉。其出而仕也，理钱谷者则欲兼夫兵刑，典礼乐者又欲与于铨轴[3]，处郡县则思藩臬[4]之高，居台谏[5]则望宰执[6]之要，故不能其事则不得以兼其官，不通其说则不可以要其誉。记诵之广，适以长其敖也；知识之多，适以行其恶也；闻见之博，适以肆其辨也；辞章之富，适以饰其伪也。是以皋、夔、稷、契所不能兼之事，而今之初学小生皆欲通其说，究其术。其称名僭号未尝不曰吾欲以共成天下之务，而其诚心实意之所在，以为不知是则无以济其私而满其欲也。

呜呼，以若是之积染，以若是之心志，而又讲之以若是之学术，宜其闻吾圣人之教，而视之以为赘疣枘凿，则其以良知为未足而谓圣人之学为无所用，亦其势有所必至矣。

呜呼，士生斯世而尚同以求圣人之学乎！尚何以论圣人之学乎！士生斯世而欲以为学者，不亦劳苦而繁难乎！不亦拘滞而险艰乎！呜呼，可悲也已！所幸天理之在人心，终有所不可泯，而良知之明，万古一日，则其闻吾拔本塞源之论，必有恻然而悲，戚然而痛，忿然而起，沛然若决江河而有所不可御者矣。非夫豪杰之士，无所待而兴起者，吾谁与望乎！

※ 注释

1 管、商、苏、张：管，即管仲，名夷吾，春秋时人，帮助齐桓公成为第一个霸主。商，即商鞅，公孙氏，名鞅，卫国人，亦称卫鞅。在秦国实行变法，使秦国国力大增。苏，即苏秦，战国时洛阳人，游说六国合纵拒秦，一度身佩六国相印。张，即张仪，战国时魏人，任秦惠王相，以连横之说策动六国与秦交好，分化瓦解六国的团结，以便各个击破。这四人均有杰出的治国才能。2 五霸：春秋时五个称霸的诸侯，指齐桓公、晋文公、宋襄公、秦穆公、楚庄王。一说指齐桓公、晋文公、楚庄王、吴王阖闾、越王勾践。3 铨轴：吏部要职。4 藩臬：指藩司和臬司。藩司，明清时分管一省财赋、人事和司法的长官。5 台谏：御史台与谏议大夫。6 宰执：唐朝时以中书省长官中书令及门下省长官侍中任宰相，为真宰相。其他官任宰相的，则加同中书门下三品、中书门下平章事、参知政事等名，统称为宰执。宋代则以同平章事为宰相，其他如参知政事、左右丞及枢密使、副使则称执政官，合称宰执。

※ 译文

夏、商、周三代以后，王道败落而霸道昌盛；孔子、孟子死后，圣学晦暗而邪说横行。教师不再教圣学，学生也不再学圣学。霸道的人偷偷地用与先王相近似的东西，假借外在的技能来掩盖，以满足自己内心的私欲，世人都一窝蜂地尊崇他们，圣人的圣道于是就荒芜阻塞了。世人相互仿效，天天探求富国强兵的学说，倾轧诈骗的计谋，攻打讨伐的策略，以及一切欺天骗人，有可能一时得逞，借以获得功名利禄的手段，像管仲、商鞅、苏秦、张仪这样的人，当时多得不计其数。长此以往，互相斗争抢夺，祸害无穷，这些人沦落为夷狄禽兽，而霸道权术也没法再推行下去了。

当时的儒者感慨悲伤，搜寻先前圣王的典章制度，从秦始皇焚书的余烬里拾掇修补，他们的目的也确实是为了挽回先王的圣道；然而圣学已经失传太久了，霸权的流传已经积淀太深，即使是贤明睿智的人，也避免不了被沾染，他们对圣学讲解修饰，以求得圣学的发扬光大，也仅仅是增加了霸道的影响力，而圣学的踪迹却再也寻不到了。于是产生了解释古书的训诂学，传播讲授为了虚名；产生了记诵圣学的学问，所记言论冒充博学；产生了填词作文的学问，语言奢靡华丽以求文采。像这样的人纷纷扰扰，群起纷争，世上不知有多少家。旁门左道，万千门派，让人们无所适从，天下的学者好像进入了上百场戏同时开演的剧场，只见欢呼跳跃、争奇斗巧、献媚取悦的戏子从四面八方竞相涌出，令人瞻前顾后，应接不暇，以至于耳聋眼花，精神恍惚，日夜遨游沉溺其中，就像丧心病狂的人，不知道自己的家在哪里。当时的君王也都昏聩颠倒于这类学问中，终生从事无用的虚文，而不知道自己在干什么，间或有人意识到这类学问的空洞、浅薄、荒谬、虚妄、支离破碎，于是发愤努力，想要用实际行动做点实事，全身心地投入，充其量也不过是像春秋五国那样富国强兵、建功逐利成就霸业罢了。

圣人的学说一天天远去，一天天晦暗，追逐功利的风气却日益兴盛。这中间有人曾经被佛、道两家的学说所迷惑，然而佛、道的学说并不能战胜世人追逐功名利禄的心，虽然有人曾拿群儒的观点来折中调和，但群儒的学说终究也阻止不了人们对功利的追逐。直到今天，追逐功利的流毒侵害人们的心已经积习成性，有数千年之久。人们在学问上互相夸耀，在权势上互相倾轧，在利益上互相争夺，在技能上互相攀比，在名声上互相竞争。那些做官的，管钱粮的还想兼管军事和司法，管礼乐的还想占据吏部要职，在郡县上做官的又想到省里当主管人事、财政和司法的大官，位居御史台和谏议大夫的却眼巴巴地盯着宰相的位子，本来就是没有某方面的才能就不能任某职，不通晓某方面的学说，就不能取得相应的声誉。实际上是记忆广泛正好助长了他们傲慢的气焰；知识丰富正好使他们得以行恶；见闻广博正好使他们肆意诡辩；文采华丽正好掩饰他们的虚伪。因此，皋陶、夔、后稷、契都不能兼做的事，现在那些初学的小孩子都想通晓其理论，研究其方法。他们的口号何尝不是“我想成就天下人共同的事业”，但他们本意却是，认为不用这种手段就不能满足他们内心的私欲。

唉！以这样的积习熏染，以这样的心态，又讲求这样的学问技能，当他们听到圣人的教化时，自然视为累赘迂腐之说，那么他们把良知视为短处，把圣人的学说当作无用的东西，也是必然的呀。

唉！那些生在这种世道的人，怎么可能去追求圣学呢？怎么有可能谈论圣学呢？生活在这样的时代，想成为学者不也太艰难了吗！不也太困险了吗！唉，可悲呀！所幸的是天理存在于人的内心，终究不会泯灭，良知重见光明，万年一日，那么听了我的正本清源的学说，那些尚有良知的人一定会悲伤痛苦，愤然而起，就像决堤的江河一样不可阻挡。如果没有英雄豪杰不期而至，我还能把希望寄托在谁身上呢！

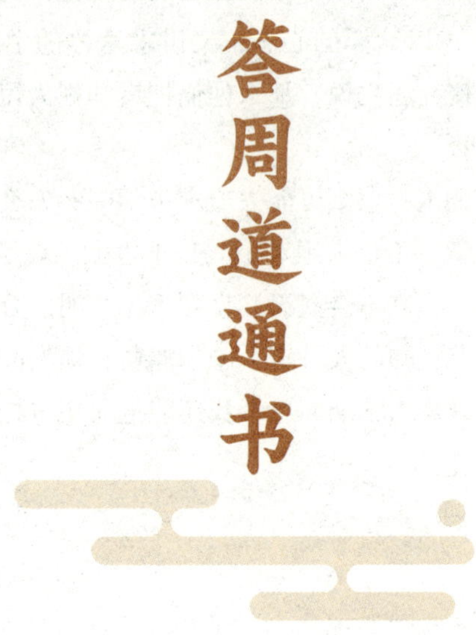

答周道通书

一六

※ 原文

吴、曾两生至，备道道通[1]恳切为道之意，殊慰相念。若道通，真可谓笃信好学者矣。忧病中会，不能与两生细论，然两生亦自有志向肯用功者，每见辄觉有进。在区区诚不能无负于两生之远来，在两生则亦庶几无负其远来之意矣。临别以此册致道通意，请书数语。荒愦无可言者，辄以道通来书中所问数节，略下转语奉酬。草草殊不详细，两生当亦自能口悉也。

来书云："日用功夫只是立志，近来于先生诲言时时体验，愈益明白。然于朋友不能一时相离，若得朋友讲习，则此志才精健阔大，才有生意。若三五日不得朋友相讲，便觉微弱，遇事便会困，亦时会忘。乃今无朋友相讲之日，还只静坐，或看书，或游衍经行，凡寓目措身，悉取以培养此志，颇觉意思和适；然终不如朋友讲聚，精神流动，生意更多也。离群索居之人，当更有何法以处之？"

此段足验道通日用功夫所得。功夫大略亦只是如此用，只要无间断，到得纯熟后，意思又自不同矣。大抵吾人为学，紧要大头脑只是立志。所谓困、忘之病，亦只是志欠真切。今好色之人，未尝病于困忘，只是一真切耳。自家痛痒自家须会知得，自家须会搔摩得。既自知得痛痒，自家须不能不搔摩得，佛家谓之"方便法门"。须是自家调停斟酌，他人总难与力，亦更无别法可设也。

※ 注释

1 道通：名冲，字道通，号静庵，江苏宜兴人。先师从王阳明，后师从湛若水，能够协调王、湛两家的学说。

※ 译文

吴、曾两位年轻人来我这里，详细说了你恳切向圣道的志向，我感到特别欣慰和想念。像你这样的人，真可以称得上是笃信好学的人了。我正为家父守丧，心情忧伤，不能和他们详细谈论，但他们两位也是有志向肯用功的人，每次见面都觉得有进步。我实在不能辜负他们远道而来的诚意，对他们来说也许没有辜负远道而来的用意。临走时，他们用这封信转达你的致意，要我写几句话。我此时内心糊涂昏迷，于是只就你信中提到的几个问题做了简单解释，算是一个交代。草草数语不太详细，他们两位自会向你口头转达的。

你信中说："先生说平常功夫只是立志，近来对先生的教诲时时加以体察检验，就更加明白了。然而我是个一会儿都离不开朋友的人，如果有朋友互相讲习研讨，我的志向才会精健阔大，才会生机勃勃。如果有三五天不和朋友讲习，便会觉得志向微弱，遇到事情就会产生困惑，有时还会忘掉志向。我现在在没有朋友相互讲习的日子里，每天只是静坐着，或者看看书，或者随便走走，举手投足间都不忘存养这个心志，深刻感觉到心情平和舒适；然而终究不如和朋友一起讲习时那样思维开动，更有生机。离开朋友隐居的人，有什么更好的方法来保持心志呢？"

以上这段话足以证明你日间所下功夫的收获。立志的功夫也大概就是这样，只要每天都坚持，从不间断，等到功夫纯正熟练后自然会感觉不同。一般说来我们做学问的，最重要的就是立志。之所以会有困惑、遗忘的毛病，也只是志向欠缺，还不真实确切。好色之徒不会有困惑和遗忘的毛病，只是好色的欲望比较真切罢了。自己哪里痛哪里痒自己必须知道，自己应会挠痒按摩。既然知道了痛痒，就不得不搔痒按摩，佛教称之为"方便之门"。必须是自己调整琢磨，别人很难帮上忙，也更没有别的什么方法可以借鉴。

一七

※ 原文

来书云："上蔡[1]尝问'天下何思何虑'，伊川云：'有此理，只是发

得太早。'[2]在学者功夫，固是'必有事焉而勿忘'，然亦须识得'何思何虑'的气象，一并看为是。若不识得这气象，便有正与助长之病；若认得'何思何虑'，而忘'必有事焉'功夫，恐又堕于无也。须是不滞于有，不堕于无。然乎否也？"

所论亦相去不远矣，只是契悟未尽。上蔡之问与伊川之答，亦只是上蔡、伊川之意，与孔子《系辞》原旨稍有不同。《系》言“何思何虑”，是言所思所虑只是一个天理，更无别思别虑耳，非谓无思无虑也。故曰：“同归而殊途，一致而百虑，天下何思何虑？”云“殊途”，云“百虑”，则岂谓“无思无虑”邪？心之本体即是天理，天理只是一个，更有何可思虑得？天理原自寂然不动，原自感而遂通，学者用功，虽千思万虑，只是要复他本来体用而已，不是以私意去安排思索出来。故明道云：“君子之学，莫若廓然而大公，物来而顺应。”若以私意去安排思索，便是用智自私矣。“何思何虑”正是功夫，在圣人分上便是自然的，在学者分上便是勉然的。尹伊川却是把作效验看了，所以有“发得太早”之说。既而云“却好用功”，则已自觉其前言之有未尽矣。濂溪主静之论，亦是此意。今道通之言，虽已不为无见，然亦未免尚有两事也。

※ 注释

1 上蔡：谢良佐（公元 1050—1103 年），字显道，河南上蔡人，世称上蔡先生，进士，为程门四大弟子之一。2 “伊川云”句：《河南程氏外书·上蔡语录》记载谢氏与程颐的对话：“二十年往见伊川。伊川曰：‘近日事如何？’某对曰：‘天下何思何虑？’伊川曰：‘是则是有此理，却发得太早。’”

※ 译文

你信中说：“谢良佐先生曾经问‘天下何思何虑’，程颐先生说：‘有道理，只是感慨发得太早了。’作为学者的功夫，固然是‘必有事焉而勿忘’，但也必须明白‘何思何虑’的气象，放在一块看才对。如果不明白这种气象，就会有揠苗助长的毛病；如果明白‘何思何虑’，却又忘了‘必有事焉’的功夫，恐怕又会堕入虚无。必须既不被有牵累，又不被无拖绊。这样说对吗？”

你所说的基本上正确，只是还没有完全领悟。谢良佐先生与程颐先生的对话，也只是他们两个人的意思，与孔子《易经·系辞传》中的原意稍微有些出入。《系辞传》中所讲的“何思何虑”，是说所思索考虑的只是一个天理，除了天理，没有别的可以思虑，并不是说没有什么思虑。所以说：“同归而殊途，一致而百虑，天下何思何虑？”说“殊途”，说“百虑”，这难道是“无思无虑”吗？心的本体就是天理，天理只有一个，还有别的什么可以思虑吗？天理原本就是寂静而无所变化的，感应后就能通达的。学者用功，即使有千思千虑，也只不过是要恢复他心体的本来面目和功用而已，而不是用自己的私心去安排思索出来的。所以程颢先生说：“君子做学问，必须是心胸宽广而公正无私，有事情发生就顺其自然。”如果用私心去安排思索，就是把才智用到了私欲上。“何思何虑”正是做学问的功夫，在圣人看来是自然而然的，在学者就必须下功夫去做到。程颐先生却把它看作功夫的效果，所以他会有“发得太早”的说法，接着又说“这正是所要用的功夫”，则是他自己已经觉察到前边所说的话尚有欠缺。周敦颐先生的“主静”的观点也是这个意思。现在你的看法，虽然有点见地，但仍不免纠缠于有和无之间。

一八

※ 原文

来书云：“凡学者才晓得做功夫，便要识认得圣人气象[1]。盖认得圣人气象，把做准的，乃就实地做功夫去，才不会差，才是作圣功夫。未知是否？”

先认圣人气象，昔人尝有是言矣，然亦欠有头脑。圣人气象自是圣人的，我从何处识认？若不就自己良知上真切体认，如以无星之秤而权轻重，未开之镜而照妍媸，真所谓以小人之腹而度君子之心矣。圣人气象何由认得？自己良知原与圣人一般，若体认得自己良知明白，即圣人气象不在圣人而在我矣。程子尝云：“觑著尧学他行事，无他许多聪明睿智，安能如彼之动容周旋中礼？”[2]又云：“心通于道然后能辨是非。”[3]今且说通于道在何处，聪明睿智从何处出来？

※ 注释

1 圣人气象：程颐语，出自《河南程氏遗书》卷二十二“凡看文字，非只是要理会语言，要识圣贤气象”。2 “觑著尧”三句：语出《河南程氏遗书》卷十八。意为看着尧，学习他如何做事，但没有他的聪明睿智，怎么能像他那样一举一动都符合礼仪呢？ 3 心通于道然后能辨是非：意为只有心与天理相通，然后才能明辨是非。语出《河南程氏遗书》卷五。

※ 译文

你信中说：“凡是学者刚刚明白做功夫，就要认识圣人的气象。大概是认识了圣人的气象，把它当作准则，去脚踏实地地用功，才不会出现差错，才是作圣人的功夫。这样说对不对？”

先认识圣人气象，过去曾经有人这么说过，然而也是缺乏要领。圣人的气象自然是圣人的，我们从何处体认呢？如果不从自己的良知上真切体认，就好比拿没有准星的秤去称轻重，用没有琢磨过的镜子去照美丑一样，这真是以小人之心度君子之腹。圣人的气象怎样才能体认得到呢？我们自身的良知本来是同圣人一样的，如果体认清楚自己的良知，那么就是圣人的气象不在圣人身上而在我们自己身上了。程颐先生曾经说过：“看着尧，学习他如何做事，但没有他的聪明睿智，怎么能像他那样一举一动都符合礼呢？”他又说：“只要心与天理相通，就能明辨是非。”现在你姑且先说说心与天理相通的地方在哪里呢？聪明睿智又从哪里来？

一九

※ 原文

来书云：“‘事上磨练’，一日之内不管有事无事，只一意培养本原。若遇事来感，或自己有感，心上既有觉，安可谓无事？但因事凝心一会，大段觉得事理当如此，只如无事处之，尽吾心而已。然乃有处得善与未善，何也？又或事来得多，须要次第与处，每因才力不足，辄为所困，虽极力扶起，而精神已觉衰弱。遇此未免要十分退省[1]，宁不了事，不可不加培养。如何？”

所说功夫，就道通分上也只是如此用，然未免有出入在。凡人为学，终身只为这一事，自少至老，自朝至暮，不论有事无事，只是做得这一件，所谓“必有事焉”者也。若说“宁不了事，不可不加培养”，却是尚为两事也。“必有事焉而勿忘勿助”，事物之来，但尽吾心之良知以应之，所谓“忠恕违道不远”[2]矣。凡处得有善有未善，及有困顿失次之患者，皆是牵于毁誉得丧，不能实致其良知耳。若能实致其良知，然后见得平日所谓善者未必是善，所谓未善者，却恐正是牵于毁誉得丧自贼其良知者也。

※ 注释

1 退省：意为退下来反省。语出《论语·为政》“吾与回言终日，不违如愚，退而省其私，亦足以发。回也不愚”。2 忠恕违道不远：语出《中庸》“忠恕违道不远，施诸己而不愿，亦勿施于人”。

※ 译文

你信中说：“先生说‘修养要在事上磨炼’，一天之内不管有事没事，只一心一意地培养本体。如果遇到事情有所感触，或自己动了念头，心中既然有了感觉，怎么能说无事呢？但是根据具体情况聚精会神地思考一会儿，大致上觉得事理应当这样，只是看作没有什么事一样，尽我们的本心罢了。然而仍然有事情处理得好与不好，这是为什么？又或许是事情太多了，需要分出先后顺序来处理，每每因为我的才智不足，就会被事情所困惑，即使强打起精神也会觉得疲惫不堪。遇到这种情况，难免要经常退下来反省，宁肯不做事情，也不能不培养本体。这样做对不对？”

所说的功夫，就你的天分上来说就是这样，但是难免还有些出入。凡是做学问，一辈子也就为这一件事，从少到老，从早到晚，不管有事没事，只要做这一件事就行了，这就是“必有事焉”。如果说“宁肯不做事，也不能不培养本体”，就是尚且把做事与培养本体看作两件事了。孟子说“必有事焉而勿忘勿助”，有事情发生，只要尽我们的本心上的良知去处理就行了，这就是“忠恕违道不远”。凡是处理事情有好有不好，以及有困扰和混沌的担心，都是被毁誉得失所牵累，不能真正地致自己的良知罢了。如果能真正地致良知，然后就会发现平时所谓处理得好的事情未必就是好的，处理得不好的，却恐怕正是被毁誉得失所牵累而自己丢掉了良知吧！

二〇

※ 原文

来书云：“致知之说，春间再承诲益，已颇知用力，觉得比旧尤为简易。但鄙心则谓与初学言之，还须带格物意思，使之知下手处。本来致知格物一并下，但在初学未知下手用功，还说与格物，方晓得致知。”云云。

格物是致知功夫，知得致知便已知得格物。若是未知格物，则是致知功夫亦未尝知也。近有一书与友人，论此颇悉，今往一通，细观之当自见矣。

※ 译文

你信中说：“关于致知的学说，春天承蒙你再次教诲，已经深知在何处用功，觉得比以前尤为简单了。但是我心中则认为对于初学的人来说，还必须加上格物的内容，让他们知道从哪里下手。本来致知和格物就是一体的，但在初学者还不知道从何处下手用功，还是先说格物，这样才能懂得致知。”

格物是致知的功夫，知道致知就已经知道了格物。如果不知道格物，那么是致知的功夫还不曾弄明白。最近写了一封信给朋友，详细讨论了这个问题，现在也给你寄去，你仔细看看自然会明白。

二一

※ 原文

来书云：“今之为朱、陆之辨者尚未已，每对朋友言，正学不明已久，且不须枉费心力为朱、陆争是非。只依先生立志二字点化人，若其人果能辨得此志来，决意要知此学，已是大段明白了。朱、陆虽不辨，彼自能觉得。又尝见朋友中见有人议先生之言者，辄为动气。昔在朱、陆二先生，所以遗后世纷纷之议者，亦见二先生功夫有未纯熟，分明亦有动气之病，若明道则无此矣。观其与吴涉礼论介甫[1]之学云：‘为我尽达诸介甫，不有益于他，必有益于我也。’[2]气象何等从容！尝见先生与人书[3]中亦引此言，愿朋友皆如此。如何？”

此节议论得极是极是。愿道通遍以告于同志，各自且论自己是非，莫论朱、陆是非也。以言语谤人，其谤浅，若自己不能身体实践，而徒入耳出口，呶呶度日，是以身谤也，其谤深矣。凡今天下之论议我者，苟能取以为善，皆是砥砺切磋我也，则在我无非警惕修省进德之地矣。昔人谓“攻吾之短者是吾师”[4]，师又可恶乎？

※ 注释

1 介甫：王安石（公元1021—1086年），字介甫，号半山，江西临川人。进士，北宋文学家，政治家。神宗时为相，曾推行变法。2 “为我”三句：意为请替我向介甫先生转达我的全部观点，如果对他没有益处，则一定对我有益。语出《河南程氏遗书》卷一。3 与人书：指《答汪石潭内翰书》，见《王阳明全集》卷四。4 攻吾之短者是吾师：语出《荀子·修身篇》“故非我而当者，吾师也；是我而当者，吾友也；谄谀我者，吾贼也”。

※ 译文

你信中说：“现在为朱熹、陆九渊争辩的人还很多。我常常对朋友说，圣学不昌明已经很久了，姑且不必再枉费心机争辩朱熹、陆九渊谁是谁非了。只依据先生立志两个字来点化人，如果这个人果真能辨别出这个志向来，决心要知道圣学，那么他已经大致上算明白了。即使不去争辩朱陆二人谁是谁非，他自己也能感觉得到。我也曾经看到，朋友中有人一听到别人议论先生就很生气。以前朱陆两位先生之所以给后世留下了很多争议，可见二位先生的功夫还不纯熟，分明有意气用事的毛病。像程颢先生就没有这样的毛病。他同吴师礼谈论王安石的时候说：‘请替我向介甫先生转达我的全部观点，如果对他没有益处，则一定对我有益。’气度是何等的宽广啊！我曾经看到先生给别人的信中也引用了这句话，希望朋友们都能这样。是吗？”

你这段话说得太对了。希望你告诉所有志同道合的人，各自反省自己的过错，不要谈论朱陆二人的是与非。用言语诽谤别人，这种诽谤是肤浅的表现，如果自己不能亲身实践，而只是从耳朵进又马上从嘴巴出，整天喃喃咕咕，就是自己在诽谤自己，这种诽谤是很厉害的。凡是现在议论我的世人，如果能从中获得益处，那他们就是在跟我切磋磨砺，那么对我来说无非是更加警惕反省自己、增进品德的地方。荀子说“攻击我的短处的人是我的老师”，老师还有什么可恶的吗？

二二

※ 原文

来书云：“有引程子‘人生而静，以上不容说，才说性便已不是性’[1]。何故不容说？何故不是性？晦庵答云：‘不容说者，未有性之可言；不是性者，已不能无气质之杂矣。’二先生之言皆未能晓，每看书至此辄为一惑，请问。”

“生之谓性”[2]，生字即是气字，犹言“气即是性”也。气即是性，“人生而静，以上不容说”，才说“气即是性”，即已落在一边，不是性之本原矣。孟子性善，是从本原上说。然性善之端须在气上始见得，若无气亦无可见矣。恻隐、羞恶、辞让、是非即是气。程子谓：“论性不论气，不备；论气不论性，不明。”亦是为学者各认一边，只得如此说。若见得自性明白时，气即是性，性即是气，原无性气之可分也。

※ 注释

1 “人生而静”三句：程颢语，语出《河南程氏遗书》卷一。向朱熹问这话的是严时亨。人生而静，语出《礼记·乐记》“人生而静，天之性也；感于物而动，性之欲也”。2 “生之谓性”语出《孟子·告子上》：“告子曰：‘生之谓性。’孟子曰：‘知之谓性也，犹白之谓白与？’曰：‘然。’”

※ 译文

你信中说：“严时亨引用程颢先生的‘人天生就能静，以上境界不能说，才说性已不是性’这句话来问朱熹：为什么不能说？为什么不是性？朱熹说：‘不能说是因为没有性可言；不是性，是指说了之后就不可能没有气夹杂在里边。’两位先生的话我都不大明白，每次看书看到这里就会有困惑，想请先生给我解释一下。”

“生之谓性”，“生”字就是“气”字，也就是说“气”就是“性”。气就是性，“人天生就能静，这以上就不能说了”，才说“气就是性”，这样天性就偏向一边了，就不是天性的本来面目了。孟子提出性善论是从人性的本源上说的。然而人性善的发端必须在气上才能看见，如果没有气也就无处可见。恻隐、羞恶、辞让是非都是气。程颐认为“论性不论气就不全面，论气不论性也不明确。”这是由于做学问的人各执一词，只好这样说。如果能很明白地看见自己的天性，那么气就是性，性就是气，原本是没有性和气之分的。

答陆原静书（一）

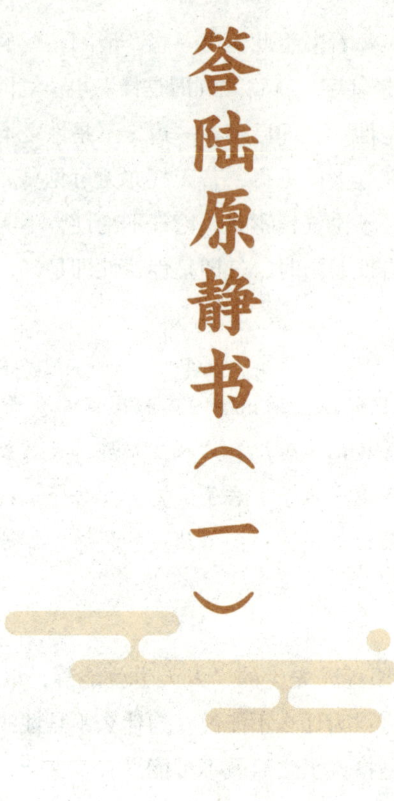

二三

※ 原文

来书云："下手功夫，觉此心无时宁静。妄心固动也，照心亦动也。心既恒动，则无刻暂停也。"

是有意于求宁静，是以愈不宁静耳。夫妄心则动也，照心非动也。恒照则恒动恒静，天地之所以恒久而不已也。照心固照也，妄心亦照也。其为物不贰，则其生物不息[1]，有刻暂停则息矣，非至诚无息[2]之学矣。

※ 注释

1 其为物不贰，则其生物不息：语出《中庸》"天地之道，可一言而尽也：其为物不二，则其生物不测"。2 至诚无息：语出《中庸》"故至诚无息。不息则久，久则徵"。

※ 译文

你信中说："在用功的时候，感觉心中没有一刻平静，虚妄的心在活动，明亮的照心也在活动。心既然是恒久运动的，那么就没有停下来片刻的机会。"

这是因为你有意追求宁静，所以就越发静不下来了。你的虚妄之心本来就是活动的，照心本来就是不动的。良知永远处于既运动又静止的状态，天地万物因此就永远运动不止。照心的本体就是良知，妄心的本体也是良知。《中庸》中说其为物不二，则其生物不息，有片刻地停留就会熄灭，就不是真诚而毫不停止地实现人心本体的学问。

二四

※ 原文

来书云："良知亦有起处。"云云。

此或听之未审。良知者，心之本体，即前所谓恒照者也。心之本体无起无不起。虽妄念之发，而良知未尝不在，但人不知存，则有时而或放耳。虽昏塞之极，而良知未尝不明，但人不知察，则有时而或蔽耳。虽有时而或放，其体实未尝不在也，存之而已耳。虽有时而或蔽，其体实未尝不明也，察之而已耳。若谓良知亦有起处，则是有时而不在也，非其本体之谓矣。

※ 译文

你信中说："良知也有它发端的地方。"等等。

这或许是因为你听得不明白。良知是心的本体，就是前面所讲的恒照。心的本体无所谓开始不开始。即使妄念产生，良知依然存在，但是人们不知道时时存养良知，于是有时就会失去良知。即使昏庸闭塞到了极点的人，其良知未尝不是明亮的，只是人们不能体察它，那么有时就会受到蒙蔽。虽然有时失去了它，但其本体依然存在，存养它就行了。虽然有时受到蒙蔽，但其本体依然明亮，体察它就行了。如果说良知也有开端，那么就是认为它有时不存在，这样就不是良知的本体了。

二五

※ 原文

来书云："前日精一之论，即作圣之功否？"

精一之精以理言，精神之精以气言。理者，气之条理，气者理之运用。无条理则不能运用，无运用则亦无以见其所谓条理者矣。精则精，精则明，精则一，精则神，精则诚；一则精，一则明，一则神，一则诚，原非有二事也。但后世儒者之说与养生之说各滞于一偏，是以不相为用。前日精一之论，虽为原静爱养精神而发，然而作圣之功实亦不外是矣。

※ 译文

你信中说："前些日子先生所提到的精一的论断，是不是作圣人的功夫？"

精一的精是从理论上来说的，精神的精是从气上来说的。理是气的条理，气是理的运用。没有条理就不能运用，没有运用也就无法看见所谓的条理。做到了精，就可以精细，可以澄明，可以专一，可以神奇，可以至诚；做到了一，就可以精细，可以澄明，可以专一，可以神奇，可以至诚，精和一原本不是两回事。但是后世儒生的学说同道家的养生的学说却各执一词，不能相互促进。前些天我关于精一的论断，虽然是针对你喜欢存养自己的精神而发的，然而作圣人的功夫其实就在于此。

二六

※ 原文

来书云："元神、元气、元精[1]，必各有寄藏发生之处，又有真阴之精、真阳之气。"云云。

夫良知一也，以其妙用而言谓之神，以其流行而言谓之气，以其凝聚而言谓之精，安可以形象方所求哉？真阴之精即真阳之气之母，真阳之气即真阴之精之父。阴根阳，阳根阴[2]，亦非有二也。苟吾良知之说明，即凡若此类皆可以不言而喻。不然，则如来书所云三关[3]、七返[4]、九还[5]之属，尚有无穷可疑者也。

※ 注释

1 元神、元气、元精：道教名词，合称三元。2 阴根阳，阳根阴：语出周敦颐《太极图说》。3 三关：道家以口为天关，足为地关，手为人关，合称三关。《淮南子·主术》谓耳、目、口为三关。另有说法认为三关为人身的三个穴位，是炼丹的道路。4 七返：道教以七代火，心属火，降心火于丹田下，养得肾中真气，复返于心田，即为七返之功。一说饿日七返灵砂，道教所说的仙药，服之可以还魂，因在炼制过程中要经过七次转化，故称七返。5 九还：道教以九代金，情属金，摄情归性，养得性光圆明，以还先天真性，即为九还之功。一说为九还丹，道教所说的仙药，服之可以长生不老。炼制过程中丹砂变成水银，经多次变化又成丹砂，故名九还。

※ 译文

你信中说："元神、元气、元精一定各有寄托藏身的地方，又有真阴之精、真阳之气。"等等。

良知只有一个，就它的奇妙的作用而言可以称作神，就它的运行而言可以称作气，就它的凝聚而言可以称作精，怎么可以从它的形象、处所、方位上求得呢？真阴之精是真阳之气的母体；真阳之气是真阴之精的父体。阴生阳，阳生阴，阴阳也是一个统一的整体。假如我的良知的学说能够昌明于天下，类似问题也就迎刃而解了。如果不能，那么你信中提到的三关、七返、九还之类，仍有数不清的疑问。

答陆原静书（二）

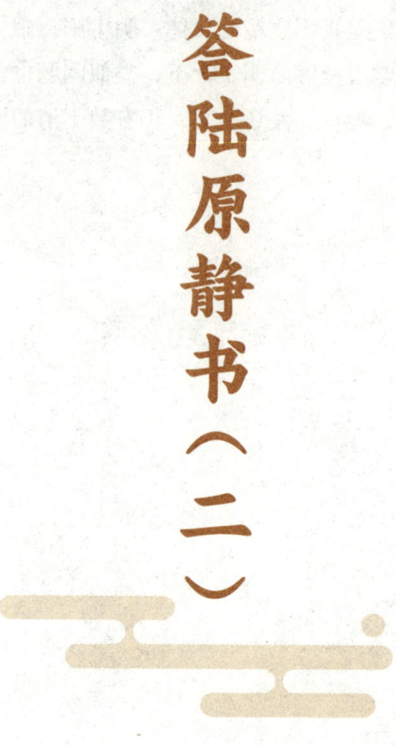

二七

※ 原文

来书云："良知，心之本体，即所谓性善也，未发之中也，寂然不动之体也，廓然大公也。何常人皆不能而必待于学邪？中也，寂也，公也，既以属心之体，则良知是矣。今验之于心，知无不良，而中寂大公实未有也。岂良知复超然于体用之外乎？"

性无不善，故知无不良。良知即是未发之中，即是廓然大公、寂然不动之本体，人人之所同具者也。但不能不昏蔽于物欲，故须学以去其昏蔽。然于良知之本体，初不能有加损于毫末也。知无不良而中寂大公未能全者，是昏蔽之未尽去，而存之未纯耳。体即良知之体，用即良知之用，宁复有超然于体用之外者乎！

※ 译文

你信中说："良知是心的本体，就是所谓的性善、未发之、寂然不动的本体，就是廓然大公。为什么常人必须等到学习之后才能做到呢？中和、寂静、大公无私，既然属于心的本体，那么就是良知了。现在在心中检验，良知没有不好的，而中和、寂静、大公无私却没有，难道良知是超然于体用之外吗？"

本性都是善的，所以知都是良的。真知就是未发之中，就是廓然大公的本体，人人都具有。但是良知很容易被物欲所蒙蔽，所以必须学习以便清除物欲不受蒙蔽。然而对于良知的本体，刚开始时不能有丝毫损害。知没有不良的，但中和、寂静、大公无私没有完全呈现，是因为私欲的蒙蔽没有清除干净，良知的存养还不够纯正罢了。体就是良知的本体，用就是良知的运用，哪里有超然于体用之外的良知呢！

二八

※ 原文

来书云："周子曰'主静'[1]，程子曰'动亦定，静亦定'，先生曰'定者心之本体'。是静、定也，决非不睹不闻无思无为之谓，必常知常存常主于理之谓也。夫常知常存常主于理，明是动也，已发也，何以谓之静？何以谓之本体？岂是静、定也，又有以贯乎心之动静者邪？"

理无动者也。常知常存常主于理，即不睹不闻、无思无为之谓也。不睹不闻、无思无为，非槁木死灰之谓也，睹闻思为一于理，而未尝有所睹闻思为，即是动而未尝动也。所谓"动亦定，静亦定""体用一原"者也。

※ 注释

1 主静：语出周敦颐《周子全书·太极图说》"五性感动而善恶分，万事出矣。圣人定之以中正仁义而主静"。

※ 译文

你信中说："周敦颐先生说'主静'，程颐先生说'动亦定，静亦定'，先生说'定者心之本体'。这里的静和定，绝对不是不看不听不想不做的意思，一定是经常认知、经常存养、经常遵循天理。经常认知、经常存养、经常遵循天理，明明是动的，是已经发动的状态，怎么能说是静呢？怎么能说是本体呢？难道是静和定又贯穿到心的动和静之中了吗？"

天理是不动的。经常认知、经常存养、经常遵循天理，就是不看不听、不思不做的意思。不看不听、不思不做，并非形同槁木、心如死灰。看、听、思、做与天理合为一体，而不曾有其他的看、听、思、做，这就是动又不曾动。程颢先生所说的"动亦定，静亦定"，是指"本体和作用是一体"的。

二九

※ 原文

来书云："此心未发之体，其在已发之前乎？其在已发之中而为之主乎，其无前后内外而浑然之体者乎？今谓心之动静者，其主有事无事而言乎？其主寂然，感通而言乎？其主循理，从欲而言乎？若以循理为静，从欲为动，则于所谓动中有静，静中有动[1]，动极而静，静极而动[2]者，不可通矣。若以有事而感通为动，无事而寂然为静，则于所谓动而无动，静而无静者，不可通矣。若谓未发在已发之先，静而生动，是至诚有息也，圣人有复[3]也，又不可矣。若谓未发在已发之中，则不知未发已发俱当主静乎，抑未发为静，而已发为动乎，抑未发已发俱无动无静乎？俱有动有静乎？幸教。"

"未发之中"即良知也，无前后内外而浑然一体者也。有事无事可以言动静，而良知无分于有事无事也。寂然感通可以言动静，而良知无分于寂然感通也。动静者所遇之时，心之本体固无分于动静也。理无动者也，动即为欲。循理则虽酬酢万变而未尝动也；从欲则虽槁心一念，而未尝静也。"动中有静，静中有动"，又何疑乎？有事而感通固可以言动，然而寂然者未尝有增也。无事而寂然固可以言静，然而感通者未尝有减也。"动而无动，静而无静"，又何疑乎？无前后内外而浑然一体，则至诚有息之疑不待解矣。"未发"在"已发"之中，而"已发"之中未尝别有"未发"者在；"已发"在"未发"之中，而"未发"之中未尝别有"已发"者存。是未尝无动静，而不可以动静分者也。

凡观古人言语，在以意逆志而得其大旨，若必拘滞于文义，则"靡有孑遗"者[4]，是周果无遗民也。周子"静极而动"之说，苟不善观，亦未免有病。盖其意从"太极动而生阳，静而生阴"说来。太极生生之理，妙用无息，而常体不易。太极之生生即阴阳之生生，就其生生之中，指其妙用无息者而谓之动，谓之阳之生，非谓动而后生阳也；就其生生之中，指其常体不易者而谓之静，谓之阴之生，非谓静而后生阴也。若果静而后生阴，动而后生阳，则是阴阳动静截然各自为一物矣。阴阳一气也，一气屈伸而为阴阳；动静一理也，一理隐显而为动静。春夏可以为阳为动，而未尝无阴与静也。秋冬可以为阴为静，而未尝无阳与动也。春夏此不息，秋冬此不息，皆可谓之阳，谓之动也。春夏此常体，秋冬此常体，皆可谓之阴，谓之静也。自元会运世[5]岁月日时，以至刻杪忽微，莫不皆然。所谓"动静无端，阴阳无始"，在知道者默而识之，非可以言语穷也。若只牵文泥句，比拟仿像，则所谓心从《法华》转，非是转《法华》[6]矣。

※ 注释

1 动中有静，静中有动：语出《河南程氏遗书》"静中便有动，动中自有静"。2 动极而静，静极而动：语出周敦颐《太极图说》"太极动而生阳，动极而静；静而生阴，静极而动"。3 圣人有复：语出周敦颐《通书》"性焉安焉之谓圣，复焉执焉之谓贤”。在周敦颐看来，圣人以德为性，一生安于德不存在复德的问题，因此“圣人有复”是讲不通的。4 “以意逆志”三句：语出《孟子·万章上》“故说《诗》者，不以文害辞，不以辞害志。以意逆志，是为得之。如以辞而已矣，《云汉》之诗曰：‘周馀黎民，靡有孑遗。’信斯言也，是周无遗民也”。以意逆志，意为用自己的心思去猜测他人的心思。《云汉》，《诗经·大雅》的篇名。5 元、会、运、世：一世三十年，一运十二世，一会三十运，一元十二会。6 “心从《法华》转”两句：意为迷者拘泥于《法华经》的文句，悟者则能支配运用《法华经》的文句。语出《六祖法宝坛经·机缘品》。

※ 译文

你信中说：“人心未发的本体，是在已发之前呢，还是在已发之中并主宰着已发呢，或者是未发、已发不分先后、内外而浑然一体呢？现在说的心的动、静，主要是从有事无事来说的？还是从寂然不动、感应相通上来说的呢？抑或是从遵循天理、顺从欲望上来说的呢？如果认为是遵循天理的静止，顺从欲望的流动，那么对于所谓的‘动中有静，静中有动’，‘动极而静，静极而动’，就说不通了。如果有事感应相通为运动，无事寂然不动为静止，那么对于所谓的动而无动，静而无静，就说不通了。如果说未发在已发之前，静而产生动，便是至诚有息了，圣人可以恢复德性了，这样说也不对。如果说未发在已发之中，那么不知道未发、已发都主宰静呢？还是未发主静，而已发主动呢？或者是未发、已发都是无动无静、有动有静呢？请先生指教。

未发之中就是良知，没有前后、内外之分而是浑然一体的。有事、无事可以用动、静来说，而良知不能分有事无事。寂然不动、感应相通可以说动、静，而良知没有寂然、感通之分。动、静是跟随时间变化的，心的本体原本就没有动、静之分。天理是静止不动的，如果动了就是私欲。遵循天理即使千变万化也不曾有动；顺从私欲即使心中只有一丝杂念也不是静。“动中有静，静中有动”，又有什么可以怀疑的呢？有事而感应相通固然可以说是动，但是寂然不动的不曾增加什么；无事而寂然不动固然可以说是静，但是感应相通的不曾减少什么。“动而无动，静而无静”，又有什么可以怀疑的吗？良知没有前后、内外之分而是浑然一体的，那么对于至诚有息的怀疑就不用再解释了。“未发”在“已发”之中，但“已发”之中不曾另有“未发”存在；“已发”在“未发”之中，但“未发”之中不曾另有个“已发”存在。这里不是没有动、静，而是不能用动、静来分罢了。

凡是看古人的言论，在于用心猜测古人的心思从而理解其主旨，如果一定要拘泥于文字意思，那么“靡有孑遗”就是周朝果真没有遗民的意思了。周敦颐先生的“静极而动”的学说，如果不善于观察，就不免会出差错。这是因为他的意思是从“太极动而生阳，静而生阴”上来说的。太极运动变化的道理，妙用无穷，而其本体是永恒不变的。太极的运动变化就是阴阳的运动变化，在其运动变化中，就其妙用无穷而言就是动，就是阳的产生，并非运动之后才产生阳的；在其运动变化之中，就其本体永恒不变而言就是静，就是阴的产生，并非静止之后才产生阴的。如果果真是静止之后才产生阴的，运动之后才产生阳的，那么阴阳、动静就是截然不同的事物。阴阳是一种气，这种气的伸缩产生阴阳；动静是一个理，这一理的隐藏显现就是动静。春夏可以说是阳和动，但也未尝没有阴与静；秋冬可以说是阴与静，但也未尝没有阳与动。春夏秋冬变化无穷，都可以说是阳和动。春夏秋冬的本体永恒不变，都可以称作阴与静。从元、会、运、世、岁、月、日、时，一直到刻、秒、忽、微，无不是这样。所谓的动静没有开端，阴阳没有起始，对于明白天理的人来说可以默默体会，并非言语所能表达完整的。如果只拘泥于文字意思，比拟模仿，那么就是所谓“心跟随着《法华经》转，而不是《法华经》跟随着心转”了。

三〇

※ 原文

来书云：“尝试于心，喜怒忧惧之感发也，虽动气之极，而吾心良知一觉，即罔然消阻，或遏于初，或制于中，或悔于后。然则良知常若居优闲无事之地而为之主，于喜怒忧惧若不与焉者，何欤？”

知此，则知“未发之中”，“寂然不动”之体，而有发而中节之和，感而遂通之妙矣。然谓“良知常若居于优闲无事之地”，语尚有病。盖良知虽不滞于喜怒忧惧，而喜怒忧惧亦不外于良知也。

※ 译文

你信中说：“我曾经在心中尝试过，喜怒忧惧的感情发生时，即使特别生气，但是只要我们心中良心发现，就会慢慢缓和消解，或者把它遏止在最初发生时，或者在发作的过程中制止，或者在发生后才悔悟。但是良知好像经常在悠闲无事的地方主宰着人的感情，与喜怒忧惧好像没有任何关系，这是为什么？”

你明白这一点，就能认识“未发之中”“寂然不动”的本体了，就能体悟到所发而中节之和感应相通的奇妙了。但是说“良知经常在悠闲无事的地方”，这话有毛病。良知虽然不会滞留于喜怒忧惧的感情之中，但喜怒忧惧也不会存在于良知之外。

三一

※ 原文

来书云："夫子昨以良知为照心。窃谓良知，心之本体也；照心，人所用功，乃戒慎恐惧[1]之心也，犹思也，而遂以戒慎恐惧为良知，何欤？"

能戒慎恐惧者，是良知也。

※ 注释

1 戒慎恐惧：语出《中庸》。

※ 译文

你来信说："先生昨天讲良知就是照心。我私下里认为良知是心的本体；照心是人所用的功夫，就是在别人看不到、听不到的地方也不忘时时检点、警戒自己的心，就好比是思想，而先生却把戒慎恐惧当作良知，这是为什么？"

能让人戒慎恐惧就是良知。

三二

※ 原文

来书云："先生又曰：'照心非动也'，岂以其循理而谓之静欤？'妄心亦照也'，岂以其良知未尝不在于其中，未尝不明于其中，而视听言动之不过则者，皆天理欤？且既曰妄心，则在妄心可谓之照，而在照心则谓之妄矣。妄与息何异？今假妄之照，以续至诚之无息，窃所未明，幸再启蒙。"

"照心非动"者，以其发于本体明觉之自然，而未尝有所动也；有所动即妄矣。"妄心亦照"者，以其本体明觉之自然者，未尝不在于其中，但有所动耳；无所动即照矣。无妄无照，非以妄为照，以照为妄也。照心为照，妄心为妄，是犹有妄有照也。有妄有照则犹二也，二则息矣。无妄、无照则不二，不二则不息矣。

※ 译文

你信中说："先生又说：'照心非动也'，难道是因为它遵循天理而说它的静的吗？'妄心亦照也'，难道是因为良知未尝不在妄心中，未尝不在妄心中明照，而人的视听言动能够不违背原则的，都是天理吗？既然说妄心，那么良知对于妄心来说就是照，而对于照心来说就是妄了。妄与息有什么不同？现在把妄心之照与至诚无息联系起来，我还是不明白，请先生再启发我一下。"

"照心非动"，是由于它发自心的本体天然的明觉，而不曾有动；有所动就是妄了。“妄心亦照”，是由于本体天然明觉未尝不在妄心之中，只是有所动罢了；无所动就是照了。说“无妄无照”，并非把妄心当作照心，把照心当作妄心。把照心当作照，把妄心当作妄，是仍然认为有妄心和照心相对存在。认为有妄有照，就是把妄心和照心视做两个心，一心分为两那么良知就停息了。认为无妄无照就是把心视做一个统一的整体，这样就不存在良知停息的情况了。

三三

※ 原文

来书云：“养生以清心寡欲为要。夫清心寡欲，作圣之功毕矣。然欲寡则心自清。清心非舍弃人事而独居求静之谓也。盖欲使此心纯乎天理而无一毫人欲之私耳。今欲为此之功，而随人欲生而克之，则病根常在，未免灭于东而生于西。若欲刊剥洗荡于众欲未萌之先，则又无所用其力，徒使此心之不清，且欲未萌而搜剔以求去之，是犹引犬上堂而逐之[1]也，愈不可矣。”

必欲此心纯乎天理，而无一毫人欲之私，此作圣之功也。必欲此心纯乎天理，而无一毫人欲之私，非防于未萌之先而克于方萌之际不能也。防于未萌之先而克于方萌之际，此正《中庸》“戒慎恐惧”，《大学》“致知格物”之功，舍此之外无别功矣。夫谓“灭于东而生于西”“引犬上堂而逐之”者，是自私自利，将迎意必[2]之为累，而非克治洗荡之为患也。今曰“养生以清心寡欲为要”，只“养生”二字便是自私自利、将迎意必之根。有此病根潜伏于中，宜其有“灭于东而生于西”“引犬上堂而逐之”患也。

※ 注释

1 “引犬”句：语出《河南程氏遗书》卷二。2 将迎意必：将迎，送迎，意为有意安排，是以私心处事。语出《庄子·知北游》“无有所将，无有所迎”。意必，语出《论语·子罕》“子绝四：毋意，毋必，毋固，毋我”。意，主观臆断。必，绝对肯定。

※ 译文

你信中说：“养生最关键的就是清心寡欲。能做到清心寡欲，那么做圣人的功夫就算完成了。然而私欲少了那么心自然会清静。使心体清静并非是舍弃人事而隐居山林以此来求得清静。而是要使本心纯粹为天理，没有丝毫的私欲夹杂在其中。现在要想在这方面下功夫，就必须随时克制私欲，但如果病根不除，那么难免这边的克制了而那边又生出来。如果想在各种私欲萌芽之前就把它们清除干净，那么又不知道从何处用功，徒劳地只能使自己的心不清静，况且在私欲未萌芽时就到处搜寻它并清除它，就好比把狗带到屋子里再把它赶出去一样，更加不可以了。”

一定要使心体纯粹为天理而没有一丝一毫的私欲存在，这是成为圣人的功夫。想做到这一点，就要在私欲产生之前多加防范，并在私欲萌芽时克制它。在私欲产生前防范并克制它于萌芽状态，这正是《中庸》里的“戒慎恐惧”，《大学》中的“格物致知”的功夫，除此之外，没有别的什么功夫。你说的“克制了这边的私欲而那边的又生出来了”“把狗带进屋子里再把它赶出去”的情况，是自私自利、刻意追求造成的恶果，而不是克制荡涤私欲本身的问题。现在你说“养生的关键是清心寡欲”，养生两个字就是自私自利、刻意追求的病根。有这一病根潜伏在心中，就容易产生“灭于东而生于西”“引犬上堂而逐之”的弊端。

三四

※ 原文

来书云：“佛氏于‘不思善、不思恶时，认本来面目’[1]，于吾儒‘随物而格’之功不同。吾若于不思善不思恶时用致知之功，则已涉于思善矣。欲善恶不思而心之良知清静自在，惟有寐而方醒之时耳，斯正孟子‘夜气’之说。但于斯光景不能久，倏忽之际思虑已生。不知用功久者，其常寐初醒而思未起之时否乎？今澄欲求宁静，愈不宁静，欲念无生，则念愈生。如之何而能使此心前念易灭，后念不生，良知独显而与造物者游乎[2]？”

“不思善不思恶时认本来面目”，此佛氏为未识本来面目者设此方便。本来面目即吾圣门所谓良知，今既认得良知明白，即已不消如此说矣。“随物而格”，是致知之功，即佛氏之“常惺惺”[3]，亦是常存他本来面目耳，体段功夫大略相似，但佛氏有个自私自利之心，所以便有不同耳。今欲善恶不思而心之良知清静自在，此便有自私自利、将迎意必之心，所以有不思善、不思恶时用致知之功，则已涉于思善之患。孟子说夜气，亦只是为失其良心之人指出个良心萌动处，使他从此培养将去。今已知得良知明白，常用致知之功，即已不消说“夜气”，却是得兔后不知守兔而仍去守株，兔将复失之矣。欲求宁静，欲念无生，此正是自私自利、将迎意必之病，是以念愈生而愈不宁静。良知只是一个良知，而善恶自辨，更有何善何恶可思？良知之体本自宁静，今却又添一个求宁静；本自生生，今却又添一个欲无生，非独圣门致知之功不如此，虽佛氏之学亦未如此将迎意必也。只是一念良知，彻头彻尾，无始无终，即是前念不灭，后念不生。今却欲前念易灭，而后念不生，是佛氏所谓断灭种性[4]，入于槁木死灰之谓矣。

※ 注释

1 “不思善”一句：意为不有意趋善，也不有意避恶，在心态平和自然的状态下体认心的本体。语出《六祖法宝坛经·行由品》。2 与造物者游：意为与天理大道默契相合。语出《庄子·天下》。3 常惺惺：禅语，意为经常保持清醒状态。4 断灭种性：佛家语，意为心灵处于死寂状态。语出玄奘《成唯识论》卷五。

※ 译文

你信中说：“佛家的主张在‘不思善不思恶时认识本来面目’，同我们儒家‘依据事物的具体情况不同去推究事物的格物’功夫不一样。我如果在不思善不思恶时下致知的功夫，那么就已经是在思善了。要想不思善恶而心中的良知处于清静自在的状态，只有睡觉刚醒时可以，这正是孟子所说的‘夜气’。但是这个光景不能持续太长久，只在瞬息之间，思虑就产生了。不知道用功时间长的人，是否经常像睡觉刚醒、思虑没有产生时那样呢？现在我想澄清私欲求得宁静，却越发宁静不下来，想使心中不生杂念，杂念却生得厉害。如何才能使心中前念易灭，后念不生，良知独立显现并且与天理大道默契相合呢？”

“不思善不思恶时认识本来面目”，这是佛家为那些不曾认识本来面目的人而设的方便。本来面目就是我们圣学中所说的良知，现在既然认识了良知，那么也就不需要这样说了。“依据事物的具体情况去研究事理”，是致知的功夫，也就是佛教中的“经常保持清醒的状态”的禅语，也是经常存养他的本来面目。儒佛两家的功夫大致相似。但是佛家有个自私自利的心，所以便和儒家有所不同。现在想不思善恶而保持心中良知清静自在，这就是有自私自利、刻意追求的心，所以才会有“不思善、不思恶时用致知之功，就是已经涉于思善的弊病。孟子说“夜气”，也只是为那些失去良知的人指明了良知产生的地方，使他们从这里去存养培育良知。现在已经清楚地认识了良知，经常用功致知，那么也就不需要说“夜气”了，不然就像得到兔子后不知道守住兔，而仍然去守住那个树桩，那么已经得到的兔也会重新跑掉，欲求宁静，欲念无生，这正是自私自利、刻意追求的弊病，所以才会私念生得更厉害心里更加不宁静。良知只有一个，能自然分辨善恶，哪还有什么善恶可想？良知的本体原本就是宁静的，现在又添了一个求宁静；良知的本体原本就是生生不息的，现在却又添上一个不生私欲，不单单圣学的致知功夫不是这样的，即使是佛教的学问也不是这样刻意追求。只要一心在良知上，彻头彻尾，无始无终，就是前念不灭，后念不生。现在你却想前念易灭，后念不生，这就是佛教所讲的断灭种性，即心灵处于死寂状态，人就会形同槁木、心如死灰。

三五

※ 原文

来书云："佛氏又有常提念头之说，其犹孟子所谓'必有事'、夫子所谓'致良知'之说乎？其即'常惺惺，常记得，常知得，常存得'者乎？于此念头提在之时，而事至物来，应之必有其道。但恐此念头提起时少，放下时多，则功夫间断耳。且念头放失，多因私欲客气[1]之动而始，忽然惊醒而后提，其放而未提之间，心之昏杂多不自觉，今欲日精日明，常提不放，以何道乎？只此常提不放即全功乎？抑于常提不放之中，更宜加省克之功乎？虽曰常提不放，而不加戒惧克治之功，恐私欲不去；若加戒惧克治之功焉，又为思善之事，而于本来面目又未达一间也。如之何则可？"

戒惧克治即是常提不放之功，即是必有事焉，岂有两事邪？此节所问，前一段已自说得分晓；末后却是自生迷惑，说得支离，及有"本来面目未达一间"之疑，都是自私自利、将迎意必之为病。去此病，自无此疑矣。

※ 注释

1 客气：宋儒把心作为人性的本体，把产生于血气的生理之性称为客气。

※ 译文

你信中说："佛家又有常提念头的说法，就像孟子所说的'必有事'，先生所说的'致良知'吗？也就是'常惺惺、常记得、常知得、常存得'吗？在提到这个念头时，各种事物发生，一定会有恰当的方法解决。但恐怕这个念头提起的时候少，而放下的时候增多了，那样的话功夫就中断了。况且念头的丧失，多是因为私欲客气的产生所造成的，要突然惊醒后才重新提起来，在放下而又未提之间，人心昏暗杂乱常常不能自己察觉，现在想要使念头日益精纯明亮，常提不放，有什么方法吗？只这一个常提不放就是全部功夫吗？抑或是在常提不放的功夫之间，还应该增加反省克制的功夫吗？虽然做到了常提不放，而不增加戒惧克制的功夫，恐怕私欲也清除不了；如果增加戒惧克制的功夫，又成了思善的事情了，而同本来面目又不一致了。到底怎样做才可以呢？"

戒惧克治就是常提不放的功夫，就是必有事焉，怎么会是两回事呢？你这封信中提到的问题，我前边已经说得十分清楚了；只是你自己后来又产生了困惑，说得支离破碎，才会有"本来面目难以一致"的疑惑，这都是自私自利、刻意追求所造成的弊端。清除这个弊端，就没有什么疑惑了。

三六

※ 原文

来书云："'质美者明得尽，渣滓便浑化。'[1]如何谓明得尽，如何而能便浑化？"

良知本来自明。气质不美者渣滓多，障蔽厚不易开明。质美者渣滓原少，无多障蔽，略加致知之功，此良知便自莹彻，些少渣滓如汤中浮雪，如何能作障蔽？此本不甚难晓，原静所以致疑于此，想是因一"明"字不明白，亦是稍有欲速之心。向曾面论明善之义，明则诚矣，非若后儒所谓明善之浅也。

※ 注释

1 "质美者"二句：意为本质美好的人善德尽显，缺点也都融化消失了。程颢语，出自《河南程氏遗书》卷十一。

※ 译文

你信中说："程颢先生说：'本质美好的人善德尽显，缺点也都融化消失了。'怎样叫善德尽显，怎样才能融化消失呢？"

良知原本就是自然光明的。气质差的人身上的毛病缺点很多，障碍遮蔽也就厚，良知不容易呈现出光明。气质好的人身上的毛病缺点就少，又没有太多的障碍和遮蔽，只要稍微下一点致知的功夫，他们的良知就能自然晶莹剔透，一点点的毛病就好比热汤中漂浮的雪花，怎么能构成障碍遮蔽呢？这本来不是太难理解，你之所以对此产生疑惑，想必是因为一个"明"字的意思不明白吧，也是你稍微有些心急。以前我曾和你当面讨论过明善的含义，明善就是诚身，而并非朱熹对明善所解释的那么肤浅。

三七

※ 原文

来书云："聪明睿智果质乎？仁义礼智果性乎？喜怒哀乐果情乎？私欲客气果一物乎？二物乎？古之英才若子房[1]、仲舒[2]、叔度[3]、孔明、文中[4]、韩、范[5]诸公，德业表著，皆良知中所发也，而不得谓之闻道者，果何在乎？苟曰此特生质之美耳，则生知安行者不愈于学知困勉者乎？愚意窃云，谓诸公见道偏则可，谓全无闻，则恐后儒崇尚记诵训诂之过也。然乎否乎？"

性一而已。仁义礼知，性之性也；聪明睿知，性之质也；喜怒哀乐，性之情也。私欲客气，性之蔽也。质有清浊，故情有过不及，而蔽有浅深也。私欲客气，一病两痛，非二物也。张黄诸葛及韩范诸公，皆天质之美，自多暗合道妙。虽未可尽谓之知学，尽谓之闻道，然亦自其有学，违道不远者也。使其闻学知道，即伊[6]傅[7]周召[8]矣。

若文中子则又不可谓之不知学者，其书虽多出于其徒，亦多有未是处，然其大略则亦居然可见。但今相去辽远，无有的然凭证，不可悬断其所至矣。

夫良知即是道。良知之在人心，不但圣贤，虽常人亦无不如此，若无有物欲牵蔽，但循着真知发用流行将去，即无不是道；但在常人多为物欲牵蔽，不能循得良知。如数公者，天质既自清明，自少物欲为之牵蔽，则其良知之发用流行处，自然是多，自然违道不远。学者学循此良知而已。谓之知学，只是知得专在学循良知。数公虽未知专在良知上用功，而或泛滥于多岐，疑迷于影响，是以或离或合而未纯；若知得时，便是圣人矣。后儒尝以数子者尚皆是气质用事，未免于行不著，习不察，此亦未为过论。但后儒之所谓著察者，亦是狃于闻见之狭，蔽于沿习之非，而依拟仿像于影响形迹之间，尚非圣门之所谓著察者也。则亦安得以己之昏昏，而求人之昭昭也乎？所谓生知安行，“知、行”二字亦是就用功上说。若是知行本体，即是良知良能，虽在困勉之人，亦皆可谓之生知安行矣。知行二字，更宜精察。

※ 注释

1 子房：张良，字子房，传为城父（今安徽省亳州东南）人。汉初三杰之一，刘邦的重要谋士，辅佐刘邦得天下，被封为留侯。2 仲舒：董仲舒，今河北省枣强人。西汉哲学家，今文经学大师，提出“罢黜百家，独尊儒术”的观点，被汉武帝采纳，对后世影响极大。3 叔度：黄宪，字叔度，东汉汝南慎阳（今河南平舆县）人。自幼家贫，德行彪炳当世，有颜回之称，终生不仕。4 文中：王通，字仲淹，门人私谥曰“文中子”，绛州龙门（今山西河津）人。隋朝哲学家，主张儒、释、道三教合一，以儒为主。5 韩、范：韩琦，字雅圭，相州安阳（今属河南）人。北宋名臣。范仲淹，字希文，苏州吴县人，宋真宗大中祥符进士，官至枢密副使、参知政事，北宋政治家、文学家。韩琦、范仲淹出将入相，共保北宋太平，世称韩、范。6 伊：伊尹，商初重臣，出身奴隶，辅佐商汤灭夏。7 傅：傅说，商王武丁时贤相，传说原为傅岩地方从事建筑的奴隶。8 召：召公，文王的儿子。因封地在召，故称召公。与周公共同辅佐成王。

※ 译文

你信中说：“聪明睿智果真是人固有的气质吗？仁义礼智果真是人的本性吗？喜怒哀乐果真是人固有的性情吗？私欲与客气果真是一件事，还是两件事？古代的英才像张良、董仲舒、黄宪、诸葛亮、王通、韩琦、范仲淹等人，品德功勋卓著，都是从他们的良知中生发出来的，而又不能说他们是知道圣道的人，这是为何？假如说他们的资质天生就好，那么生知安行的人难道还不如学知利行困知勉行的人吗？我私下里认为，说他们对道的认识有点片面还可以，如果说他们完全不认识道，那么恐怕是后世儒生崇尚背诵训诂所形成的偏见。这样说对吗？”

人性只有一个。仁义礼智是人性的本质；聪明睿智是人性的禀赋；喜怒哀乐是人性的情感。私欲客气是人性的遮蔽。本质有清浊之分，所以感情有过分和不足之分，而遮蔽有深浅之分。私欲客气是一种病生发的两种痛苦，并非两件事情。张良、黄宪、诸葛亮、韩琦、范仲淹等人，都是天生资质美好，自然与道的许多地方都巧妙暗合，虽然不能说他们完全知晓圣学，完全明白圣道，然而他们的学问才智离圣道已经不远了。假使他们完全通晓圣道，那他们就成了伊尹、傅说、周公、召公了。至于王通，则又不能说他不明白圣学，他是书虽然多出自学生之手，其中也有很多错误，但是他的学问的大致轮廓还是显而易见的。但现在年代相去甚远，没有真凭实据，所以不能凭空臆断他的学问和圣道相差多远。

良知就是圣道。良知自在人的心中，不论圣贤还是平常人都是这样，如果没有物欲的牵累蒙蔽，只要遵循这良知并将其发扬光大、流传开来，都是圣道；但是平常人往往被物欲牵累蒙蔽，以至于不能遵循良知。像上面提到的几个人，天生资质清纯明亮，也很少被物欲牵累蒙蔽，所以他们的良知发扬流传的就非常多，离圣道自然很近。学者就是要学习遵循这个良知罢了。所谓知学，只是要明白专门在学习遵循良知上用功。他们几个人虽然不知道专门在学习遵循良知上用功，有的还兴趣广泛，受到别的东西影响或迷惑，所以他们和道若即若离，而没有达到纯粹的境界；如果他们知道了这一点，就是圣人了。后世儒生曾经以为他们几个尚且凭借天资成就事业，这未免是不知其然，更不知其所以然，这样评价他们一点都不过分。但是后世儒生所说的著察，是因为拘泥于狭隘的见闻，受到旧时习惯的蒙蔽，从而模拟仿照圣人的影响和事迹，并非圣学中所说的著察。那么又如何以自己的昏迷糊涂，求得别人明白呢？所谓生知安行，“知、行”二字，也是从用功上来说的。至于知行的本体，其实就是良知良能，即使是困知勉行的人，也都可以说是生知安行。对知行二字更应该精心体察。

三八

※ 原文

来书云：“昔周茂叔每令伯淳寻仲尼、颜子乐处。敢问是乐也，与七情之乐同乎否乎？若同，则常人之一遂所欲，皆能乐矣，何必圣贤？若别有真乐，则圣贤之遇大忧、大怒、大惊、大惧之事，此乐亦在否乎？且君子之心常存戒惧，是盖终身之忧也[1]，恶得乐？澄平生多闷，未尝见真乐之趣。今切愿寻之。”

乐是心之本体，虽不同于七情之乐，而亦不外于七情之乐。虽则圣贤别有真乐，而亦常人之所同有。但常人有之而不自知，反自求许多忧苦，自加迷弃。虽在忧苦迷弃之中，而此乐又未尝不存。但一念开明，反身而诚[2]，则即此而在矣。每与原静论，无非此意，而原静尚有何道可得之问，是犹未免于骑驴觅驴之蔽也。

※ 注释

1 是盖终身之忧也：语出《孟子·离娄下》“是故君子有终身之忧，无一朝之患也”。2 反身而诚：语出《孟子·尽心上》“孟子曰：‘万物皆备于我矣。反身而诚，乐莫大焉。强恕而行，求仁莫近焉’”。

※ 译文

你信中说：“以前周敦颐先生经常让程颢寻找孔子和颜回快乐的地方。我想问一下这里的快乐和七情中的快乐是否相同？如果相同，那么平常人一旦满足了自己的欲望，就都能快乐，又何必做圣贤呢？如果另外还有什么真乐，那么圣贤遇到大忧、大怒、大惊、大惧的事情，这些快乐还存在吗？况且君子心中常存戒惧，这是终生的忧虑，怎么能快乐呢？我平日里有很多烦恼，不曾体会到真正的乐趣，现在真切地想找到这种真乐。”

快乐是心的本体，虽然和七情之乐不相同，然而也不外乎于七情之乐。虽然圣贤另有真正的快乐，然而也是平常人所共同拥有的。只是平常人自己不知道，反而自寻很多忧愁苦恼，自己在迷惘中丢弃了真正的快乐。虽然在忧苦迷惘中丢弃，但真正的快乐依旧存在。只要一念开明，回过头来求得自身的虔诚，那么就能感到这种快乐。我每次和你谈论都是这个意思，而你还问有什么办法找到快乐，这就难免有骑驴找驴的问题了。

三九

※ 原文

来书云：“《大学》以心有好乐忿懥忧患恐惧，为不得其正，而程子亦谓，‘圣人情顺万事而无情[1]’。所谓有者，《传习录》中以病疟譬之，极精切矣。若程子之言则是圣人之情不生于心而生于物也，何谓耶？且事感而情应，则是是非非可以就格。事或未感时，谓之有，则未形也；谓之无，则病根在。有无之间，何以致吾知乎？学务无情，累虽轻而出儒入佛矣，可乎？”

圣人致知之功，至诚无息，其良知之体，皦如明镜，略无纤翳。妍媸之来，随物见形，而明镜曾无留染，所谓“情顺万事而无情”也。“无所住而生其心”[2]，佛氏曾有是言，未为非也。明镜之应物，妍者妍，媸者媸，一照而皆真，即是生其心处。妍者妍，媸者嫌，一过而不留，即是无所住处。病疟之喻，既已见其精切，则此节所问可以释然。病疟之人，疟虽未发，而病根自在，则亦安可以其疟之未发而遂忘其服药调理之功乎？若必待疟发而后服药调理，则既晚矣。致知之功，无间于有事无事，而岂论于病之已发未发邪？大抵原静所疑，前后虽若不一，然皆起于自私自利、将迎意必之为祟。此根一去，则前后所疑，自将冰消雾释，有不待于问辨者矣。

※ 注释

1 圣人情顺万事而无情：意为圣人的情感顺应事物而生发，当喜则喜，当怒则怒，不以自己的主观意志为转移。语出《河南程氏文集·答横渠张子厚先生书》。

2 无所住而生其心：意为不执着，让心境处于自然的状态。语出《金刚经》。

※ 译文

你信中说："《大学》中以心有好乐愤怒忧患恐惧，为不得其正，而程颢先生又说：'圣人情顺万事而无情'。所谓有情，《传习录》中用疟疾来比喻，极其精辟。至于程颢先生所说的这句话，则是圣人的情感不产生于心而产生于事物，这是为什么？况且如果感觉到了事物而产生了相应的感情，那么其中的是是非非就可以格去。如果没有感觉到事物，说它有情吧，但情没有显现；说没有情吧，那么情又像病根一样潜在。说有却无，说无却有，这怎么能致知呢？学习务必要做到无情，这样牵累虽然少了，却又从儒家滑落入佛教的泥潭，这样可以吗？"

圣人致知的功夫，就是至诚不息，圣人良知的本体，皎洁得像明亮的镜子一样，没有一丝一毫的纤尘沾染。美丑随时都可以在镜子中现出原形，而明镜却不受丝毫污染，这就是所谓的"情顺万事而无情"。"无所住而生其心"，佛家曾经这样说并没有错。明镜照物，美就是美，丑就是丑，一照就知道真相，这就是生其心的地方。美就是美，丑就是丑，照过后镜子里什么也不会留下，这就是无所住。你既然认为用疟疾来比喻极为精辟，那么这里的问题就迎刃而解了。得了疟疾的人，即使没有发病，然而只要病根存在，怎么能因为没有发病，就忘记吃药调理的功夫呢？如果一定要等到疟疾复发后再吃药调理，那么就晚了。致知的功夫，不存在有事无事之分，哪里管病是否发作呢？大概你的疑问，虽然前后不一，但都起源于自私自利、刻意追求这一弊端。如果除掉这一弊端，那么你前后的疑惑，自然能冰消云散，用不着再去问辩了。

四〇

※ 原文

答原静书出，读者皆喜澄善问，师善答，皆得闻所未闻。师曰："原静所问，只是知解上转，不得已与之逐节分疏。若信得良知，只在良知上用功，虽千经万典，无不吻合。异端曲学，一勘尽破矣。何必如此节节分解？佛家有‘扑人逐块’之喻。见块扑人，则得人矣，见块逐块，于块奚得哉？”在座诸友闻之，惕然皆有惺悟。此学贵反求，非知解可人也。

※ 译文

回复陆原静的信公开后，读了它的人都很高兴，认为陆澄善于提问，先生善于解答，都得到了过去没有听说过的东西。先生说：“原静所问的，只是在认知上纠缠，我不得已只好跟他分段解释。如果真的知道良知，只在良知上下功夫，即使是千经万典，没有不吻合的。异端邪说，一触尽破。何必要这样一节节分开解释呢？佛学中有“狗不咬人而追逐石块”的比喻。看到石块去扑人，才能咬住人，见到石块追逐石块，在石块上能得到什么呢？”在座的同学们听了，都惕然若有所悟。先生的学问贵在反省内求，并非可以从认知上获得。

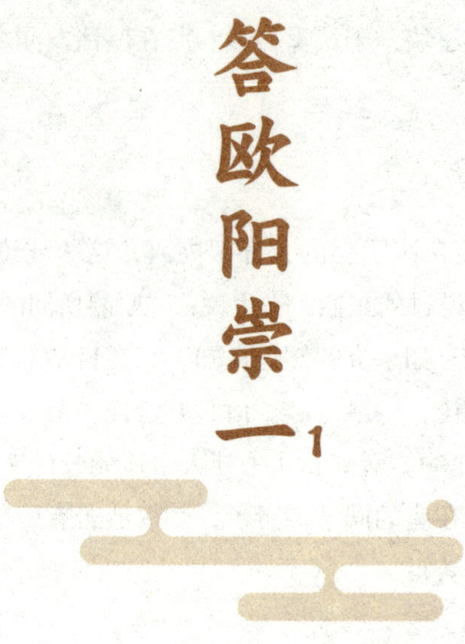

答欧阳崇一[1]

四一

※ 原文

崇一来书云："师云：'德性之良知，非由于闻见。若曰多闻择其善者而从之，多见而识之，则是专求之见闻之末，而已落在第二义。'窃意良知虽不由见闻而有，然学者之知，未尝不由见闻而发。滞于见闻固非，而见闻亦良知之用也。今曰落在第二义，恐为专以见闻为学者而言。若致其良知而求之见闻，似亦知行合一之功矣。如何？"

良知不由见闻而有，而见闻莫非良知之用。故良知不滞于见闻，而亦不离于见闻。孔子云："吾有知乎哉？无知也。"[2]良知之外别无知矣。故致良知是学问大头脑，是圣人教人第一义。今云专求之见闻之末，则是失却头脑，而已落在第二义矣。近时同志中盖已莫不知有致良知之说，然其功夫尚多鹘突者，正是欠此一问。

大抵学问功夫只要主意头脑是当。若主意头脑专以致良知为事，则凡多闻多见，莫非致良知之功。盖日用之间，见闻酬酢，虽千头万绪，莫非良知之发用流行；除却见闻酬酢，亦无良知可致矣，故只是一事。若曰致其良知而求之见闻，则语意之间未免为二。此与专求见闻之末者虽稍不同，其为未得精一之旨，则一而已。"多闻择其善者而从之，多见而识之。"既云择，又云识，其良知亦未尝不行于其间，但其用意乃专在多闻多见上去择、识，则已失却头脑矣。崇一于此等处见得当已分晓，今日之问正为发明此学，于同志中极有益。但语意未莹，则毫厘千里，亦不容不精察之也。

※ 注释

1 崇一：欧阳德（公元 1495—1554 年），字崇一，号南野，江西泰和人。王阳明的弟子，进士，官至礼部尚书。2 吾有知乎哉？无知也：语出《论语·子罕》“吾有知乎哉？无知也。有鄙夫问于我，空空如也，我叩其两端而竭焉”。

※ 译文

欧阳崇一来信说：“先生说：‘德性之良知，非由于闻见。若曰多闻择其善者而从之，多见而识之，则是专求之见闻之末，而已落在第二义。’我个人认为良知虽然不是由见闻而产生的，然而学者的知识，未尝不是从见闻中产生的。停滞在见闻上固然不对，但是见闻也是良知的具体实践。现在先生说见闻应放在第二位，恐怕是针对那些专门把见闻当作学问的人来说的。如果为了致良知而在见闻上探求，似乎也是知行合一的功夫。这样说对吗？”

良知不是由见闻上发出来的，而见闻都是良知的运用。所以良知不停滞在见闻上，但也与见闻密不可分。孔子说：“我有知识吗？没有。”良知之外没有别的什么知识了。所以致良知是学问的关键，这是圣人教育人最重要的东西。现在说专门探求见闻的细枝末节，那么就失去了关键的东西，把良知落到了次要位置上。近些日子以来，同志们都已经知道了致良知的学说，但是他们的功夫中还有很多粗糙糊涂的地方，正是欠缺你这一问。

一般说来，做学问的功夫必须把握住最关键的地方。如果专门把致良知看作是最关键的事情，那么凡是见多识广就是致良知的功夫。日常生活中，见闻应酬虽然头绪繁多，但都是良知的发挥运用流传；除掉见闻应酬，也就没有良知可以致了，所以这两者也只是一件事。如果说致良知要从见闻上求得，那么话语之间难免把良知和见闻分成了两件事。这与专门探求见闻的细枝末节虽然有所区别，然而从它们没有领会精一的宗旨上来看则是一样的。“多闻择其善者而从之，多见而识之”，既然说到择，又说到识，可见良知已经在中间发挥作用了；然而其用意还是在多闻多见上去选择认识，那么就失去了最关键的东西。你对这些问题认识得已经十分清楚，今天这一问正是为了阐明致良知的学说，这对于同学都有很大益处。只是语意表达还不太透彻，可能会出现差之毫厘、谬以千里的情况，所以不得不精心体察。

四二

※ 原文

来书云："师云：'《系》言何思何虑，是言所思所虑只是天理，更无别思别虑耳，非谓无思无虑也。心之本体即是天理，有何可思虑得？学者用功，虽千思万虑，只是要复他本体。不是以私意去安排思索出来。若安排思索，便是自私用智矣。'学者之蔽，大率非沉空守寂，则安排思索。德辛壬之岁，著前一病，近又著后一病。但思索亦是良知发用，其与私意安排者何所取别？恐认贼作子，惑而不知也。"

"思曰睿，睿作圣。"[1]"心之官则思，思则得之。"[2]思其可少乎？沉空守寂与安排思索，正是自私用智，其为丧失良知一也。良知是天理之昭明灵觉处，故良知即是天理，思是良知之发用。若是良知发用之思，则所思莫非天理矣。良知发用之思，自然明白简易，良知亦自能知得。若是私意安排之思，自是纷纭劳扰，良知亦自会分别得。盖思之是非邪正，良知无有不自知者。所以认贼作子，正为致知之学不明，不知在良知上体认之耳。

※ 注释

1 思曰睿，睿作圣：意为思维要深远通达，身远通达就达到了圣人的境界。语出《尚书·洪范》。2 心之官则思，思则得之：语出《孟子·告子上》"心之官则思，思则得之，不思则不得也"。意为心的功能是思考，思考就能体认天道和人性，不思考则难以认识天理。

※ 译文

你信中说："先生说：'《系辞》中说的何思何虑，是说所思所虑只有天理，再没有别的思虑了，并非说无思无虑。心的本体就是天理，又有什么可以思虑的？学者下功夫，即使千思万虑，也只是要恢复他的本体。不是以私意来安排、思索出天理来的。如果安排思索，就是自私用智。'学者的弊病，大多不是空守沉寂，就是安排思索。我在辛巳到壬午年间，犯前一个毛病，近来又犯后一个毛病。但是思索也是良知的发挥运用，它与凭私意安排有什么区别呢？恐怕我认了贼做儿子，还迷惑不知道呢。"

"思曰睿，睿作圣。""心之官则思，思则得之。"思考岂能缺少？空守沉寂与安排思索，正是为私欲用智，这也是丧失良知。良知是天理昭然灵觉之所在，所以良知就是天理，思索是良知的发挥运用。如果是良知发挥运用的思索，那么所思索的就都是天理。良知发挥运用的思索，自然明白简单，良知也自然能认识。如果是私意安排的思索，自然思绪万千，纷纭繁扰，但良知也自然能分辨。大凡思索的是非好坏，良知没有不知道的。之所以会出现认贼做子的情况，正是由于致良知的学问没有弄明白，不知道在良知上体察认知罢了。

四三

※ 原文

来书又云："师云：'为学终身只是一事，不论有事无事，只是这一件。若说宁不了事，不可不加培养，却是分为两事也。'窃意觉精力衰弱，不足以终事者，良知也。宁不了事，且加休养，致知也。如何却为两事？若事变之来，有事势不容不了，而精力虽衰，稍鼓舞亦能支持，则持志以帅气可矣[1]。然言动终无气力，毕事则困惫已甚，不几于暴其气已乎？此其轻重缓急，良知固未尝不知，然或迫于事势，安能顾精力？或困于精力，安能顾事势？如之何则可？"

"宁不了事，不可不加培养"之意，且与初学如此说亦不为无益。但作两事看了，便有病痛在。孟子言"必有事焉"，则君子之学，终身只是集义一事。义者宜也。心得其宜之谓义。能致良知则心得其宜矣。故集义亦只是致良知。君子之酬酢万变，当行则行，当止则止，当生则生，当死则死。斟酌调停，无非是致其良知，以求自慊而已。故"君子素其位而行"，"思不出其位"。凡谋其力之所不及，而强其知之所不能者，皆不得为致良知。而凡"劳其筋骨，饿其体肤，空乏其身，行拂乱其所为，动心忍性以增益其所不能"者，皆所以致其良知也。若云"宁不了事，不可不加培养"者，亦是先有功利之心，计较成败利钝而爱憎取舍于其间，是以将了事自作一事。而培养又别作一事。此便有是内非外之意，便是"自私用智"，便是"义外"，便有"不得于心，勿求于气"之病，便不是致良知以求自慊之功矣。

所云"鼓舞支持，毕事则困惫已甚"，又云"迫于事势，困于精力"，皆是把作两事做了，所以有此。凡学问之功，一则诚，二则伪。凡此皆是致良知之意，欠诚一真切之故。《大学》言："诚其意者，如恶恶臭，如好好色。此之谓自慊。"曾见有恶恶臭，好好色，而须鼓舞支持者乎？曾见毕事则困惫已甚者乎？曾有迫于事势，困于精力者乎？此可以知其受病之所从来矣。

※ 注释

1 持志以帅气可矣：语出《孟子·公孙丑上》"夫志，气之帅也；气，体之充也。夫志，至焉；气，次焉。故曰：持其志，无暴其气"。

※ 译文

你来信又说："先生说：'做学问终生只有一件事，不论有事没事，只要做好这一件事。如果说宁愿不做事，也不能不加以培养良知，却是把致良知和做学问分为两件事了。’我私下里认为，觉得精力衰弱，不能做完事的，就是良知。宁愿不做事，只要加以修养本心，也是致良知。怎么却成了两件事了？如果有事情发生了，就不能不处理，即使精力稍微显得衰弱，只要稍加鼓舞也能坚持下来，只要保持意志统率志气就可以了。然而言语行动终究有气无力，事情做完了就疲惫不堪，这不几乎等于是在滥用气力吗？这其中的轻重缓急，良知固然会明白，但是有时迫于形势紧急，怎么能顾及精力呢？有时筋疲力尽，怎么能顾及形势呢？怎么办才可以呢？”

“宁愿不做事情，也不能不存养本性”的意思，对于初学的人来说这样说也不能说没有好处。但是把做事情和存养本性分成两件事了，便会有病根存在。孟子说“必有事焉”，那么君子做学问，终身只有集义这一件事。义就是宜。心做到了宜应该做的就是义。能致良知那么心就能做到它应该做的事。所以集义也就是致良知。君子待人接物应对种种事变，该做就做，该停就停，该生就生，该死就死。斟酌协调，都是致良知，以求得自己心安理得罢了。所以“君子素其位而行”，“思不出其位”。凡是谋求自己力所不能及的事情，强做自己才智达不到的事情，都不是致良知。但凡是“劳其筋骨，饿其体肤，空乏其身，行拂乱其所为，动心忍性以增益其所不能”的人，都是为了致其良知。如果说“宁愿不做事，也不能不存养本性”，也是因为事先有了追逐功利的心，计较得失成败而做出的爱憎取舍，是把处理事情当成了一件事，而把存养本性又当作了另一件事。这就是重视本心而忽视做事的心态，就是把才智用到私欲上了，就是把义看作外在的东西，便会有“不得于心，勿求于气”的弊病，就不是致良知以求得心安理得的功夫了。

你所说的“鼓舞支持，完成事后疲惫不堪”，又说“迫于形势，被筋疲力尽所困”，都是把处理事情和存养本性看作两件事了，所以才会有这样的疑问。凡是做学问的功夫，精一就是真诚，三心二意就是虚伪。这都是因为致良知的心还缺乏真诚确切。《大学》中说：“诚其意者，如恶恶臭，如好好色。此之谓自慊。”何曾见过讨厌恶臭，喜欢美色,还需要鼓舞振作的？曾见过这些事情做完后疲惫不堪吗？曾经有迫于形势，筋疲力尽做这些事吗？由此可知病根从何而来了。

四四

※ 原文

来书又有云：“人情机诈百出。御之以不疑，往往为所欺，觉则自人于逆臆[1]。夫逆诈，即诈也；臆不信，即非信也；为人欺，又非觉也。不逆不臆而常先觉，其惟良知莹彻乎？然而出入毫忽之间，背觉合诈者多矣。”

不逆不臆而先觉，此孔子因当时人专以逆诈臆不信为心，而自陷于诈与不信；

又有不逆不臆者，然不知致良知之功，而往往又为人所欺诈，故有是言。非教人以是存心，而专欲先觉人之诈与不信也。以是存心，即是后世猜忌险薄者之事。而只此一念，已不可与入尧舜之道矣。不逆不臆而为人所欺者，尚亦不失为善，但不如能致其良知，而自然先觉者之尤为贤耳。崇一谓"其惟良知莹彻"者，盖已得其旨矣，然亦颖悟所及，恐未实际也。

盖良知之在人心，亘万古塞宇宙而无不同。"不虑而知"，"恒易以知险"，"不学而能"，"恒简以知阻"，"先天而天不违。天且不违，而况于人乎，况于鬼神乎[2]！"夫谓背觉合诈者，是虽不逆人，而或未能自欺也，虽不臆人，而或未能果自信也。是或常有求先觉之心，而未能常自觉也。常有求先觉之心，即已流于逆臆，而足以自蔽其良知矣。此背觉合诈之所以未免也。

君子学以为己[3]，未尝虞人之欺己也，恒不自欺其良知而已；未尝虑人之不信己也，恒自信其良知而已；未尝求先觉人之诈与不信也，恒务自觉其良知而已。是故不欺则良知无所伪而诚，"诚则明"矣；自信则良知无所惑而明，"明则诚"矣。明诚相生，是故良知常觉常照。常觉常照，则如明镜之悬，而物之来者自不能遁其妍媸矣。何者？不欺而诚，则无所容其欺，苟有欺焉而觉矣；自信而明，则无所容其不信，苟不信焉而觉矣，是谓"易以知险，简以知阻"，子思所谓"至诚如神，可以前知"者也。然子思谓"如神"，谓"可以前知"，犹二而言之，是盖推言思诚者之功效，是犹为不能先觉者说也。若就至诚而言，则至诚之妙用即谓之神，不必言如神，至诚则无知而无不知，不必言可以前知矣。

※ 注释

1 逆臆：语出《论语·宪问》"子曰：'不逆诈，不臆不信，抑亦先觉者，是贤乎！'"逆诈，预先怀疑别人欺诈。臆不信，猜想别人不诚信。2 "先天而不违"四句：语出《周易·乾卦·文言》"夫大人者……先天而天弗违，后天而奉天时。天且弗违，而况于人乎？况于鬼神乎？"意为掌握了天道的人，在天象出现之前行事，天不会违背他；在天象出现之后行事，则能够遵奉天时。天尚且不违背他，何况人和鬼神呢？3 君子学以为己：语出《论语·宪问》"古之学者为己，今之学者为人"。为己，意为为了提高自己的修养；为人，意为想获得别人的好感。

※ 译文

你信中又说："人情诡诈多变。如果用诚信抵御它，常常会被它欺骗，想发现他人是否诡诈，自己就会预先怀疑别人是否诚信。逆诈，就是欺诈；臆不信，就是不诚信；被人欺骗，又不觉悟。不事先怀疑别人的欺诈和不诚实，而往往能先察觉，这只有良知晶莹透彻的人才能做到吧？然而欺诈和诚信看起来差别甚微，因此不觉悟和欺诈不实的人都很多。”

不事先怀疑别人的欺诈和不诚信，而能先知先觉，这是孔子针砭时弊而言的，当时人们一心欺诈别人，做不诚信的事，而深陷于欺诈和不诚信的泥潭中；还有人不欺诈、不随意猜测别人，但是不知道致良知的功夫，而常常又被别人所欺诈。孔子的话并非是教人事先存心去体察他人的欺诈和不诚信。事先存心，这是后世刻薄、猜忌、险恶的人做的事。而只要有了事先存心的念头，就已经不能进入尧舜的圣道了。不事先猜测别人的欺诈和不诚信而被别人所欺骗的人，尚且还没有丧失善良的本性，但不如能致其良知从而能事先察觉欺诈虚伪的人更为贤明。你说“只有良知晶莹透彻”的人才能这样，基本上已经掌握了孔子话语的宗旨，但也只是你的聪颖领悟到的，在现实生活中恐怕还没有体会到。

良知在人的心中，横亘万古充塞宇宙都是相同的。所以古人说“不虑而知”，“恒易以知险”，“不学而能”，“恒简以知阻”，“先天而天不违。天且不违，而况于人乎，况于鬼神乎！”那些不觉悟和欺诈不实的人，虽然不猜度别人是否欺诈，但他们也许会有自我欺诈，虽然不去猜想别人是否诚信，但他们也许不能真有自信。这使他常常有寻求先觉的心，却不能常常自我觉悟。常有探求先觉的心，就会沦落为事先怀疑别人欺诈和猜想别人不诚实的人，而这足以蒙蔽他们的良知。这就是不觉悟和欺诈不实不能避免的缘故。

君子学习是为了提高自己的修养，不曾忧虑别人会欺骗自己，只是永远不欺骗自己的良知罢了；不担忧别人对自己不诚信，只是永远相信自己的良知罢了；不曾事先探求他人的欺诈和不诚信，只是永远地存养自己的良知罢了。所以君子不欺骗自己，那么良知就不虚伪而会很虔诚，虔诚则良知晶莹透彻；君子自信，良知就会不被迷惑而变得晶莹透彻，晶莹透彻也就虔诚了。晶莹透彻和虔诚相互促进，所以良知能经常觉悟、经常澄澈。经常觉悟、经常澄澈的良知就像高高悬挂的明镜，万事万物在它面前自然能显现出美丑的原形来。这是为什么呢？良知不欺诈而真诚，那么也就不能容忍欺骗，假如有欺骗便会察觉到；良知自信澄澈，那么就不能容忍不诚信，假如有不诚信就会马上察觉，这就是所谓的“易以知险，简以知阻”和子思所说的“至诚如神，可以前知”。然而子思说的“如神”“可以前知”，还是分成两件事来说了，因为他是从推究思诚的功效上来说的，也好像是对那些不能觉悟的人说的。如果就至诚上来说，那么对至诚的妙用就称作神，而不必说如神，能至诚就能无知而又无所不知，所以就不必说可以先知了。

答罗整庵少宰书[1]

四五

※ 原文

某顿首启：昨承教及《大学》，发舟匆匆，未能奉答。晓来江行稍暇，复取手教而读之。恐至赣后人事复纷沓，先具其略以请。

来教云："见道固难，而体道尤难。道诚未易明，而学诚不可不讲。恐未可安于所见而遂以为极则也。"

幸甚幸甚！何以得闻斯言乎？其敢自以为极则而安之乎？正思就天下之道以讲明之耳。而数年以来，闻其说而非笑之者有矣，诟訾之者有矣，置之不足较量辨议之者有矣，其肯遂以教我乎？其肯遂以教我，而反复晓喻，恻然惟恐不及救正之乎？然则天下之爱我者，固莫有如执事之心深且至矣，感激当何如哉！夫"德之不修，学之不讲"[2]，孔子以为忧，而世之学者稍能传习训诂，即皆自以为知学，不复有所谓讲学之求，可悲矣！夫道必体而后见，非已见道而后加体道之功也；道必学而后明，非外讲学而复有所谓明道之事也。然世之讲学者有二，有讲之以身心者，有讲之以口耳者。讲之以口耳，揣摸测度，求之影响者也。讲之以身心，行著习察，实有诸己者也。知此，则知孔门之学矣。

※ 注释

1 罗整庵：罗钦顺（公元 1465—1547 年），字允升，号整庵，江西泰和人。进士，官至吏部尚书，明代著名理学家，对陆王、程朱均有所批评。少宰，次长，明清时侍郎一职的别称。正德十五年（公元 1520 年）夏，罗整庵请假住在老家，听说时任江西巡抚的王阳明将溯赣江至赣州，就写了《与王阳明书》，在阳明经过泰和时交给他。此信即是阳明对该信的答复。2 “德之不修，学之不讲”意为不修养品德，不讲求学问。语出《论语·述而》：“子曰：‘德之不修，学之不讲，闻义不能徙，不善不能改，是吾忧也。’”

※ 译文

阳明顿首谨启：昨天承蒙教诲《大学》，匆匆搭船，未能一一奉答。今天早上趁着坐船的空闲，我又把你的信拜读了一遍。恐怕到江西后各种公事繁忙，先在这里简略回复，请您指教。

您信中说：“认识圣道固然很难，但是体悟圣道更难。道的确不易明白，但是学问也的确不能不讲。恐怕不能满足于自己的见识而把它当作最高标准吧？”

不胜荣幸！我从哪里能得到这样的教诲呢？我怎敢自以为见识已经达到了最高标准而满足呢？我正想着寻访天下有识之士以便阐明圣道。然而数年来，听到我的学说有人嘲笑，有人谩骂，有人置之不理而认为不值得一辩，他们怎么肯开导教诲我呢？他们哪里肯为了教诲我，而反复比喻、心存仁慈只怕不能纠正我的纰漏呢？这样看来，天下关爱我的人中，没有谁像您这样对我深切关怀的，我该如何感激您呢！孔子说“不修养品德，不讲求学问”，为此他甚感忧虑，而后世的学者稍微能诵经训诂，就都认为自己认识了学问，于是就不再讲求探究学问，真是可悲呀！圣道必须体悟后才能明白，并非认识了圣道之后才下体察的功夫；圣道必须学习后才能明白，并非在讲求学问之外还有其他的认识圣道的途径。然而世间讲学的人有两种，一种是用身心来讲的，还有一种是用口耳来讲的。用口耳来讲的人，通过揣摩推断，讲的是捕风捉影的事。用身心来讲的，对现象和本质的把握，确实都是来自自己的良知。知道了这一点，那么就知晓了孔子的学说。

四六

※ 原文

来教谓某“《大学》古本之复，以人之为学但当求之于内，而程朱格物之说不免求之于外。遂去朱子之分章，而削其所补之传。”

非敢然也。学岂有内外乎？《大学》古本乃孔门相传旧本耳。朱子疑其有所脱误而改正补缉之，在某则谓其本无脱误，悉从其旧而已矣。失在于过信孔子则有之，非故去朱子之分章而削其传也。夫学贵得之心，求之于心而非也，虽其言之出于孔子，不敢以为是也，而况其未及孔子者乎？求之于心而是也，虽其言之出于庸常，不敢以为非也，而况其出于孔子者乎？且旧本之传数千载矣，今读其文词，即明白而可通，论其功夫，又易简而可入，亦何所按据而断其此段之必在于彼，彼段之必在于此，与此之如何而缺，彼之如何而误，而遂改正补缉之？无乃重于背朱，而轻于叛孔已乎？

※ 译文

你信中说我"之所以恢复《大学》的旧本，是因为人们做学问只在心里探求，而程朱的格物的学说却免不了向心外探求。于是废弃了朱熹所分的章节，并删掉了他增补的传"。

我并不敢这样。学习哪里有内外之分呢？《大学》旧本本是孔子传下来的。朱熹认为其中有遗漏和错误的地方，所以加以改正补充，在我看来，旧本中本来就没有什么遗漏和错误之处，所以就完全遵从旧本。我的过失可能在于过分相信孔子，而并非故意遗弃朱熹所分的章节并删掉他增补的传。做学问最重要的是用心来体悟，如果心里认为不对，即使这话是孔子所说的，也不敢认为是正确的，更何况那些不如孔子的人呢？如果心里认为正确，即使是普通人说的话，也不敢认为是错误的，更何况是孔子说的话呢？况且《大学》旧本流传了几千年，现在阅读，书中词语句子通俗易懂，书中讲的功夫也简单方便，容易下手，有什么依据断定这一段一定在这里，那一段一定在那里，这里缺了什么，那里又有什么错误，于是加以改正增补辑录？这难道不是对违背朱熹很重视，而轻视对孔子的违背吗？

四七

※ 原文

来教谓："如必以学不资于外求，但当反观内省以为务，则正心诚意四字亦何不尽之有？何必于入门之际，便困以格物一段功夫也？"

诚然诚然，若语其要，则修身二字亦足矣，何必又言正心？正心二字亦足矣，何必又言诚意？诚意二字亦足矣，何必又言致知，又言格物？惟其功夫之详密，而要之只是一事。此所以为精一之学，此正不可不思者也。夫理无内外，性无内外，故学无内外。讲习讨论，未尝非内也；反观内省，未尝遗外也。夫谓学必资于外求，是以己性为有外也，是义外也，用智者也；谓反观内省为求之于内，是以己性为有内也，是有我也，自私者也；是皆不知性之无内外也。

故曰：精义入神，以致用也。利用安身，以崇德也[1]；性之德也，合内外之道也[2]。

此可以知格物之学矣。

格物者，《大学》之实下手处，彻首彻尾，自始学至圣人，只此功夫而已，非但入门之际有此一段也。夫正心诚意致知格物，皆所以修身，而格物者，其所用力日可见之地。故格物者，格其心之物也，格其意之物也，格其知之物也；正心者，正其物之心也；诚意者，诚其物之意也；致知者，致其物之知也。此岂有内外彼此之分哉？理一而已，以其理之凝聚而言则谓之性，以其凝聚之主宰而言则谓之心，以其主宰之发动而言则谓之意，以其发动之明觉而言则谓之知，以其明觉之感应而言则谓之物。故就物而言谓之格，就知而言谓之致，就意而言谓之诚，就心而言谓之正。正者，正此也；诚者，诚此也；致者，致此也；格者，格此也。皆所谓穷理以尽性也。天下无性外之理，无性外之物。学之不明，皆由世之儒者认理为外，认物为外，而不知义外之说，孟子盖尝辟之，力至袭陷其内而不觉，岂非亦有似是而难明者欤？不可以不察也。

※ 注释

1 “精义入神”四句：语出《周易·系辞下》“精义入神，以致用也。利用安身，以崇德也”。意为精研义理达到神妙的境界，便可以运用；运用所学而安身，可以提高品德修养。2 性之德也，合内外之道也：意为这是天赋的德性，内则成己，外则成物，是综合内外的规律。语出《中庸》“诚者非自成己而已也，所以成物也。成己，仁也；成物，知也。性之德也，合外内之道也，故时措之宜也”。

※ 译文

您信中说：“如果认为做学问不必到心外探求，只要在心中反省体察就可以了，那么正心诚意这四个字还有什么没有说尽的呢？又何必在刚开始学习的时候用格物的功夫来困惑人呢？”

很对！如果要说最关键的，那么修身两个字就足够了，何必又要说正心呢？正心这两个字就足够了，何必又要说诚意呢？诚意两个字就足够了，何必又要说致知，又要说格物呢？之所以这样，只是要使做学问的功夫详细而周密，而概括起来只是一件事。这就是所以称之为精一的学问，这一点不能不认真思索。天理没有内外之分，人性没有内外之分，所以学问也没有内外之分。讲习讨论，未尝不是内；反观内省，未尝就遗弃了外。如果认为学问一定离不开向外寻求，这就是把人性分成了内外两部分了，这就是义外、用智；认为反观内省必须在本心上探求，就是把人性分成了内外两部分了，就是有我、自私，这两种观点都是不知道人性没有内外之分。所以说精研义理达到神妙的境界，便可以运用。运用所学而安身，可以提高品德修养；这是天赋的德性，内则成己，外则成物，是综合内外的规律。由此便可以明白格物的学说了。

格物是《大学》实际下手的地方，自始至终，从刚开始学习到最后成为圣人，只有这一个功夫，并非仅仅在刚开始学的时候有格物的功夫。正心诚意致知格物都是为了修身，而格物是人们每天所下的功夫中能看得见的地方。所以格物就是清除心中的物欲，清除意念中的物欲，清除认识上的物欲；正心就是纠正物欲之心；诚意就是使物欲之心精诚；致知就是致其物欲的良知。这难道有内外彼此之分吗？天理只有一个，从天理的凝聚上来说就是性，从天理凝聚的主宰上来说就是心，从天理主宰的发动来说就是意，从天理发挥光明觉悟上来说就是知，从对天理的光明觉悟的感应上来说就是物。所以天理从物上来说就是格，从知上来说就是致，从意上来说就是诚，从心上来说就是正。正就是正心；诚就是诚意；致就是致知；格就是格物。都是为了穷尽天理而充分发挥本性。天下没有本性以外的天理，没有本性以外的事物。圣学不昌明，都是因为后世儒生认为天理存在于本性之外，认为事物存在于本心之外，而不知道孟子曾经批评过义外的学说，以至于沿袭并陷入错误而不觉悟，这难道不是也有似是而非而难以明白之处吗？所以不能不体察呀！

四八

※ 原文

凡执事所以致疑于格物之说者，必谓其是内而非外也，必谓其专事于反观内省之为，而遗弃其讲习讨论之功也，必谓其一意于纲领本原之约，而脱略于支条节目之详也，必谓其沉溺于枯槁虚寂之偏，而不尽于物理人事之变也。审如是，岂但获罪于圣门，获罪于朱子，是邪说诬民，叛道乱正，人得而诛之也，而况执事之正直哉？审如是，世之稍明训诂，闻先哲之绪论者，皆知其非也，而况执事之高明哉？凡某之所谓格物，其于朱子九条[1]之说，皆包罗统括于其中，但为之有要，作用不同，正所谓毫厘之差耳。然毫厘之差，而千里之谬实起于此，不可不辨。

※ 注释

1 朱子九条：朱熹在《大学或问》中提出的关于格物致知功夫的九条方法。

※ 译文

你怀疑我的格物学说，一定是认为我肯定内求而否定外求，一定是认为我专门致力于反观内省，而放弃了外在讲习讨论的功夫，一定认为我一心在简洁的纲领本原上，而忽视了详细的条目，一定是认为我沉浸在枯槁虚寂的偏执中，而不能穷尽事理人情的变化。如果真是这样，难道只是得罪了圣门，只是得罪了朱熹先生吗？这简直是用邪说欺骗百姓，离经叛道，人人都可以杀了我，更何况像您这样正直的人呢？如果真是这样，社会上稍微知道一点训诂的人，听说一点先哲学说的人，都知道我是错误的，更何况像您这样高明的人呢？我所说的格物包含了朱熹的九条，但我的格物学说自有重要的地方，作用也和朱熹先生的九条不同，也就是所谓的差之毫厘。然而差之毫厘，谬以千里，我不能不辩明。

四九

※ 原文

孟子辟杨墨，至于“无父无君”。二子亦当时之贤者，使与孟子并世而生，未必不以之为贤。墨子兼爱，行仁而过耳；杨子为我，行义而过耳。此其为说，亦岂灭理乱常之甚，而足以眩天下哉？而其流之弊，孟子则比于禽兽夷狄，所谓以学术杀天下后世也。

今世学术之弊，其谓之学仁而过者乎，谓之学义而过者乎，抑谓之学不仁不义而过者乎？吾不知其于洪水猛兽何如也！孟子云：“予岂好辩哉？予不得已也。”杨墨之道塞天下，孟子之时天下之尊信杨墨，当不下于今日之崇尚朱说，而孟子独以一人呶呶于其间。噫，可哀矣！韩氏云：“佛老之害甚于杨墨”。韩愈之贤不及孟子，孟子不能救之于未坏之先，而韩愈乃欲全之于已坏之后，其亦不量其力，且见其身之危莫之救以死也。呜呼！若某者，其尤不量其力，果见其身之危莫之救以死也矣。夫众方嘻嘻之中，而独出涕嗟若；举世恬然以趋，而独疾首蹙额以为忧。此其非病狂丧心，殆必诚有大苦者隐于其中，而非天下之至仁，其孰能察之？

其为《朱子晚年定论》，盖亦不得已而然，中间年岁早晚，诚有所未考，虽不必尽出于晚年，固多出于晚年者矣。然大意在委曲调停，以明此学为重。平生于朱子之说，如神明蓍龟，一旦与之背驰，心诚有所未忍，故不得已而为此。“知我者谓我心忧，不知我者谓我何求？”[1]盖不忍抵牾朱子者，其本心也；不得已而与抵牾者，道固如是，“不直则道不见”[2]也。执事所谓“决与朱子异”者，仆敢自欺其心哉？夫道，天下之公道也；学，天下之公学也；非朱子可得而私也，非孔子可得而私也。天下之公也，公言之而已矣。故言之而是，虽异于己，乃益于己也；言之而非，虽同于己，适损于己也。益于己者己必喜之，损于己者己必恶之。然则某今日之论，虽或于朱子异，未必非其所喜也。“君子之过如日月之食，其更也，人皆仰之。”[3]而“小人之过也必文”。某虽不肖，固不敢以小人之心事朱子也。

※ 注释

1 “知我者”两句：语出《诗经·王风·黍离》。意为了解我的人明白我是在担忧，不了解我的人还以为我有什么个人目的。2 不直则道不见：语出《孟子·滕文公上》。意为不说直话，真理就不能显现。3 “君子之过”三句：语出《论语·子张》“君子之过也，如日月之食焉。过也，人皆见之；更也，人皆仰之”。

※ 译文

孟子批评杨朱、墨子是“无父无君”。其实这两个人也是当时的贤明之人，假如他们和孟子同处于一个时代，那么孟子也未必就不认为他们是贤人。墨子的兼爱思想，是施行仁政太过分了；杨朱的为我思想，是行义太过分了。他们的学说，难道能泯灭天理扰乱纲常到足以使天下所有的人都迷惑吗？但他们的学说产生的弊病，孟子用禽兽夷狄来比喻，说他们用学术杀害了天下后世的人。

当今学术的弊端，能说是学仁太过分了吗，或者说是学义太过分了，还是学不仁不义太过分了？我不知道它们和洪水猛兽有何分别！孟子说“我难道是好辩论吗？我只是迫不得已才这样的。”杨朱、墨子的学问充塞天下，孟子所处的时代，天下的人尊崇杨朱、墨子的学说，应当不亚于当下人们推崇朱熹的学说，而孟子独自一人与他们争辩。哎，可悲呀！韩愈说：“佛、道两家的学说的危害性远大于杨朱、墨子的学说。”可见，韩愈的贤明远不如孟子，孟子不能在世道人性败坏之前拯救它，而韩愈却想恢复世道人性于败坏之后，他这是自不量力，而且他身陷危境也没有人救他以至于死去。唉！至于我自己，则更是自不量力，发现自己面临危境，却没有人能救我于死地。大家正在高兴地嬉笑，我却暗自啜泣；大家都心安理得地趋炎附势，而我却独自痛心疾首皱着眉头十分忧虑。这如果不是我丧心病狂，就一定是心中有极大的痛苦，如果不是天下最仁爱的人，谁又能体察我心中的愁苦呢？

我写《朱子晚年定论》一书，也是迫不得已而为之，中间年代的先后，的确有一些不能加以考证，虽然不一定全部是出自他的晚年，但固然有很多都是他晚年所做。我的本意是就世间关于朱熹和陆九渊的纷争进行调和，以昌明圣学于天下为重心。我一生始终把朱熹先生的学说奉做神明，一旦要与它相背离，心中的确有很多不忍，所以是不得已才这样做的。“理解我的人知道我是在担忧，不知道我的人还以为我有什么个人目的呢？”本不忍和朱熹的学说相抵触，而又不得不这样做，是因为圣道本来就是这样的，“不说直话，圣道就显现不出来”啊！你所说的“我决心和朱熹相对立”的话，我怎么敢自己欺骗自己呢？圣道，是天下人公有的道；圣学，是天下共同的学；不是朱熹可以私自有的，也不是孔子可以私自有的。对天下公有的东西，应该秉公而论。所以只要说得对，即使和自己的见解有所不同，也是对自己有益的；说得不对，即使和自己的见解相同，也是对自己有害的。对自己有益的，自己一定会喜欢；对自己有害的，自己一定厌恶。那么我现在的观点，虽然和朱熹的不相同，但也未必不是他喜欢的。“君子的过错就像日食和月食一样，改正了过错，人人都会敬仰他。”但是“小人对自己的过错一定要掩盖文饰。”我虽然不贤，但不敢用小人的心态来对待朱熹先生。

五〇

※ 原文

执事所以教，反复数百言，皆以未悉鄙人格物之说；若鄙说一明，则此数百言皆可以不待辨说而释然无滞。故今不敢缕缕，以滋琐屑之渎。然鄙说非面陈口析，断亦未能了了于纸笔间也。嗟乎！执事所以开导启迪于我者，可谓恳到详切矣，人之爱我，宁有如执事者乎！仆虽甚愚下，宁不知所感刻佩服！然而不敢遽舍其中心之诚然而姑以听受云者，正不敢有负于深爱，亦思有以报之耳。秋尽东还，必求一面，以卒所请，千万终教。

※ 译文

您的教诲，反反复复有数百句，都是因为没有弄清我的格物的学说；如果明白了我的学说，那么这数百句不用辩论也会毫无疑问的。所以我今天不敢再详细陈述，以避免有琐碎的嫌疑。然而我的学说并非写信可以说清楚的，非得当面陈述分析才行。唉！您对我的开导启迪可以说是周到详尽恳切了，关爱我的人，哪有像您这样的！我虽然很愚钝，怎么能不知道感激佩服您呢！然而我不敢舍去心中的真诚而轻易接受您的看法，正是不敢辜负您的厚爱，也是想对您有所回报呀。等秋天过后我回来时，一定登门拜访您，当面向您请教，到时还请您千万不要吝惜赐教。

答聂文蔚[1]（一）

五一

※ 原文

春间远劳迂途枉顾，问证惓惓。此情何可当也？已期二三同志，更处静地，扳留旬日，少效其鄙见，以求切劘之益，而公期俗绊，势有不能。别去极怏怏，如有所失。忽承笺惠，反复千余言，读之无甚浣慰。中间推许太过，盖亦奖掖之盛心，而规砺真切，思欲纳之于贤圣之域，又托诸崇一以致其勤勤恳恳之怀。此非深交笃爱，何以及是！知感知愧，且惧其无以堪之也。虽然，仆亦何敢不自鞭勉，而徒以感愧辞让为乎哉？其谓"思孟周程，无意相遭于千载之下，与其尽信于天下，不若真信于一人。道固自在，学亦自在。天下信之不为多，一人信之不为少"者，斯固君子"不见是而无闷"[2]之心。岂世之谫谫屑屑者知足以及之乎？乃仆之情，则有大不得已者存乎其间，而非以计人之信与不信也。

※ 注释

1 聂文蔚：聂豹，字文蔚，号双江，江西永丰人，王阳明的弟子。进士，官至兵部尚书。聂豹于嘉靖五年（公元 1526 年）春因公赴闽，途经杭州，时王阳明在绍兴讲学，豹不顾别人劝阻，前往就教。2 不见是而无闷：意为不被肯定也不烦闷。语出《周易·乾卦·文言》"遁世无闷，不见是而无闷"。

※ 译文

劳烦你春天绕道光顾，询问论证不知疲倦。这种感情我何以承担？本来已经约好了几个志同道合的朋友找一个僻静的地方，住上十来天，一起讨论我的学说，以求得在共同切磋中有所收获，但是你公务繁忙，身不由己。不得不离开，我心中怅然若失。突然收到你的来信，洋洋洒洒数千言，我读后心中甚感欣慰。信中对我赞许太过了，这也是对我的一片提携鼓舞之情，其中的真切砥砺，令我感动，是想让我跨入圣贤的领域，并又委托崇一转达对我的诚恳的关怀之情。如果不深交厚爱的人，怎么可以这样！我又感动又羞愧，生怕辜负了你的厚爱。当然，我怎么敢不更加勉励自己，而仅仅感激、羞愧、推辞呢？你说“子思、孟子、周敦颐、程颢、程颐并不期望千年之后仍被人理解，与其让天下人都相信，还不如使一个人真正相信。圣道自然存在，圣学也自然存在。天下的人都相信也不算多，只有一个人相信也不算少”，这就是君子“不被肯定也不烦闷”的心态。这难道是世上琐碎浅薄的人所能知道的吗？对我来说，心中有很多迫不得已的苦衷，并非要计较别人的相信与不相信。

五二

※ 原文

夫人者，天地之心，天地万物本吾一体者也。生民之困苦荼毒，孰非疾痛之切于吾身者乎？不知吾身之疾痛，无是非之心者也。是非之心，不虑而知，不学而能，所谓良知也。良知之在人心，无间于圣愚，天下古今之所同也。世之君子，惟务致其良知，则自能公是非，同好恶，视人犹已，视国犹家，而以天地万物为一体，求天下无治不可得矣。古之人所以能见善不啻若己出，见恶不啻若己入，视民之饥溺犹己之饥溺，而一夫不获若己推而纳诸沟中者[1]，非故为是而以蕲天下之信己也，务致其良知求自慊而已矣。尧舜三王之圣，言而民莫不信者，致其良知而言之也；行而民莫不悦者，致其良知而行之也。是以其民熙熙皞皞，杀之不怨，利之不庸[2]。施及蛮貊，而凡有血气者莫不尊亲，为其良知之同也。呜呼！圣人之治天下，何其简且易哉！

※ 注释

1 “一夫不获”句：指伊尹认为如果有一个人生活没有着落，就好像是自己把他推到了沟中去似的。2 “杀之不怨”二句：语出《孟子·尽心上》“王者之民，皞皞如也。杀之而不怨，利之而不庸，民日迁善而不知为之者”。意为圣王的百姓心情舒畅，被杀了也不怨恨，得到好处也不认为应该酬谢，天天向好的方面发展也不知道谁使他如此。

※ 译文

人就是天地的心，天地万物本来与我就是一体的。百姓所受的困苦残害，难道不也是我自己的切肤之痛吗？不知道自身痛苦的人，就是没有是非之心的人。是非之心，是不需要思考就能知道的，不需要学习就能够拥有的，这就是所谓的良知。良知自在人的心中，不论圣人和傻瓜，从古到今都是相同的。世上的君子，只要专心在致良知上，那么自然能具备共同的是非好恶，待人如待己，爱国如爱家，把天地万物看作一个整体，以求得天下的大治。古人之所以能看见别人做好事，就像自己做了好事，看见别人做坏事，就像自己做了坏事，看到百姓饥饿痛苦，就像自己在饥饿痛苦一样，有一个人生活没有着落，就像自己把他推到了沟中去似的，他们并非故意要这样做来取信于天下，而是专门致其良知以求得自我满足。尧、舜、禹、汤、周文王、周武王说的话天下人没有不相信的，这是因为他们是致自己的良知之后才说的话；他们的行为百姓没有不愉悦的，这是因为他们是致自己的良知后才做出的行为。所以他们领导的百姓和和美美、心情舒畅，即使被处死也不怨恨，得到好处也不认为应该酬谢。把这些推及蛮夷之地，凡是血气方刚的人没有不孝敬父母的，因为大家的良知都是相同的。唉！圣人治理天下多么简单容易呀！

五三

※ 原文

后世良知之学不明，天下之人用其私智，以相比轧。是以人各有心，而偏琐僻陋之见，狡伪阴邪之术，至于不可胜说。外假仁义之名，而内以行其自私自利之实；诡辞以阿俗，矫行以干誉；掩人之善，而袭以为己长；讦人之私，而窃以为己直；忿以相胜，而犹谓之徇义；险以相倾，而犹谓之疾恶；妒贤忌能，而犹自以为公是非；恣情纵欲，而犹自以为同好恶；相陵相贼，自其一家骨肉之亲，已不能无尔我胜负之意、彼此藩篱之形，而况于天下之大，民物之众，又何能一体而视之？则无怪于纷纷籍籍，而祸乱相寻于无穷矣！

※ 译文

后世良知的学说不再昌明，天下的人各自用自己的私心才智，互相倾轧。所以人人都有私心，而那些偏执浅陋、琐碎繁杂的见解，虚伪阴险的手段，就更是达到了数不胜数的地步。他们都假借仁义的名义，而做着一些自私自利的勾当；巧言辞令来迎合世俗，用虚伪的行为来博得名誉；把掩盖别人的善良，当作自己的长处；攻击别人的隐私，来表现自己的正直；为泄私愤而相互争斗，却认为是为正义而献身；阴险地互相倾轧，还以为是疾恶如仇；嫉贤妒能，却以为自己能主持公道；恣意放纵，却以为自己爱憎分明；互相欺凌互相侵害，即使是骨肉手足，彼此之间也要分出个胜负高低、彼此之间隔着一道无形的墙，更何况天下如此之大，百姓事物众多，又如何能把他们看作是和自己一体的呢？这就难怪天下动荡、纷争迭起了！

五四

※ 原文

仆诚赖天之灵，偶有见于良知之学，以为必由此而后天下可得而治。是以每念斯民之陷溺，则为之戚然痛心，忘其身之不肖，而思以此救之，亦不自知其量者。天下之人见其若是，遂相与非笑而诋斥之，以为是病狂丧心之人耳。呜呼！是奚足恤哉！吾方疾痛之切体，而暇计人之非笑乎？人固有见其父子兄弟之坠溺于深渊者，呼号匍匐，裸跣颠顿，扳悬崖壁而下拯之。士之见者，方相与揖让谈笑于其旁，以为是弃其礼貌衣冠而呼号颠顿若此，是病狂丧心者也。故夫揖让谈笑于溺人之旁而不知救，此惟行路之人，无亲戚骨肉之情者能之，然已谓之无恻隐之心非人也[1]。若夫在父子兄弟之爱者，则固未有不痛心疾首，狂奔尽气，匍匐而拯之。彼将陷溺于祸有不顾，而况于病狂丧心之讥乎？而又况于蕲人信与不信乎？呜呼！今之人虽谓仆为病狂丧心之人，亦无不可矣。天下之人心，皆吾之心也。天下之人犹有病狂者矣，吾安得而非病狂乎？犹有丧心者矣，吾安得而非丧心乎？

※ 注释

1 无恻隐之心，非人也：语出《孟子·公孙丑上》。

※ 译文

我依赖老天的保佑，偶然发现了良知的学说，以为必须致良知而后天下才能得到大治。所以我每当想到百姓的困苦，就会痛心疾首，而忘了自己才疏学浅，想用良知来拯救天下的百姓，真是自不量力。社会上的人看见我这样做，于是争相嘲弄讥讽我，以为我是丧心病狂的人。唉，这有什么值得体恤挂念的！我正有切肤之痛，哪里有时间去顾及别人的讥讽呢？如果人们看见自己的父子兄弟掉进了深渊，一定会匍匐呼喊，鞋帽掉了也全然不顾，扒着悬崖峭壁就要下去拯救。那些绅士看见了这种情况，则在一边作揖打躬，认为这样衣冠不整有失礼节，在这里大喊大叫，一定是个丧心病狂的人。因此作揖打躬、谈笑风生，旁边有人落水了也不知道去救，这仅仅是那些没有任何骨肉亲情的路人才会这样做，然而孟子已经说过“没有恻隐之心的人就不是人”。如果是有父子兄弟亲情的，那么一定会痛心疾首，尽力狂奔的，爬着也要去拯救他。他们不顾有溺水的危险，更何况只是被讥讽为丧心病狂？又何况是在意别人的信与不信呢？唉！现在的人即使说我是丧心病狂，我也不在乎。天下人的心，都是我的心。天下的人中尚还有病狂的，我又怎么能不狂呢？天下人中还有丧心的，我又怎么能不丧心呢？

五五

※ 原文

昔者孔子之在当时，有议其为谄者，有讥其为佞者，有毁其未贤，诋其为不知礼，而侮之以为“东家丘”[1]者。有嫉而沮之者[2]，有恶而欲杀之者[3]。晨门、荷蒉之徒，皆当时之贤士，且曰：“是知其不可而为之者欤”[4]；“鄙哉硁硁乎！莫己知也，斯已而已矣。”[5]虽子路在升堂之列，尚不能无疑于其所见，不悦于其所欲往，而且以之为迂[6]，则当时之不信夫子者，岂特十之二三而已乎？然而夫子汲汲遑遑，若求亡子于道路，而不暇于暖席者，宁以蕲人之知我信我而已哉？盖其天地万物一体之仁，疾痛迫切，虽欲已之而自有所不容已。故其言曰：“吾非斯人之徒与而谁与”[7]，“欲洁其身而乱大伦。”，“果哉，末之难矣”[8]。呜呼！此非诚以天地万物为一体者，孰能以知夫子之心乎？若其“遁世无闷”，“乐天知命”者，则固“无人而不自得”，“道并行而不相悖”也。

※ 注释

1 不知礼、东家丘：据《论语·八佾》载，孔子进入太庙，什么都问，有人就说孔子不知礼。东家丘：《孔子家语》云，孔子西邻有愚人，不知道孔子是圣人，称他为东家丘。2 有嫉而沮之者：《史记·孔子世家》云，孔子任鲁国大司寇和代理宰相时，齐国害怕鲁国因此强大起来：“孔子为政必霸，霸则吾地近焉，我之为先并矣。盍致地焉？”黎说：“请先尝沮之，沮之而不可则致地。”齐人就送女乐给鲁国国君和当权者季孙氏，使鲁国国政荒废，孔子便离开鲁国。沮，同阻。3 有恶而欲杀之者：据《论语·述而》载，孔子周游列国，经过宋国时，有人想杀他。4 是知其不可而为之者欤：意为哪位知道自己是做不到但还是一定要去做的人吗？语出《论语·宪问》。5 “鄙哉”三句：意为固执地敲磬，真可鄙呀！既然没有人理解自己，就算了呗。语出《论语·宪问》。6 “子路”四句：孔子到卫国去见名声不好的卫灵公夫人南子，子路很不高兴。孔子去卫国之前，子路曾问孔子，如果卫君让他执政，他首先做什么，孔子说先正名，子路笑话他竟然迂到这种地步。7 吾非斯人之徒与而谁与：意为我不跟天下的人在一起又跟谁在一起呢？语出《论语·微子》。8 果哉，末之难矣：语出《论语·宪问》。意为隐者遁世如此坚决，没办法说服他了。

※ 译文

以前在孔子生长的那个年代，有人说他谄媚，有人讥笑他为巧言辞令的小人，有人诋毁他的贤能，有人诽谤他不懂礼，而侮辱他是东家丘。有人嫉妒他而阻止他振兴鲁国，有人憎恶他而想杀他。即使当时的贤士晨门、荷蒉之人也说："是知其不可而为之者欤"；"鄙哉硁硁乎！莫己知也，斯己而已矣。"虽然子路对圣学已经达到了登堂入室的地步，尚且怀疑孔子的见识，不高兴他去他要去的地方，而且还认为他很迂腐，在当时不相信孔子的人，难道只有十分之二三吗？然而孔子依然是匆匆忙忙，好像在路上寻找丢失的儿子一样，而顾不上休息，难道就是为了让人相信、理解自己吗？因为他有天地万物为一体的仁爱之心，深深感到切肤之痛，即使想不管也身不由己。所以他说："吾非斯人之徒与而谁与"，"欲洁其身而乱大伦"，"果哉，末之难矣"。哎！如果不是确实把天地万物当作一体的人，又有谁能理解孔子的心呢？至于那些"归隐而不烦闷"，"把一切都看作是天命"，安然接受的人，当然"不管在什么情况下都能自得其乐"，"各种正确的思想观念可以同时存在而不互相抵触"。

五六

※ 原文

仆之不肖，何敢以夫子之道为己任？顾其心亦已稍加疾痛之在身，是以彷徨四顾，将求其有助于我者，相与讲去其病耳。今诚得豪杰同志之士扶持匡翼，共明良知之学于天下，使天下之人皆知自致其良知，以相安相养，去其自私自利之蔽，一洗谗妒胜忿之习，以济于大同[1]，则仆之狂病，固将脱然以愈，而终免于丧心之患矣，岂不快哉！

嗟乎！今诚欲求豪杰同志之士于天下，非如吾文蔚者而谁望之乎？如吾文蔚之才与志，诚足以援天下之溺者，今又既知其具之在我，而无假于外求矣，循是而充，若决河注海，孰得而御哉？文蔚所谓一人信之不为少，其又能逊以委之何人乎！

※ 注释

1 大同：古代儒家所推崇的理想社会。语出《礼记·礼运》"大道之行也，天下为公，选贤与能，讲信修睦。故人不独亲其亲，不独子其子。使老有所终，壮有所用，幼有所长，鳏寡孤独废疾者，皆有所养。男有分，女有归。货恶其弃于地也，不必藏于己；力恶其不出于身也，不必为己。是故谋闭而不兴，盗窃乱贼而不作，故外户而不闭，是谓大同"。

※ 译文

我才疏学浅，怎敢以振兴孔子的圣道为己任？只是我的心里也稍微知道自己身上的病痛，所以心中彷徨四处寻找，想寻求能够帮助我的人，相互讲习讨论以祛除我身上的病痛。现在如果真能有豪杰同志支持我，提携匡正我，共同使良知昌明于天下，让天下的人都知道致自己的良知，以相互安抚、相互存养，除去自私自利的弊病，清除谗言、嫉妒、好胜和易怒的恶习，以实现天下的大同，那么我的狂病将会马上痊愈，最终免于丧心病狂，难道不痛快！

哎！现在如果真要寻求世上的豪杰同志，除了文蔚你，还能指望谁呢？像你这样的才能和志向，的确足以拯救天下老百姓于水深火热之中，现在又已经知道良知就在自己心中，而不需要假借外在事物而求得，那么就遵循良知并加以扩充，这样就会像大河决口汇入大海，谁能抵御得了呢？你所说的一人相信不算少，你又能谦逊地委托给谁呢！

五七

※ 原文

会稽素号山水之区，深林长谷，信步皆是，寒暑晦明，无时不宜，安居饱食，尘嚣无扰，良朋四集，道义日新，优哉游哉，天地之间宁复有乐于是者！孔子云："不怨天，不尤人，下学而上达。"[1]仆与二三同志方将请事斯语，奚暇外慕？独其切肤之痛，乃有未能恝然者，辄复云云耳。咳疾暑毒，书札绝懒，盛使远来，迟留经月，临歧执笔，又不觉累纸。盖于相知之深，虽已缕缕至此，殊觉有所未能尽也。

※ 注释

1 "不怨天"三句：语出《论语·宪问》"不怨天，不尤人。下学而上达。知我者其天乎！"意为不怨恨上天，不责怪别人，学习知识，通晓天理。

※ 译文

会稽周围素来山清水秀，茂密的树林、幽深的山谷，信步走过去比比皆是，冬夏季节交替变换，无论什么时候都有宜人的气候，生活安定而远离世俗，好朋友们聚集在一起，讲习讨论道义，每天都有新的见解，多么悠闲自在，天地间哪里还能找到这样的快乐！孔子说："不怨恨上天，不责怪人，学习知识，通晓天理。"我和几位志同道合的朋友想要遵循孔子上边的话，哪有时间向外思慕？只是对这切肤之痛，又不能不关心，所以就又回了这封信。我因天热咳嗽，懒于写信，你派人远道而来，并逗留了一个月左右，临起程时才提笔，不知不觉又写了这么多。大概是因为我们相知颇深，虽然信已这样详尽，但还是觉得还有很多话没有说。

答聂文蔚（二）

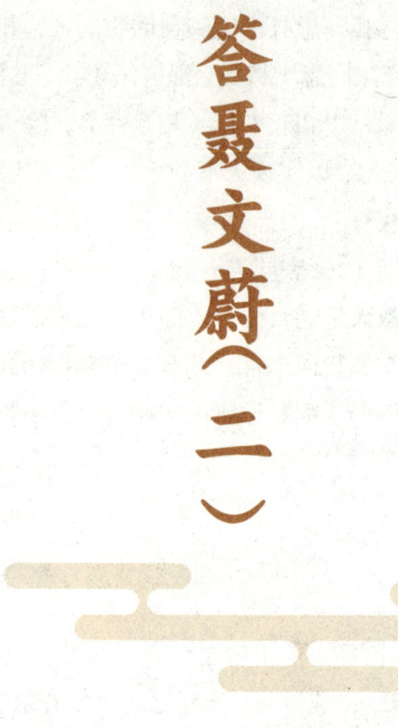

五八

※ 原文

得书，见近来所学之骤进，喜慰不可言。谛视数过，其间虽亦有一二未莹彻处，却是致良知之功尚未纯熟，到纯熟时，自无此矣。譬之驱车，既已由于康庄大道[1]之中，或时横斜迂曲者，乃马性未调衔勒不齐之故，然已只在康庄大道中，决不赚入旁蹊曲径矣。近时海内同志到此地位者曾未多见，喜慰不可言，斯道之幸也！

贱躯旧有咳嗽畏热之病，近入炎方辄复大作。主上圣明洞察，责付甚重，不敢遽辞。地方军务冗沓，皆舆疾从事。今却幸已平定，已具本乞回养病，得在林下稍就清凉，或可瘳耳。人还，伏枕草草，不尽倾企。外惟浚[2]一简，幸达致之。

※ 注释

1 康庄大道：语出《尔雅·释宫》“五达谓之康，六达谓之庄”。意为四通八达的大道。2 惟浚：陈九川（公元 1495—1562 年），字惟浚，号明水。江西临川人，官至礼部郎中，王阳明的弟子。

※ 译文

收到你的来信，看到你近来学问骤进，我的欢喜欣慰不可言表。你的信我仔细读了好几遍，其中虽然只有一两处地方没有晶莹透彻，但却是因为致良知的功夫还不纯正娴熟，等到真正纯熟了就不会出现这样的情况了。就好比驾车，虽然已经走在了康庄大道上，但有时也会出现迂回曲折的情况，这是马性没调教好，缰绳没有勒齐的缘故，然而既然已经在康庄大道上了，就绝对不会再受骗误入歧途。近来海内的同志达到你这种地步的人还不多见，我的高兴用言语无法形容，真是圣道的幸运呢！

我原有的怕热咳嗽的毛病，进入炎热的南方后，近来又旧病复发得很严重。皇上圣明洞察，托付责任重大，不敢立即辞去。地方上军务繁忙芜杂，我不得不带病处理。现在幸好叛乱已经平定，我已上奏皇上请求回家养病，如果能得以在家乡消暑养病，或许就可以痊愈了。来人就要回去了，我趴在枕头上给你回信，草草数语难以表达我的倾慕之情。另外，给九川的信请你转交给他。

五九

※ 原文

来书所询，草草奉复一二。

近岁来山中讲学者，往往多说勿忘勿助功夫甚难。问之，则云才著意便是助，才不著意便是忘，所以甚难。区区因问之云："忘是忘个甚么？助是助个甚么？"其人默然无对，始请问。区区因与说，我此间讲学，却只说个"必有事焉"，不说"勿忘勿助"。必有事焉者，只是时时去集义。若时时去用必有事的功夫，而或有时间断，此便是忘了，即须"勿忘"；时时去用必有事的功夫，而或有时欲速求效，此便是助了，即须"勿助"。其功夫全在"必有事焉"上用；"勿忘勿助"，只就其间提撕警觉而已。若是功夫原不间断，即不须更说勿忘；原不欲速求效，即不须更说勿助。此其功夫何等明白简易，何等洒脱自在！今却不去必有事上用功，而乃悬空守着一个勿忘勿助。此正如烧锅煮饭，锅内不曾渍水下米，而乃专去添柴放火，不知毕竟煮出个甚么物来。吾恐火候未及调停，而锅已先破裂矣。近日一种专在勿忘勿助上用功者，其病正是如此。终日悬空去做个勿忘，又悬空去做个勿助，奔奔荡荡，全无实落下手处。究竟功夫只做得个沉空守寂，学成一个痴騃[1]汉，才遇些子事来即便牵滞纷扰，不复能经纶宰制。此皆有志之士，而乃使之劳苦缠缚，担搁一生，皆由学术误人之故，甚可悯矣。

※ 注释

1 騃（ái）：愚。

※ 译文

你信中所询问的问题，我只草草地做了以下回答。

近年来到山中讲学的人，常常说勿忘勿助的功夫很难。我问了他们原因，他们说稍有意念就是助，稍有不用心就是忘，所以很难。我就问：“忘是忘了什么？助是助的什么？”他们都默不作声、无言以对，便开始向我请教。我因此对他们说，我这里讲学，只说个“必有事焉”，不说“勿忘勿助”。必有事焉就是要时时刻刻去积累善心。如果时时刻刻都不忘下必有事的功夫，间或有中断，这就是忘，那么就必须“勿忘”；如果时时刻刻去下必有事的功夫，而有时想快速见效，这就是助了，那么就必须“勿助”。这功夫全在“必有事焉”上用；“勿忘勿助”只是在其间起个提醒警觉的作用罢了。如果说这功夫不间断，那么就不必再说勿忘了；如果原本不求速效，那么就不必再说勿助了。这中间的功夫多么简单易懂呀，多么自在洒脱呀！现在却不在必有事上用功，而只悬空守着一个勿忘勿助。这就像烧火煮饭，锅里还不曾添水下米，就去专心添柴烧火，不知道究竟能够煮出什么东西来。我恐怕火候还没有调好，而锅已经先被烧破了。现在有一种人专门在勿忘勿助上用功，他们所犯错误就是这样。只整天悬空去做个勿忘，又悬空去做个勿助，忙忙碌碌，完全找不到着实能下手的地方。最终也只是做个死守空寂的功夫，学成了一个痴呆愚钝的人，还没遇到什么事，就先心绪烦乱，不能应付自如。这些都是有志之士，却因此劳苦困扰，耽误了他们的一生，这都是错误的学问造成的，真叫人惋惜呀。

六〇

※ 原文

夫必有事焉只是集义，集义只是致良知。说集义则一时未见头脑，说致良知即当下便有实地步可用功。故区区专说致良知。随时就事上致其良知，便是格物；著实去致良知，便是诚意；著实致其良知，而无一毫意必固我，便是正心。著实致良知，则自无忘之病；无一毫意必固我，则自无助之病。故说格致诚正，则不必更说个忘助。孟子说忘助，亦就告子得病处立方。告子强制其心，是助的病痛，故孟子专说助长之害。告子助长，亦是他以义为外，不知就自心上“集义”，在“必有事焉”上用功，是以如此。若时时刻刻就自心上集义，则良知之体洞然明白，自然是是非非纤毫莫遁，又焉“不得于言，勿求于心。不得于心，勿求于气”之弊乎！孟子集义养气之说，固大有功于后学，然亦是因病立方，说得大段，不若《大学》格致诚正之功，尤极精一简易，为彻上彻下，万世无弊者也。

※ 译文

必有事焉就是集义，集义就是致良知。说集义则一时还不得要领，说致良知那么当下就有地方可以着手用功。所以我专门说致良知。随时在事情上致良知，就是格物；实实在在地去致良知，就是诚意；实实在在地去致良知，而没有丝毫的意必固我，就是正心。实实在在地致良知，那么就没有忘的毛病；没有丝毫的意必固我，那么就没有助的毛病。所以说格物致知诚意正心，就不必再说个勿忘勿助了。孟子说勿忘勿助，是就告子的毛病所开的处方。告子强制人心的说法，就是犯了助的毛病，所以孟子专门讲助的危害。告子之所以犯助的错误，是因为他认为义在心外，不知道在自己的心中"积累善心"，在"必有事焉"上下功夫，所以才会这样。如果时时刻刻都从心中积累善心，那么良知的本题就会豁然开朗，是是非非自然就会纤毫毕露，又怎么会有"不得于言，勿求于心。不得于心，勿求于气"的弊端呢！孟子的集义养气的学说，固然对于后世学者有很大功劳，但他也只是对症下药，说了个大概意思，不像《大学》中格物、致知、诚意、正心的功夫，特别精一简单，上下贯通，千秋万代永无弊病。

六一

※ 原文

圣贤论学，多是随时就事，虽言若人殊，而要其功夫头脑，若合符节。缘天地之间，原只有此性，只有此理，只有此良知，只有此一件事耳。故凡就古人论学处说功夫，更不必搀和兼搭而说，自然无不吻合贯通者；才须搀和兼搭而说，即是自己功夫未明彻也。

近时有谓集义之功，必须兼搭个致良知而后备者，则是集义之功尚未了彻也。集义之功尚未了彻，适足以为致良知之累而已矣。谓致良知之功，必须兼搭一个勿忘勿助而后明者，则是致良知之功尚未了彻也。致良知之功尚未了彻，适足以为勿忘勿助之累而已矣。若此者皆是就文义上解释牵附，以求混融凑泊，而不曾就自己实功夫上体验，是以论之愈精而去之愈远。

文蔚之论，其于大本达道既已沛然无疑，至于致知穷理及忘助等说，时亦有搀和兼搭处，却是区区所谓康庄大道之中，或时横斜迂曲者，到得功夫熟后，自将释然矣。

※ 译文

圣贤讲学，多是因时因事制宜，虽然他们的说法好像各不相同，但他们的宗旨都是一样的。这是因为天地之间，原本只有一个人性，只有一个天理，只有一个良知，只有一件事。所以凡是古人就学问上讲的功夫，就没有必要掺杂搭配，自然就会吻合贯通；如果必须要掺杂搭配，那么就是因为自己的功夫还不明白透彻。

最近有人认为集义的功夫，必须掺杂搭配个致良知的功夫才能完备，那么就是他的集义的功夫还不透彻。集义的功夫还未明澈，恰恰成了致良知的阻碍。认为致良知的功夫必须搭配上一个勿忘勿助的功夫才能够明白，那么就是致良知的功夫尚没有明白透彻。致良知的功夫尚没有明白透彻，恰恰成了勿忘勿助的负担。类似这样，都是就字义上来牵强附会地解释，以求得融会贯通，而不曾从自己的实在功夫上去体验，所以论证得越精确，那么就离圣道越远。

你的观点，在大本达道上已经没有什么疑问，至于对致知穷理及勿忘勿助等学说，还时不时有掺杂搭配的地方，这就是我所说的走在康庄大道上，有时会迂回曲折的那种情况，等到你的功夫纯熟后，这种情况自然就会消失了。

六二

※ 原文

文蔚谓致知之说，求之事亲从兄之间，便觉有所持循者，此段最见近来真切笃实之功。但以此自为，不妨自有得力处，以此遂为定说教人，却未免又有因药发病之患，亦不可不一讲也。

盖良知只是一个天理自然明觉发见处，只是一个真诚恻怛，便是他本体。故致此良知之真诚恻怛以事亲便是孝，致此良知之真诚恻怛以从兄便是弟，致此良知之真诚恻怛以事君便是忠。只是一个良知，一个真诚恻怛。若是从兄的良知不能致其真诚恻怛，即是事亲的良知不能致其真诚恻怛矣；事君的良知不能致其真诚恻怛，即是从兄的真知不能致其真诚恻怛矣。故致得事君的良知，便是致却从兄的良知；致得从兄的良知，便是致却事亲的良知。不是事君的良知不能致，却须又从事亲的良知上去扩充将来。如此又是脱却本原，著在支节上求了。良知只是一个，随他发见流行处，当下具足，更无去来，不须假借。然其发见流行处却自有轻重厚薄毫发不容增减者，所谓天然自有之中也。虽则轻重厚薄毫发不容增减，而原又只是一个。虽则只是一个，而其间轻重厚薄又毫发不容增减。若可得增减，若须假借，即已非其真诚恻怛之本体矣。此良知之妙用，所以无方体，无穷尽，“语大天下莫能载，语小天下莫能破”[1]者也。

※ 注释

1 “语大”二句：语出《中庸》“故君子语大，天下莫能载焉；语小，天下莫能破焉”。意为君子讲到道的广大，即使是天地无边无际也装载不了它；讲到道的精微，天下任何东西也破碎不了它。

※ 译文

你认为致知的学说，从孝敬父母尊敬兄长上去寻求，便觉得有所遵循，这句话最能看出你最近确实下了真切笃实的功夫。但你从这里去下功夫倒也无妨，自然有得力的地方，但如果从此把这当作定论去教导人，那么却难免会出现用药不当反而得病的情况，所以我不能不说一说。

良知只是一个天理的自然明白显现处，只是一个真诚恻隐的本体。所以致良知的真诚恻隐用在侍奉父母上就是孝，用在尊敬兄长上就是悌，用在辅佐君王上就是忠。这里只有一个良知，一个真诚恻隐。如果尊敬兄长的良知不能致其真诚恻隐，那么也就是侍奉父母的良知不能致其真诚恻隐；如果辅佐君王的良知不能致其真诚恻隐，那么就是尊敬兄长的良知不能致其真诚恻隐。所以能致辅佐君王的良知，就是能致尊敬兄长的良知；能致尊敬兄长的良知，就是能致侍奉父母的良知。不是说辅佐君王的良知不能致，却又必须从侍奉父母的良知上去扩充。如果这样就又脱离了本源，是在细枝末节上探求良知了。良知只有一个，随着它的呈现和流传，自然完备充足，没有来去，不需要向外假借。然而它呈现流传的地方，却有轻重厚薄的区分，丝毫不容增加减少，也就是所谓的天然自有之中。即使有轻重厚薄之分，丝毫不容增减，但良知原本只有一个。虽然良知只有一个，但其中的轻重厚薄又丝毫不容增减。如果能够增减，如果必须向外假借，那么也就不是真诚恻隐的本体了。这就是良知的妙用之所以无形无体，无穷无尽，“语大天下莫能载，语小天下莫能破”的缘故。

六三

※ 原文

孟氏“尧舜之道，孝弟而已”者，是就人之良知发见得最真切笃厚、不容蔽昧处提省人，使人于事君、处友、仁民、爱物与凡动静语默间，皆只是致他那一念事亲从兄真诚恻怛的良知，即自然无不是道。盖天下之事虽千变万化，至于不可穷诘，而但惟致此事亲从兄一念真诚恻怛之良知以应之，则更无有遗缺渗漏者，正谓其只有此一个良知故也。事亲从兄一念良知之外，更无有良知可致得者，故曰“尧舜之道，孝弟而已矣”。此所以为惟精惟一之学，放之四海而皆准，“施诸后世而无朝夕”[1]者也。

文蔚云：“欲于事亲从兄之间，而求所谓良知之学。”就自己用功得力处如此说，亦无不可。若曰致其良知之真诚恻怛以求尽夫事亲从兄之道焉，亦无不可也。明道云：“行仁自孝弟始，孝弟是仁之一事，谓之行仁之本则可，谓是仁之本则不可。[2]”其说是矣。

※ 注释

1 “施诸后世而无朝夕”意为后世要一直施行它，一朝一夕都不可以例外。语出《礼记·祭义》。2 “谓之行仁之本则可，谓是仁之本则不可”此段是程颐所言，见《河南程氏遗书》卷十八。意为孝悌是行仁的根本，但不能说它是仁的根本。

※ 译文

孟子说的“尧舜之道，孝弟而已”，是就人的良知显现发挥的最真切笃实、不被蒙蔽的地方提醒人，使人在忠君、交友、爱民、爱物以至于行动、静止、说话、沉默时，都只是致他那一念侍奉父母、尊敬兄长的真诚恻隐的良知，那么就自然处处是圣道了。天下的事情虽然千变万化，以至于不可穷尽，但是只要用致侍奉父母、尊敬兄长的真诚恻隐的良知去应对，那么就不会有什么遗漏缺失，这正是只有一个良知的缘故。侍奉父母、尊敬兄长的良知之外，再也没有别的良知可以致了，所以孟子说“尧舜之道，孝弟而已矣”这就是所谓的惟精惟一的学问，放之四海而皆准，“后世要推行它也都能适用”。

你说：“想在侍奉父母、尊敬兄长上，求得致良知的学问。”就从自己用功得力这方面来说，也没有什么不可以的。如果说用致其良知的真诚恻隐来寻求侍奉父母、尊敬兄长的道理，也不是不可以。程颐先生说：“施行仁义从孝悌开始，孝悌只是仁义中的一件事情，说它是行仁的根本是可以的，说它是仁的根本就不行了。”他的说法很正确。

六四

※ 原文

臆逆先觉之说，文蔚谓“诚则旁行曲防，皆良知之用”，甚善甚善；间有搀搭处，则前已言之矣。惟浚之言亦未为不是。在文蔚须有取于惟浚之言而后尽，在惟浚又须有取于文蔚之言而后明。不然，则亦未免各有倚著之病也。舜察迩言而询刍荛[1]，非是以迩言当察、刍荛当询而后如此，乃良知之发见流行，光明圆莹，更无罣碍遮隔处，此所以谓之大知；才有执着意必，其知便小矣。讲学中自有去取分辨，然就心地上着实用功夫，却须如此方是。

※ 注释

1 刍荛：刍，草；荛，柴草。引申为打柴的人。

※ 译文

关于不臆不信、不逆诈、先觉等论断，你认为“只要内心真诚，即使是旁门左道、曲意提防，也都是良知的运用”。此言极是！偶尔有掺杂搭配处，前面已经说过了。九川的看法也不能算错。就你来说，需要采纳九川的观点才能够全面详尽，而就九川来说又必须采纳你的观点之后才能清楚明白。要不然，就难免各有偏颇。舜体察浅近的话并向打柴的人请教，并非是浅近的话应当体察、打柴的人应当询问才这样做的，良知的呈现流传，光明圆润透彻，没有任何障碍蒙蔽。这就是所谓的大智；一有执着和意必，智就变小了。讲学中自然会有取舍和分辨，然而要在心中踏实用功，却必须这样做才行。

六五

※ 原文

“尽心”三节，区区曾有生知学知困知之说，颇已明白，无可疑者。盖“尽心知性知天”者，不必说“存心养性事天”，不必说“夭寿不贰，修身以俟”。而“存心养性”与“修身以俟”之功，已在其中矣。“存心养性事天”者，虽未到得“尽心知天”的地位，然已是在那里做个求到“尽心知天”的功夫，更不必说“夭寿不贰，修身以俟”，而“夭寿不贰，修身以俟”之功，已在其中矣。

譬之行路，“尽心知天”者，如年力壮健之人，既能奔走往来于数千里之间者也；“存心事天”者，如童稚之年，使之学习步趋于庭除之间者也；“夭寿不贰，修身以俟”者，如襁褓之孩，方使之扶墙傍壁，而渐学起立移步者也。既已能奔走往来于数千里之间者，则不必更使之于庭除之间而学步趋，而步趋于庭除之间自无弗能矣；既已能步趋于庭除之间，则不必更使之扶墙傍壁而学起立移步，而起立移步自无弗能矣。然学起立移步，便是学步趋庭除之始；学步趋庭除，便是学奔走往来于数千里之基；固非有二事，但其功夫之难易，则相去悬绝矣。

心也，性也，天也，一也。故及其知之成功则一。然而三者人品力量自有阶级，不可躐等而能也。细观文蔚之论，其意以恐“尽心知天”者废却“存心修身”之功，而反为“尽心知天”之病。是盖为圣人忧功夫之或间断，而不知为自己忧功夫之未真切也。吾侪[1]用功，却须专心致志在“夭寿不贰，修身以俟”上做，只此便是做“尽心知天”功夫之始，正如学起立移步，便是学奔走千里之始。吾方自虑其不能起立移步，而岂遽其不能奔走千里？又况为奔走千里者，而虑其或遗忘于起立移步之习哉？

文蔚识见本自超绝迈往，而所论云然者，亦是未能脱去旧时解说文义之习，是为此三段书分疏比合，以求融会贯通，而自添许多意见缠绕，反使用功不专一也。近时悬空去做勿忘勿助者，其意见正有此病，最能耽误人，不可不涤除耳。

※ 注释

1 侪：同辈，同类的人。

※ 译文

关于“尽心”三节，我曾用生而知之、学而知之、困而知之来解说，已经很明白了，没有什么可以怀疑的了。“尽心知性知天”的人，就没有必要再说“存心养性事天”了，也没有必要说“夭寿不贰，修身以俟”。而“存心养性”与“修身以俟”的功夫已经包含在其中了。“存心养性事天”的人，虽然还没有达到“尽心知天”的地步，然而已经在那里做探求“尽心知天”的功夫，更不用说“夭寿不贰、修身以俟”，而“夭寿不贰，修身以俟”的功夫已经包含在其中了。

譬如走路，“尽心知天”的人，就好比年轻力壮的人，就是能够来回奔走在几千里路上的人；“存心事天”的人，就好比儿童，只能在庭院里让他锻炼走路；“夭寿不贰，修身以俟”的人，就好比是襁褓中的婴儿，只能使他扶着墙壁，慢慢学习站立移动。既然已经能够在几千里的路上来回奔走，那么就不必再让他在庭院中学习走路了，因为在庭院中走路自然没问题；既然已经能在庭院中学习走路，那么就不必让他再扶着墙壁学习站立移动，因为他自然能站立移动。然而站立移动，是在庭院里学习走路的开始；在庭院里学习走路，是往来奔跑几千里路的基础；本来这就不是两回事，只是功夫的难易程度相差悬殊罢了。

心、性、天，三者本质上是一样的。所以等到这三种人都能知晓、成功行道了，那么结果是相同的。但是，这三种人的人品、才智存在不同等级，不可能逾越各自的等级去做事。我仔细思考你的观点，你的意思是恐怕“尽心知天”的人，荒废了“存心修身”的功夫，反而成了“尽心知天”的障碍。这是担心圣人的功夫会有间断，却不知担心自己的功夫尚不真切。我们这类人用功，一定要专心致志地在“夭寿不贰，修身以俟”上用功，只有这样才是下“尽心知天”的功夫的开始。正像学习站立移动是学习奔走千里的开始一样。我才担心不能站立移动，又怎么会担心不能奔走千里呢？更何况为奔走千里的人担心遗忘了站立移动的本领呢？

你的见识原本就超凡脱俗，而从你所说的话来看，也还是没有去除过去解释字面意思的习惯，所以你才把知天、事天、夭寿不贰分作三部分，进行分析、综合、比较，以求得融会贯通，结果使自己增添了很多纠缠不清的观点，反而使自己不能专一地用功。最近凭空去做勿忘勿助的人，他们的观点恰恰犯了这个毛病，它最能耽误人，不能不彻底清除干净。

六六

※ 原文

所谓“尊德性而道问学”一节，至当归一，更无可疑。此便是文蔚曾著实用功，然后能为此言。此本不是险僻难见的道理，人或意见不同者，还是良知尚有纤翳潜伏，若除去此纤翳，即自无不洞然矣。

※ 译文

你说“尊德性而道问学”这句话中，尊德性和道问学应当统一，这没有什么可以怀疑的。这是你踏实用功之后才能说出来的话。这本不是什么生僻难懂的道理，人们之所以有不同意见，还是因为良知中有纤尘潜伏，如果除去这些纤尘，那么自然没有不豁然开朗的。

六七

※ 原文

已作书后，移卧檐间，偶遇无事，遂复答此。文蔚之学，既已得其大者，此等处久当释然自解，本不必屑屑如此分疏。但承相爱之厚，千里差人远及，谆谆下问，而竟虚来意，又自不能已于言也。然直戆[1]烦缕已甚，恃在信爱，当不为罪。惟浚处及谦之[2]、崇一处，各得转录一通寄视之，尤承一体之好也。

※ 注释

1 戆：愚直。2 谦之：邹守益（公元 1491—1562 年），字谦之，号东郭，江西安福人，王阳明的弟子。

※ 译文

已经写好信后，我躺在屋檐下，恰好遇到没有别的事，就又写了几句。你的学问既然已经抓住了关键，所提问题等到时间长了自然会弄明白的，本来我没有必要这样细细分析讲解。但承蒙你的厚爱，不远千里派人虚心请教，为了不辜负你的一片心意，我不得不说。然而我太愚直琐碎，你对我如此信任和厚爱，应该不会怪罪我吧。还请把这封信抄几份，分别寄给九川、谦之、崇一等人，让他们承蒙你情同一体的好意。

训蒙大意

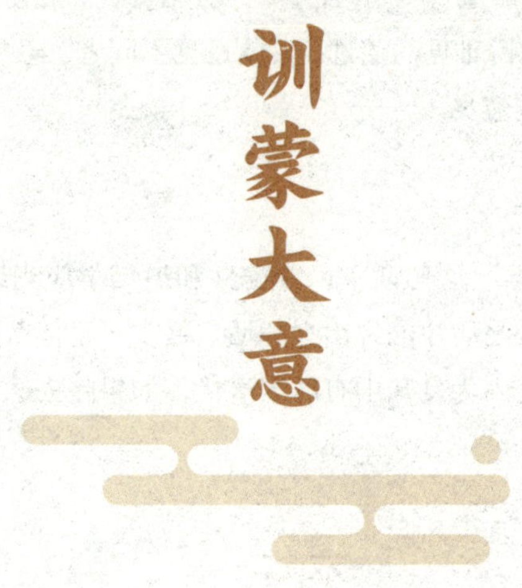

示教读刘伯颂等[1]

※ 原文

古之教者，教以人伦。后世记诵词章之习起，而先王之教亡。今教童子，惟当以孝弟忠信礼义廉耻为专务。其栽培涵养之方，则宜诱之歌诗以发其志意，导之习礼以肃其威仪，讽之读书以开其知觉。今人往往以歌诗习礼为不切时务，此皆末俗庸鄙之见，乌足以知古人立教之意哉！

大抵童子之情，乐嬉游而惮拘检，如草木之始萌芽，舒畅之则条达，摧挠之则衰痿。今教童子，必使其趋向鼓舞，中心喜悦，则其进自不能已。譬之时雨春风，沾被卉木，莫不萌动发越，自然日长月化，若冰霜剥落，则生意萧索，日就枯槁矣。故凡诱之歌诗者，非但发其志意而已，亦所以泄其跳号呼啸于咏歌，宣其幽抑结滞于音节也。导之习礼者，非但肃其威仪而已，亦所以周旋揖让而动荡其血脉，拜起屈伸而固束其筋骸也。讽之读书者，非但开其知觉而已，亦所以沉潜反复而存其心，抑扬讽诵以宣其志也。凡此皆所以顺导其志意，调理其性情，潜消其鄙吝，默化其粗顽，日使之渐于礼义而不苦其难，入于中和而不知其故。是盖先王立教之微意也。

若近世之训蒙稚者，日惟督以句读课仿，责其检束而不知导之以礼，求其聪明而不知养之以善，鞭挞绳缚，若待拘囚。彼视学舍如囹狱而不肯入，视师长如寇仇而不欲见，窥避掩覆以遂其嬉游，设诈饰诡以肆其顽鄙。偷薄庸劣，日趋下流。是盖驱之于恶而求其为善也，何可得乎？

凡吾所以教，其意实在于此。恐时俗不察，视以为迂，且吾亦将去，故特叮咛以告。尔诸教读，其务体吾意，永以为训，毋辄因时俗之言，废其绳墨，庶成“蒙以养正”[2]之功矣。念之念之。

※ 注释

1 明武宗正德十三年（公元1518年），王守仁任南赣巡抚，在赣南各地订立乡约，兴办社学并颁布此文晓谕他们。训蒙大意，儿童教育的基本原则。教读，社学的教师，刘伯颂应为教读之一。2 蒙以养正：语出《周易·蒙卦》“蒙以养正，圣功也”，意为应当培养儿童纯正无邪的品质。

※ 译文

古代的教育，教的是人伦道德。后世背诵辞章的风气兴起后，先王的教化就消失了。现在教育儿童，只应把孝悌忠信、礼义、廉耻作为专门的功课。至于培养的具体方法，则应当用吟唱诗歌来激发他们的志趣，引导他们学习礼，使他们的仪表威严，教导他们读书，以开启他们的智慧。现在的人常常以为吟唱诗歌、学习礼有点不识时务，这都是庸俗鄙薄的见识，他们这些人怎么知道古人设立教育的本意呢！

一般说来，儿童的情趣是喜欢嬉戏游乐而害怕拘束，就像草木刚开始发芽，让它舒展畅快地生长，就能很快枝条发达，如果摧残压抑它就会很快枯萎。现在教育孩子，一定要使他们顺着自己的兴趣，多加鼓励，使他们整天生活在快乐的氛围里，那么他们自然就能不断进步。就好比时雨春风滋养花木，花木没有不萌芽发育的，它们自然能日新月异，如果它们遇到冰霜的侵袭，那么就会萧条破败，一天天地枯萎。所以凡是通过吟唱诗歌来引导孩子们，不仅能开发他们的志向和兴趣，而且也能在吟唱诗歌中消耗他们上蹿下跳的精力，在音律中抒发他们心中的郁结和不快。引导他们学习礼，不仅能使他们的仪表威严，而且还可以在打躬作揖中活动他们的血脉，在叩拜屈伸中活动他们的筋骨。教导他们读书，不仅能开启他们的智慧，而且也使他们在反复思索中存养他们的本心，在抑扬顿挫的朗诵中弘扬他们的志向。所有这些都是顺应他们的天性，引导他们的志向，调理他们的性情，潜移默化他们的鄙陋吝啬和粗浅愚顽的秉性，这样使他们逐渐符合礼而不感到艰难，性情在不知不觉中达到了中正平和。这才是先王设立教育的本意。

像现在训导启蒙儿童，每天只知道督促他们的句读功课，严格约束他们却不知道用礼来引导，只知道要求他们聪明却不知道用善良来培养他们，鞭打绳捆，像对待囚犯一样对待他们。他们把学校看作是监狱而不愿意去，把老师看作是强盗和仇人而不愿意见，于是，他们窥探、逃避、掩饰、覆盖而去嬉戏游乐，设计、作假、掩饰、撒谎，肆意顽劣，变得庸俗鄙陋，日益堕落。这是驱使他们作恶却又要求他们向善，这怎么可能呢？

我的教育理念，本意就在这里。我恐怕世俗不能体察，认为我很迂腐，况且我就要离开了，所以特别加以叮咛嘱咐。你们这些教师，一定要体察我的用意，永远遵守，不要因为世俗言论而更改废弃我的规矩，也许可以成就“蒙以养正”的功效吧。切记切记！

教约

※ 原文

每日清晨，诸生参揖毕，教读以次偏询诸生：在家所以爱亲敬长之心，得无懈忽未能真切否？温清定省之仪，得无亏缺未能实践否？往来街衢，步趋礼节，得无放荡未能谨饬否？一应言行心术，得无欺妄非僻未能忠信笃敬[1]否？诸童子务要各以实对，有则改之，无则加勉。教读随时就事，曲加诲谕开发，然后各退，就席肄业。

※ 注释

1 忠信笃敬：语出《论语·卫灵公》。

※ 译文

每天早上，学生参拜行礼完毕，教师应当依次询问学生：在家里热爱父母尊敬兄长，是不是有所懈怠有失真切呢？在温清定省的礼上是否身体力行而无所欠缺？在街上行走时是否步履谨慎而没有放荡不羁呢？一切言行心思是否忠实守信而没有荒诞欺诈呢？每位学生一定要如实回答，有则改之，无则加勉。教师再针对具体的事情，委婉地加以教诲启迪，然后让他们各自回到座位上学习。

※ 原文

凡歌诗，须要整容定气，清朗其声音，均审其节调，毋躁而急，毋荡而嚣，毋馁而慑，久则精神宣畅，心气和平矣。每学量童生多寡，分为四班，每日轮一班歌诗，其余皆就席，敛容肃听。每五日则总四班递歌于本学，每朔望集各学会歌于书院。

※ 译文

吟唱诗歌时，必须仪容整洁，气定神和，声音清朗，音调节奏要均衡，不急不躁，不狂不闹，不气馁，不惧难，久而久之就会精神宣畅，心气平和。每个学校根据学生的多少分成四个班，每天轮流一个班吟唱诗歌，其余的学生都坐着，表情严肃、认真听讲。每五天让四个班在学校依次吟唱诗歌，每月初一、十五集合各学校到书院比赛吟唱诗歌。

※ 原文

凡习礼，需要澄心肃虑，审其仪节，度其容止，毋忽而惰，毋沮而怍，毋径而野，从容而不失之迂缓，修谨而不矢之拘局，久则礼貌习熟，德性坚定矣。童生班次皆如歌诗，每间一日则轮一班习礼，其余皆就席敛容肃观，习礼之日，免其课仿。每十日则总四班递习于本学，每朔望则集各学会习于书院。

※ 译文

练习礼，必须澄清心思，消除私心杂念，平心静气，老师要认真审察每个学生行礼的细节、容貌举止，不疏忽懈怠，不沮丧害羞，不随便粗野，从容自如而不迂腐缓慢，言语谨慎而不拘束紧张。久而久之对行礼就熟练了，德性也就坚定了。学生的班次像吟唱诗歌时一样，每隔一天轮到一个班练习行礼，其余的班级都坐着，表情严肃、认真地看。练习行礼这一天，免去其他功课。每隔十天集合四个班在全校依次练习行礼。每个月的初一、十五集合各学校到书院练习比赛行礼。

※ 原文

凡授书不在徒多，但贵精熟。量其资禀，能二百字者，止可授以一百字，常使精神力量有余，则无厌苦之患，而有自得之美。讽诵之际，务令专心一志，口诵心惟，字字句句，细绎反复，抑扬其音节，宽虚其心意。久则义礼浃洽，聪明日开矣。

※ 译文

老师讲课不在于数量的多少，而在于对书本知识的精熟。根据学生的资质，能认识二百字的，只应当教给他们一百字，让学生的精力有富余，那么他们就不会因为辛苦而厌烦学习，反而会有所收获的愉悦。在诵读时，务必让他们专心致志，口读心想，一字一句，反复体会，声调抑扬顿挫，心胸要宽广虚静。久而久之就能举止有礼、谈吐文明，日益聪明了。

※ 原文

每日功夫，先考德，次背书诵书，次习礼，或作课仿，次复诵书讲书，次歌诗。

凡习礼歌诗之类，皆所以常存童子之心，使其乐习不倦，而无暇及于邪僻。教者如此，则知所施矣。虽然，此其大略也，神而明之，则存乎其人[1]。

※ 注释

1 神而明之，则存乎其人：语出《周易·系辞上》“神而明之，存乎其人”。意为只有人的运用，才能使圣道发挥神妙作用。

※ 译文

每天的功课，先要考察德性，其次是背书、朗诵，再次是练习行礼或功课，最后再读书、讲课、吟唱诗歌。练习礼吟唱诗歌都是为了存养儿童的本性，使他们喜欢学习而不会感到厌倦，从而没有闲暇时间去干歪门邪道的事情。老师们知道了这些，就知道如何实施教学活动了。显然这里只说了个大概。至于明白领略其中的精妙之处，就在于各人的用功了。

卷下

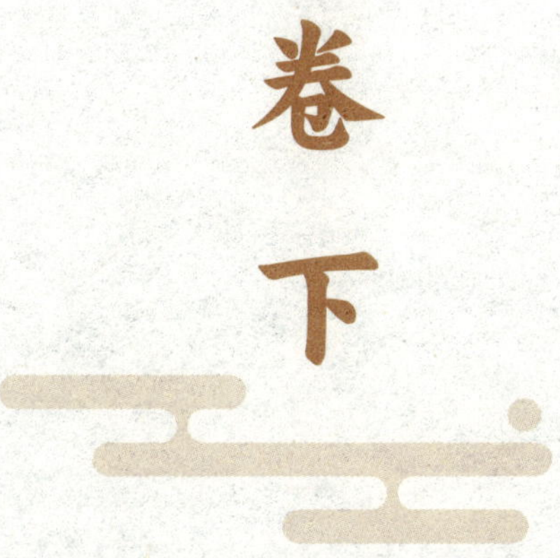

正德乙亥，九川初见先生于龙江。先生与甘泉先生论“格物”之说，甘泉持旧说。先生曰：“是求之于外了。”甘泉曰：“若以格物理为外，是自小其心也。”九川甚喜旧说之是。先生又论“尽心”一章，九川一闻却遂无疑。

陈九川录

一

※ 原文

正德乙亥，九川初见先生于龙江。先生与甘泉[1]先生论“格物”之说。甘泉持旧说。先生曰：“是求之于外了。”甘泉曰：“若以格物理为外，是自小其心也。”九川甚喜旧说之是。先生又论尽心一章，九川一闻却遂无疑。

后家居，复以格物遗质。先生答云：“但能实地用功，久当自释。”山间乃自录《大学》旧本读之，觉朱子格物之说非是，然亦疑先生以意之所在为物，物字未明。

己卯，归自京师，再见先生于洪都[2]。先生兵务倥偬，乘隙讲授。首问：“近年用功何如？”

九川曰：“近年体验得明明德功夫只是诚意。自明明德于天下，步步推入根源，到诚意上再去不得，如何以前又有格致功夫？后又体验，觉得意之诚伪，必先知觉乃可，以颜子‘有不善未尝知之，知之未尝复行’为证，豁然若无疑，却又多了格物功夫。又思来，吾心之灵何有不知意之善恶？只是物欲蔽了，须格去物欲，始能如颜子未尝不知耳。又自疑功夫颠倒，与诚意不成片段。后问希颜。希颜曰：‘先生谓格物致知是诚意功夫，极好。’九川曰：‘如何是诚意功夫？’希颜令再思体看。九川终不悟，请问。”

先生曰：“惜哉，此可一言而悟！惟浚所举颜子事便是了。只要知身心意知物是一件。”

九川疑曰：“物在外，如何与身心意知是一件？”

先生曰：“耳目口鼻四肢，身也，非心安能视听言动？心欲视听言动，无耳目口鼻四肢亦不能。故无心则无身，无身则无心。但指其充塞处言之谓之身，指其主宰处言之谓之心，指心之发动处谓之意，指意之灵明处谓之知，指意之涉着处谓之物，只是一件。意未有悬空的，必着事物。故欲诚意，则随意所在某事而格之，去其人欲而归于理，则良知之在此事者，无蔽而得致矣。此便是诚意的功夫。”

九川乃释然破数年之疑。

又问：“甘泉近亦信用《大学》古本，谓格物犹言造道，又谓穷如穷其巢穴之穷，以身至之也，故格物亦只是随处体认天理。似与先生之说渐同。”

先生曰：“甘泉用功，所以转得来。当时与说亲民字不须改，他亦不信。今论格物亦近，但不须换物字作理字，只还他一物字便是。”

后有人问九川曰：“今何不疑物字？”曰：“《中庸》曰‘不诚无物’。程子曰‘物来顺应’。又如‘物各付物’‘胸中无物’[3]之类，皆古人常用字也。”他日，先生亦云然。

※ 注释

1 甘泉：湛若水（公元1466—1560年），字元明，号甘泉，广东增城人。历任礼部、吏部、兵部尚书。著有《湛甘泉集》。2 洪都：地名，今江西南昌。3 胸中无物：语出《河南程氏外书》卷十一“尧夫胸中无事如此”。邵雍，字尧夫，共城（今河南辉县）人。北宋哲学家，与周敦颐、张载、二程（程颐、程颢）合称北宋五子。著有《皇极经世编》《伊川击壤集》等。

※ 译文

正德十年，九川在龙江初次见到了先生。当时先生正和甘泉先生谈论“格物”的学说，甘泉先生坚持朱熹先生的观点。先生说：“这是在向心外寻求。”甘泉先生说：“如果说格物的道理是向心外探求，那是自己把心看小了。”九川十分赞成朱熹的说法。先生又谈到《孟子》中尽心一章，九川听后，对先生的格物的学说就不再怀疑了。

后来在家闲居，九川又就格物的学说请教先生。先生回答说：“只要能实实在在地用功，时间长了自然就明白了。”在山中静养时我自己抄录了《大学》旧本阅读，觉得朱熹的格物的学说不正确，但是也怀疑先生把意的所在之处当作物，对于这个物字我不太明白。

正德十四年，九川从京城回来，在江西南昌再次遇见了先生。那时先生军务繁忙，只能趁着空闲时间给我讲课。首先就问："最近几年功夫用得怎么样？"

九川说："近几年体会到明明德的功夫只是诚意。从明明德于天下，一步步追本求源，到诚意上就再也推不下去了。为何诚意之前还有格物、致知的功夫？后来又仔细体验，觉得意的真诚虚伪，必须先有知觉才行，颜回的'有不善未尝知之，知之未尝复行'可以作为证据，于是我豁然开朗，确信无疑，但又多了一个格物的功夫。仔细想来，凭借我心的灵明又怎能不知道意的善恶呢？只是被物欲蒙蔽了，必须格除物欲，才能像颜回那样善恶尽知。我又怀疑自己的功夫用颠倒了，致使格物和诚意联系不起来。后来问了希颜。希颜说：'先生说格物致知是诚意的功夫，我认为极是。'我又问：'为何是诚意功夫？'希颜让我再仔细体察。我终究也不能领悟其中原因，现在向先生请教。"

先生说："可惜呀，这本来是一句话就能明白的！你所举的颜回的问题就可以说明问题了。只要知道身心意知物为一件事就行了。"

九川疑惑不解地问："物在心外，如何与身心意知为一件事呢？"

先生说："耳目口鼻及四肢，都是人体的一部分，如果没有心它们怎么能视听言动呢？心想视听言动，如果没有耳目口鼻及四肢也不行。因此说，没有心就没有身体，没有身体也就没有心。只是从它充塞空间上来说称为身，从它的主宰作用上来说称为心，从心的发动上来说称为意，从意的灵明上来说称为知，从意的涉及上来说称为物，都是一回事。意是不能悬空存在的，必须依附在事物上。所以，要想诚意，就跟随着意所涉及的事物去格，剔除私欲而回归到天理，那么，良知在这件事上，就不会被蒙蔽而能够致知了。诚意的功夫正在这里。"

听了先生这番话，九川积存在心中多年的疑虑终于消除了。

九川又问："甘泉先生最近也相信《大学》旧本，认为格物就像求道，认为穷理的穷，就像穷其巢穴的穷，必须亲身到巢穴中去。所以格物也就是随处体察认识天理，这似乎同先生的学说渐渐相同了。"

先生又说："甘泉下功夫了，所以他能转过弯来。当初我跟他说亲民不能改为新民，他还不相信。现在他见的格物同我的观点也接近了，只是不把物字改成理字，仍然用物字就行了。"

后来有人问九川说："现在为何不怀疑物字了？"九川说："《中庸》中说'不诚无物'。程颢说'物来顺应'。还有'物各付物''胸中无物'等，都是古人常用的字。"后来先生也这样说。

二

※ 原文

九川问：“近年因厌泛滥之学，每要静坐，求屏息念虑，非惟不能，愈觉扰扰。如何？”

先生曰：“念如何可息？只是要正。”

曰：“当自有无念时否？”

先生曰：“实无无念时。”

曰：“如此却如何言静？”

曰：“静未尝不动，动未尝不静。戒谨恐惧即是念，何分动静？”

曰：“周子何以言‘定之以中正仁义而主静’[1]？”

曰：“无欲故静，是‘静亦定，动亦定’的定字。‘主’，其本体也。戒惧之念是活泼泼地，此是天机不息处，所谓‘维天之命，于穆不已’[2]。一息便是死，非本体之念即是私念。”

※ 注释

1 定之以中正仁义而主静：语出周敦颐《太极图说》“五性感动而善恶分，万事出矣。圣人定之以中正仁义而主静，立人极焉”。2 “维天之命”二句：语出《诗经·周颂·维天之命》。

※ 译文

九川问：“这几年因为厌恶流行泛滥的学说，常常想独自静坐，以求摒弃思虑意念，但是不仅不能心静，反而更觉得心神不宁。这是什么原因？”

先生说：“思虑意念怎么能打消呢？只能让它归于纯正。”

九川问：“念头是否有不存在的时候？”

先生说：“的确没有无念的时候。”

九川问：“既然如此，却又怎么来解释静呢？”

先生说：“静中并非没有动，动中也并非没有静。戒慎恐惧就是念头，怎么能区分动静？”

九川说：“周敦颐为什么又要说‘定之以中正仁义而主静’呢？”

先生说：“没有欲念所以就会静，周敦颐说的定也就是程颢所说的‘静亦定，动亦定’中的‘定’。‘主’就是指本体。戒慎恐惧的念头是活泼的，正体现了天机的流动不息，就是所谓的‘维天之命，于穆不已’。一旦有所停息也就是死亡，不是从本体发出的意念就是私心杂念。”

三

※ 原文

又问：“用功收心时，有声色在前，如常闻见，恐不是专一？”

曰：“如何欲不闻见？除是槁木死灰，耳聋目盲则可。只是虽闻见而不流去便是。”

曰：“昔有人静坐，其子隔壁读书，不知其勤惰。程子称其甚敬[1]。何如？”

曰：“伊川恐亦是讥他。”

※ 注释

1 “程子称其甚敬”语出《河南程氏遗书》卷二：“许渤与其子隔一窗而寝，乃不闻其子读书与不读书。先生谓：‘此人持敬如此。’”

※ 译文

九川又问：“当用功专心的时候，如果有声色出现在眼前，还像平常那样想去看去听，只怕就不是专一了？”

先生说：“怎么能不想听不想看呢？除非是心如死灰、形同槁木，耳聋眼瞎的人才可以不听不看。虽然听见看见了，只要心不跟随着它也就行了。”

九川说：“从前有人静坐，他儿子在隔壁读书，他却不知道儿子是否在用功。程颐赞扬他很能持敬。这又是为什么呢？”

先生说：“程颐恐怕是在讽刺他。”

四

※ 原文

又问：“静坐用功，颇觉此心收敛。遇事又断了，旋起个念头，去事上省察。事过又寻旧功，还觉有内外，打不作一片。”

先生曰：“此格物之说未透。心何尝有内外？即如惟浚今在此讲论，又岂有一心在内照管？这听讲说时专敬，即是那静坐时心。功夫一贯，何须更起念头？人须在事上磨炼，做功夫乃有益。若只好静，遇事便乱，终无长进。那静时功夫亦差似收敛，而实放溺也。”

后在洪都，复与于中[1]、国裳[2]论内外之说[3]。渠皆云：“物自有内外，但要内外并着功夫，不可有间耳。”以质先生。

曰：“功夫不离本体，本体原无内外。只为后来做功夫的分了内外，失其本体了。如今正要讲明功夫不要有内外，乃是本体功夫。”

是日俱有省。

※ 注释

1 于中：陈荣捷先生认为“于中”是“子中”之误。夏良胜，字子中，与陈九川交往密切。2 国裳：舒芬（公元1487—1527年），字国裳，号梓桐，江西进贤人，丁丑（公元1517年）状元，授翰林修撰。与陈九川一同上疏谏武宗南巡，被贬。后复原职。又上疏大礼之议，并同谏者哭于武庙，遭廷杖。3 内外之说：宋明理学，往往把静坐省察与躬行实践视为内外不同的功夫，而且以前为重，轻视后者。王阳明则认为本体不分内外。省察可以知道实践，实践可以深化省察，所以它们是一体的。王阳明还认为本体和功夫是统一不可分的。

※ 译文

九川又问：“静坐用功时，特别能感觉到自己的心正在收敛。但如果有事情发生就会间断，马上就起个念头到所遇的事上去省察。等到事情解决后回头再去寻找原来的功夫，依然觉得有内省和外用的区分，始终不能打成一片。”

先生说：“这是因为对格物的理解还不够透彻。心哪里会有内外呢？正如你现在在这里讨论，难道还有另外一个心在里边照管着？这个专心听讲和说话的心就是静坐时的心。功夫是贯通的，哪里需要另外起一个念头？人必须在事上磨炼，在事上用功才会有收获。如果只是一味好静，那么一遇到事就会慌乱，始终不会有长进。那种求静的功夫表面看似乎有所收敛，实际上却是放纵沉沦。”

后来在南昌时，九川又和于中、国裳探讨内外的学说。于中、国裳两个人都说：“事物原本就有内有外，只是要内外一起用功，不可有间隔而已。”就这个问题，九川向先生请教。

先生说：“功夫与本体不可分离，本体原本没有内外区分。只是因为后来下功夫的人将功夫分成内外两种，于是就丧失了本体。现在只是要讲明功夫不要分内外，这个才是本体的功夫。”

这一天大家都有所省悟。

五

※ 原文

又问：“陆子之学何如？”

先生曰：“濂溪、明道之后，还是象山，只是粗些。”

九川曰：“看他论学，篇篇说出骨髓，句句似针膏肓，却不见他粗。”

先生曰：“然。他心上用过功夫，与揣摹依仿、求之文义自不同。但细看有粗处，用功久当见之。”

※ 译文

九川又问："陆象山先生的学说怎么样？"

先生说："周敦颐、程颢以后，还数陆象山的学问了，只是有些粗糙。"

九川说："我看他谈论学问，每篇都能讲出精髓，每句都一针见血，却看不出他粗糙的地方。"

先生说："是这样的。他在心上用功，与只在义上揣测模仿、求个字面意思有所不同。但仔细看就能发现他粗糙的地方，用功时间长了就自然能发现。"

※ 原文

庚辰往虔州再见先生，问："近来功夫虽若稍知头脑，然难寻个稳当快乐处。"

先生曰："尔却去心上寻个天理，此正所谓理障[1]。此间有个诀窍。"

曰："请问如何？"

曰："只是致知。"

曰："如何致知？"

曰："尔那一点良知，是尔自家底准则。尔意念着处，他是便知是，非便知非，更瞒他一些不得。尔只不要欺他，实实落落依着他做去，善便存，恶便去。他这里何等稳当快乐！此便是格物的真诀，致知的实功。若不靠着这些真机，如何去格物？我亦近年体贴出来如此分明，初犹疑只依他恐有不足，精细看，无些小欠缺。"

※ 注释

1 理障：佛教用语，即知障。意为把理看死了，理也会成为认识真理的障碍。《圆觉经》云："若诸众生永舍贪欲，先除事障，未断理障，但能悟入声闻缘觉，未能显住菩萨境界。"

※ 译文

明正德十五年（公元 1520 年），九川前往虔州再次见到先生，问："最近，我下功夫虽然略微掌握些要领，但想寻找到一个稳当快乐的地方，却十分困难。"

先生说："你需要到心上去寻找一个天理，这就是所谓的理障。这里边有一个诀窍。"

九川问："请问是什么诀窍？"

先生说："就是致知。"

九川问："如何致知呢？"

先生说："你的那一点良知，就是你自己的行为准则。你的意念所到之处，正确的就知道正确，错误的就知道错误，不能有丝毫的隐瞒。你只要不去欺骗良知，实实在在地遵循着良知去做，是善就存养，是恶就除去，这样是何等的稳当快乐！这些就是格物的真正秘诀，致知的实在功夫。如果不仰仗这些真机，怎么去格物？这些，我也是近几年才领悟得如此清楚明白的，刚开始，我还怀疑仅靠良知恐怕会有不足，但经过仔细体悟，发现并没有一丝缺陷。"

七

※ 原文

在虔与于中、谦之同侍。先生曰："人胸中各有个圣人，只自信不及，都自埋倒了。"因顾于中曰："尔胸中原是圣人。"

于中起，不敢当。

先生曰："此是尔自家有的，如何要推？"

于中又曰："不敢。"

先生曰："众人皆有之，况在于中？却何故谦起来？谦亦不得。"

于中乃笑受。

又论："良知在人，随你如何，不能泯灭。虽盗贼亦自知不当为盗。唤他做贼，他还忸怩。"

于中曰："只是物欲遮蔽，良心在内，自不会失。如云自蔽日，日何尝失了？"

先生曰："于中如此聪明，他人见不及此。"

※ 译文

在虔州的时候，我和于中、邹守益一块陪伴着先生。先生说："各人的胸中自有一个圣人，只因自信心不足，自己把圣人给埋没了。"先生因此看着于中说："你的胸中原本是有圣人的。"

于中连忙站起来说："不敢当，不敢当。"

先生说："这是你自己本来就有的，为何要推辞？"

于中又说："不敢当，确实不敢当。"

先生说："每个人都有，更何况于中你呢？你为什么要谦让呢？这是谦让不得的。"

于中于是便笑着接受了。

先生又说："良知在人的心中，不管你怎么样，它也泯灭不了。即使是盗贼，他也明白自己不应该去偷窃。喊他是贼，他也会羞愧不好意思的。"

于中说："那只是被物欲给蒙蔽了，良知在人的心中，不会自己消失。这好比乌云遮住太阳，而太阳是永远不会消失的。”

先生说：“于中如此聪明，别人的见识是达不到这一点的。”

八

※ 原文

先生曰：“这些子看得透彻，随他千言万语，是非诚伪，到前便明。合得的便是，合不得的便非，如佛家说心印[1]相似。真是个试金石、指南针。”

※ 注释

1 心印：佛教禅宗语。谓不用语言文字，直接以心相印证，以期顿悟。

※ 译文

先生说：“把这些道理都理解透了，随便他万语千言，是非真伪，一看就会明白。相符合的就正确，不符合的就是错的，这如佛教所说的‘心印’相像，的确是个试金石、指南针。”

九

※ 原文

先生曰：“人若知这良知诀窍，随他多少邪思枉念，这里一觉，都自消融。真个是灵丹一粒，点铁成金[1]。”

※ 注释

1 “灵丹”二句：语出《景德传灯录》：“灵丹一粒，点铁成金；至理一言，点凡成圣。”

※ 译文

先生说：“人如果熟知这良知的诀窍，随便他有多少歪思邪念，只要被良知察觉，自然会被消除。就像灵丹妙药，可以点铁成金。”

一〇

※ 原文

崇一曰：“先生致知之旨发尽精蕴，看来这里再去不得。”

先生曰：“何言之易也！再用功半年看如何？又用功一年看如何？功夫愈久，

愈觉不同，此难口说。”

※ 译文

欧阳崇一说：“先生把致良知的宗旨阐发得淋漓尽致，看来想在这个问题上再进一步是不可能了。”

先生说：“怎能随便这么说！再下半年的功夫，看看会怎样？再下一年的功夫，看看又会怎样？下功夫的时间越长，感觉就越不同，这是难以用语言来表达的。”

一一

※ 原文

先生问：“九川于致知之说，体验如何？”

九川曰：“自觉不同。往时操持，常不得个恰好处，此乃是恰好处。”

先生曰：“可知是体来与听讲不同。我初与讲时，知尔只是忽易，未有滋味。只这个要妙，再体到深处，日见不同，是无穷尽的。”

又曰：“此致知二字，真是个千古圣传之秘。见到这里，‘百世以俟圣人而不惑’。”

※ 译文

先生说：“九川你对于致知的学说有什么体会？”

九川说：“自己感觉同以往不一样。以往操作时，常不能恰到好处，现在能做得恰到好处了。”

先生说：“可见体会到的和听到的就是不一样。我当初给你讲的时候，就知道你听得糊里糊涂的，没有真切体味到。从恰到好处再往深处体会，每天都会有不同的认识，这是没有止境的。”

先生说：“这致知两字，真是圣贤千古流传的秘诀。懂得了这个道理，就能‘百世以俟圣人而不惑’。”

一二

※ 原文

九川问曰：“伊川说到‘体用一源，显微无间’处，门人已说是泄天机[1]。先生致知之说，莫亦泄天机太甚否？”

先生曰：“圣人已指以示人，只为后人掩匿，我发明耳，何故说泄？此是人人自有的，觉来甚不打紧一般，然与不用实功人说，亦甚轻忽，可惜彼此无益。与实用功而不得其要者提撕之，甚沛然得力。”

※ 注释

1 “伊川”三句：语出《河南程氏外书》卷十二“和靖尝以《易传序》请问，曰：‘至微者，理也。至著者，象也。体用一源，显微无间。莫不泄露天机否？’伊川曰：‘如此分明说破，犹自人不解语’”。

※ 译文

九川问：“当程颐先生说到‘体用一源，显微无间’时，弟子都说他泄露了天机。先生的致良知的学说，是不是也泄露了过多的天机。”

先生说：“圣人早就把致良知的学说告诉了世人，只是后人把它隐匿了，我不过使它重新显露而已，怎能说这是泄露天机呢？良知是每个人生来就有的，虽觉察到也觉得无关紧要。因此，我同不切实用功的人说致知，只可惜他们也不屑一顾，对彼此都没有什么收益。我同切实用功但把握不住要领的人谈致知，讲解清晰，他们就会感到受益匪浅。”

一三

※ 原文

又曰：“知来本无知，觉来本无觉。然不知则遂沦埋。”

※ 译文

先生又说：“知道了才发现本来无所谓知道，觉察到了才发现本来无所谓觉察到。但如果不知道，那么良知随时都会被沦落埋没。”

一四

※ 原文

先生曰：“大凡朋友，须箴规指摘处少，诱掖奖劝意多方是。”

后又戒九川云：“与朋友论学，须委曲谦下，宽以居之[1]。”

※ 注释

1 宽以居之：意为以宽厚的态度待人接物。语出《周易·乾卦·文言》“君子学以聚之，问以辩之，宽以居之，仁以行之”。

※ 译文

先生又说：“与朋友相处，彼此间应当少一点批评指责，多一点开导鼓励，这样才是正确的。”

后来先生又告诉九川说：“和朋友一起谈论学问，应该委曲谦让，宽厚待人。”

一五

※ 原文

九川卧病虔州。

先生云：“病物亦难格，觉得如何？”

对曰：“功夫甚难。”

先生曰：“常快活，便是功夫。”

※ 译文

九川在虔州卧病在床。

先生说：“疾病这东西很难格正，你感觉怎么样？”

九川说：“这个功夫确实很难。”

先生说：“常常保持快活愉悦的心态，就是功夫。”

一六

※ 原文

九川问：“自省念虑，或涉邪妄，或预料理天下事，思到极处，井井有味，便缱绻难屏。觉得早则易，觉迟则难，用力克治，愈觉扞格。惟稍迁念他事，则随两忘。如此廓清亦似无害。”

先生曰：“何须如此，只要在良知上著功夫。”

九川曰：“正谓那一时不知。”

先生曰：“我这里自有功夫。何缘得他来？只为尔功夫断了，便蔽其知。既断了，则继续旧功便是，何必如此？”

九川曰：“直是难鏖。虽知，丢他不去。”

先生曰：“须是勇。用功久，自有勇。故曰‘是集义所生者’[1]。胜得容易，便是大贤。”

※ 注释

1 是集义所生者：意为浩然正气是积累正义行为所产生的。语出《孟子·公孙丑上》“其为气也，至大至刚……配义与道……是集义所生者，非义袭而取之也”。

※ 译文

九川问："我反省自己的念头思虑，有时涉及邪妄歪曲，有时又想去治理天下大事，思考到最高境界时，也觉得津津有味，达到难分难舍的地步了。这种情况发觉得早还容易去掉，发觉晚了就难以除去，用力克制，更加觉得格格不入、心里矛盾。只有将心思转移到其他事情上，才能把这些忘掉。这样理清思虑，似乎也没有什么坏处。"

先生说："何必这样，只要在良知上用功就足够了。"

九川说："我所讲的正是还不知道良知时的情况。"

先生说："我这里自有致良知的功夫。怎么会有不知道的这种现象呢？只是因为你的功夫间断了，所以你的良知才会被蒙蔽。既然有间断，还继续下原来的功夫就是了，为何一定要这样？"

九川说："那几乎是一场恶战。虽然明白了，就是去不掉。"

先生说："必须有勇气。用功时间长了，自然会有勇气。因此孟子说'是集义所生者'。如果能轻易取胜，那就是大贤人了。"

一七

※ 原文

九川问："此功夫却于心上体验明白，只解书不通。"

先生曰："只要解心。心明白，书自然融会。若心上不通，只要书上文义通，却自生意见。"

※ 译文

九川问："致良知的功夫只能在心上体会明白，而不能解释通书上的文句。"

先生说："只需要努力在心上体会。心里明白了，书上的文句意思自然能融会贯通。如果心里不明白，只是通晓了书上的文句意思，反而会产生错误的解释。"

一八

※ 原文

有一属官，因久听讲先生之学，曰："此学甚好，只是簿书讼狱繁难，不得为学。"

先生闻之曰："我何尝教尔离了簿书讼狱，悬空去讲学？尔既有官司之事，便从官司的事上为学，才是真格物。如问一词讼，不可因其应付无状，起个怒心；不可因他言语圆转，生个喜心；不可恶其嘱托，加意治之；不可因其请求，屈意从之；不可因自己事务烦冗，随意苟且断之；不可因旁人谮毁罗织，随人意思处之。这许多意思皆私，只尔自知，须精细省察克治，惟恐此心有一毫偏倚，枉人是非。这便是格物致知。簿书讼狱之间，无非实学。若离了事物为学，却是着空。”

※ 译文

有一位下属官员，经常听先生讲学，他说：“先生的学说的确精彩，只是我要处理的文件、案件极其繁重复杂，没有时间去学习。”

先生听后对他说：“我什么时候让你放弃文件案件而悬空去做学问的？你既然需要断案，就从断案的事上学习，这样才是真正的格物。比如当你在审理案件时，不能因为对方的无礼而恼怒；不能因为对方措辞婉转周密而高兴；不能厌恶对方的委托说情而存心整治他；不能因为对方的哀求而屈意宽容他；不能因为自己的事务繁忙而随意草率结案；不能因为别人的诋毁诽谤而随别人的意愿去处理。以上讲的情况都是私心杂念，只有你自己知道，必须仔细反省体察克治，惟恐心中有丝毫偏离而错判了是非，这就是格物致知。处理文件与审理案件，无不是实实在在的学问。如果抛开了具体事物去做学问，反而会不着边际。”

一九

※ 原文

虔州将归，有诗别先生云：“良知何事系多闻？妙合当时已种根。好恶从之为圣学，将迎无处是乾元[1]。”

先生曰：“若未来讲此学，不知说‘好恶从之’从个甚么。”

敷英[2]在座曰：“诚然。尝读先生《大学》古本序，不知所说何事。及来听讲许时，乃稍知大意。”

※ 注释

1 乾元：指万物产生的根源。语出《周易·乾卦·彖传》：“大哉乾元，万物资始。”2 敷英：阳明弟子，其余不详。

※ 译文

九川将要从虔州回家的时候，写了一首诗向先生告别：“良知何事系多闻？妙合当时已种根。好恶从之为圣学，将迎无处是乾元。”

先生说：“你如果不曾来这里讨论学问，就不会知道‘好恶从之”从的是什么。”

在座的敷英说：“的确是这样。我曾经读了先生的《大学》古本序，不知道所说的是什么。等到来这里听讲了一段时间，才稍微知道了大概意思。”

二〇

※ 原文

于中、国裳辈同侍食。

先生曰："凡饮食只是要养我身，食了要消化。若徒蓄积在肚里，便成痞了，如何长得肌肤？后世学者博闻多识，留滞胸中，皆伤食之病也。"

※ 译文

于中、国裳等人陪同先生吃饭。

先生说："吃饭是为了滋养我们的身体，吃了就要消化。如果只是把事物积蓄在肚子里，就成了消化不了的硬块了，如何能滋养身体呢？后世的学者博学多识，把学问都留在肚子里，就是患了消化不良的毛病。"

二一

※ 原文

先生曰："圣人亦是学知，众人亦是生知。"

问曰："何如？"

曰："这良知人人皆有。圣人只是保全无些障蔽，兢兢业业，亹亹翼翼，自然不息，便也是学；只是生的分数多，所以谓之'生知安行'。众人自孩提之童，莫不完具此知，只是障蔽多，然本体之知自难泯息，虽问学克治，也只凭他；只是学的分数多，所以谓之'学知利行'。"

※ 译文

先生说："圣人也是学而知之，普通人也是生而知之。"

九川问："为什么？"

先生说："这良知人人都有。圣人只是能够保全良知，而不让它受到任何蒙蔽，兢兢业业，勤勤恳恳，良知自然会不停息，这也是学习；只是生知的成分比较多，所以说圣人是'生知安行'。普通人在还是孩子的时候，也都完全具备良知，只是后来被私欲蒙蔽了，然而本体的良知是很难泯灭的，学习克治也都是凭着良知进行的；只是学知的成分多，所以说普通人是'学知利行'。"

黄直录

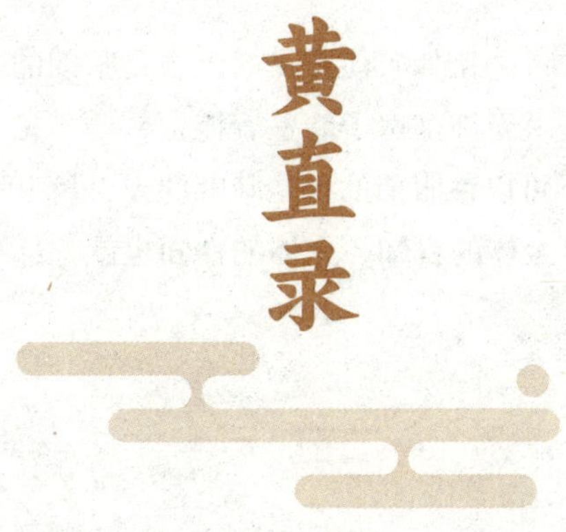

二二

※ 原文

黄以方问："先生格致之说，随时格物以致其知，则知是一节之知，非全体之知也。何以到得'溥博如天，渊泉如渊'[1]地位？"

先生曰："人心是天、渊。心之本体无所不该，原是一个天，只为私欲障碍，则天之本体失了。心之理无穷尽，原是一个渊，只为私欲窒塞，则渊之本体失了。如今念念致良知，将此障碍窒塞一齐去尽，则本体已复，便是天、渊了。"

乃指天以示之曰："比如面前见天，是昭昭之天，四外见天，也只是昭昭之天。只为许多房子墙壁遮蔽，便不见天之全体，若撤去房子墙壁，总是一个天矣。不可道眼前天是昭昭之天，外面又不是昭昭之天也。于此便见一节之知即全体之知，全体之知即一节之知，总是一个本体。"

※ 注释

1 溥博如天，渊泉如渊：语出《中庸》。

※ 译文

黄以方问："先生的格物致知的学说，随时格物来致良知，那么良知是一部分的良知，不是全体的良知。怎么能达到‘溥博如天，渊泉如渊’的地步呢？”

先生说：“人心是天，是深渊。心的本体无所不包，原本就是一个天，只是被私欲阻碍，则天的本体就迷失了。心中的道理无穷尽，原本是个深渊，只因为私欲的阻塞，深渊的本体才迷失了。如今念念不忘致良知，将这些障碍、阻塞一起去掉，本体才能恢复，就仍是天和渊了。”

先生就指着天启示他说：“比如眼前看见的天，是晴朗的天，在四方之外看到的天，也是晴朗的天，只是由于许多房子墙壁遮掩，就看不见天的全部，若是撤去房子墙壁，总还是一个天。不可以说眼前的天是晴朗的天，外面的天就不是晴朗的天。由此可见，部分的良知就是全体的良知，全体的良知也就是部分的良知，都是一个良知的本体。”

二三

※ 原文

先生曰：“圣贤非无功业气节，但其循着这天理，则便是道，不可以事功气节名矣。”

“‘发愤忘食’[1]是圣人之志如此，真无有已时。‘乐以忘忧’是圣人之道如此，真无有戚时。恐不必云得不得也[2]。”

※ 注释

1 发愤忘食：语出《论语·述而》。2 恐不必云得不得也：语出朱熹《论语集注》。

※ 译文

先生说：“圣贤不是没有功业气节，但是他们遵循这个天理，这就是道，圣贤不是以功业气节而出名的。”

先生说：“‘发愤忘食’是圣人的志向本就如此，真的没有尽头；‘乐以忘忧’是圣人的道本就如此，真的没有悲伤的时候。恐怕不必说得到和得不到了。”

二四

※ 原文

先生曰：“我辈致知，只是各随分限所及。今日良知见在如此，只随今日所知扩充到底，明日良知又有开悟，便从明日所知扩充到底。如此方是精一功夫。与人论学，亦须随人分限所及。如树有这些萌芽，只把这些水去灌溉，萌芽再长，便又加水。自拱把以至合抱，灌溉之功皆是随其分限所及。若些小萌芽，有一桶水在，尽要倾上，便浸坏他了。”

※ 译文

先生说：“我们这些人致良知，只是随各人的能力大小而有所分别的。今天良知认识到这个地步，就依循今天的认识扩充到底，明日良知又有所领悟，就从明日的认识扩充到底。这样才是精一的功夫。和别人谈论学问，也必须依据对方的能力极限。就好比树苗刚开始萌芽，只能用一点水去浇灌，等到再长大一点，便要再加水的分量，树从两手合抱到两臂合抱，浇水的多少都要根据树的发育情况来定。如果是刚发芽的小树，就用一桶水全部浇上去，便会把树浇死。”

二五

※ 原文

问知行合一。

先生曰：“此须识我立言宗旨。今人学问，只因知行分作两件，故有一念发动，虽是不善，然却未曾行，便不去禁止。我今说个知行合一，正要人晓得一念发动处便即是行了。发动处有不善，就将这不善的念克倒了，须要彻根彻底，不使那一念不善潜伏在胸中。此是我立言宗旨。”

※ 译文

有人向先生请教知行合一的问题。

先生说：“这必须认识到我的言论的宗旨。现在的人做学问，只因为把知行分成了两件事情，所以有一个念头萌动，虽然是不善的，只要没有做出来，就不去禁止。我现在说个知行合一，正是要让人明白有一个念头的发动，就是做了。萌动了不善的念头，就将这个不善的念头克制住，必须要彻底从心中把这个不善的念头清除出去，这就是我的言论的宗旨。”

二六

※ 原文

“圣人无所不知，只是知个天理；无所不能，只是能个天理。圣人本体明白，故事事知个天理所在，便去尽个天理。不是本体明后，却于天下事物都便知得，便做得来也。天下事物，如名物度数、草木鸟兽之类，不胜其烦。圣人虽是本体明了，亦何缘能尽知得？但不必知的，圣人自不消求知。其所当知的，圣人自能问人，如‘子入太庙每事问’[1]之类。先儒谓‘虽知亦问，敬谨之至’[2]，此说不可通。圣人于礼乐名物不必尽知，然他知得一个天理，便自有许多节文度数出来。不知能问，亦即是天理节文所在。”

※ 注释

1 子入太庙每事问：语出《论语·八佾》。2 “虽知”二句：语出朱熹《论语集注》引伊和靖之语“礼者，敬而已矣。虽知亦问，谨之至也”。

※ 译文

“圣人无所不知，只是知道天理；圣人无所不能，只是能行个天理。圣人的本体明白，因此什么事都知道它的天理的所在，就去穷尽它的天理。不是本体明白之后，那么天下的事物就都知道了，就都做得出来了。天下的事物，例如名物度数、草木鸟兽之类，数不胜数。圣人即使在本体上明白了，又怎么能什么都知道呢？只要是不需要知道的，圣人自然不用都知道。其中应当知道的，圣人也自然会询问别人，例如‘孔子进太庙事事都问’之类。朱熹先生引用伊和靖的话，说‘孔子虽然知道了还要问，这是极其恭敬谨慎的表现’，这种说法说不通。圣人对于礼乐名物，不需要全都知道，然而他知道一个天理，就自然会知道很多规矩法度。不知道的马上问，这也是规矩法度的所在。”

二七

※ 原文

问：“先生尝谓‘善恶只是一物’。善恶两端，如冰炭相反，如同谓只一物？”

先生曰：“至善者心之本体。本体上才过当些子，便是恶了；不是有一个善，却又有一个恶来相对也。故善恶只是一物。”

直因闻先生之说，则知程子所谓“善固性也，恶亦不可不谓之性”[1]；又曰：“善恶皆天理，谓之恶者本非恶，但于本性上过与不及之间耳”[2]。其说皆无可疑。

※ 注释

1 “善固性也”二句：程颢语，语出《河南程氏遗书》卷一。2“善恶皆天理”三句：程颢语，语出《河南程氏遗书》卷二“天下善恶皆天理，谓之恶者本非恶，但或过或不及，便如此”。意为善与恶都是天理，所谓的恶，本身并不是恶，只是对于天理来说，表现得过分或不足罢了。

※ 译文

黄直问："先生曾经说'善恶只是一个事物'。善恶两个方面，就像冰和炭一样，互相对立，怎么能说是一种事物呢？"

先生说："最高的善是心的本体。本体上才有一些过错，就是恶了；而不是有一个善，就有一个恶来与它相对应，所以说善恶只是一个事物。"

黄直因为听了先生的学说，于是明白了程颢先生所说的两句话："善固性也，恶亦不可不谓之性。""善恶皆天理，谓之恶者本非恶，但于本性上过与不及之间耳"。黄直对这些说法都不再疑惑了。

二八

※ 原文

先生尝谓："人但得好善如好好色，恶恶如恶恶臭，便是圣人。"

直初时闻之，觉甚易，后体验得来，此个功夫着实是难。如一念虽知好善恶恶，然不知不觉，又夹杂去了。才有夹杂，便不是好善如好好色、恶恶如恶恶臭的心。善能实实的好，是无念不善矣；恶能实实的恶，是无念及恶矣。如何不是圣人？故圣人之学，只是一诚而已。

※ 译文

先生曾经说过；"人只要能喜好善行像喜好美色、厌恶恶行像厌恶恶臭那样，就是圣人了。"

黄直刚刚听到这话时，感觉很容易，后来亲身体验后，才发现这个功夫其实很难。比如心中虽然知道好善恶恶，然而不知不觉就会掺杂进别的东西。一掺杂进别的东西，心就不能像喜好美色那样喜好善行、厌恶恶臭那样厌恶恶行。如果能实实在在地喜好善行，那么就没有什么念头不善了；如果能实实在在地厌恶恶行，那么就没有什么念头涉及恶了。这怎么会不是圣人呢？所以圣人的学问，也只是一个诚而已。

二九

※ 原文

问《修道说》言，"率性之谓道"属圣人分上事，"修道之谓教"属贤人分上事。

先生曰："众人亦率性也，但率性在圣人分上较多，故'率性之谓道'属圣人事。圣人亦修道也，但修道在贤人分上多，故'修道之谓教'属贤人事。"

又曰："《中庸》一书，大抵皆是说修道的事，故后面凡说君子，说颜渊，说子路，皆是能修道的。说小人，说贤知愚不肖，说庶民，皆是不能修道的。其他言舜、文、周公、仲尼至诚至圣之类，则又圣人之自能修道者也。”

※ 译文

有人就先生的《修道说》中所说的“率性之谓道”属圣人分内的事，“修道之谓教”属贤人分内的事，请教先生。

先生说：“普通人也能率性，但率性在圣人身上表现的比较多，所以说‘率性之谓道’是圣人分内的事。圣人也修道，但修道在贤人身上表现的较多，所以说‘修道之谓教’是贤人分内的事。”

先生又说：“《中庸》一书，大部分都是说修道的事，所以后面凡是说到君子，说到颜回、子路，都是能修道的人。凡是说到小人，说到贤者、智者、愚者、不肖者、庶民，都是不能修道的人。其他的说到舜、文王、周公、孔子等至诚至胜的人，则又是圣人中能自然修道的人。”

三〇

※ 原文

问：“儒者到三更时分，扫荡胸中思虑，空空静静，与释氏之静只一般。两下皆不用，此时何所分别？”

先生曰：“动静只是一个。那三更时分空空静静的，只是存天理，即是如今应事接物的心；如今应事接物的心，亦是循此天理，便是那三更时分空空静静的心。故动静只是一个，分别不得。知得动静合一，释氏毫厘差处亦自莫掩矣。”

※ 译文

有人问：“儒家学者在三更半夜时，荡涤心中的思虑，空空寂寂，和佛教的静一样。静时，儒佛两家的功夫都不发挥作用，这时两者区别又在哪里呢？”

先生说：“动静只是一回事。半夜三更时的空空寂寂，只要存养天理，也就是如今应接事物的心；如今应接事物的心，也是要遵循天理，也就是半夜三更时空空寂寂的心。因此，动静只是一回事，不能分开。知晓了动静合一的道理，佛教同儒家的丝毫差别也自然掩蔽不了。”

三一

※ 原文

门人在座，有动止甚矜持者。先生曰：“人若矜持太过，终是有弊。”

曰：“矜持太过，如何有弊？”

曰：“人只有许多精神，若专在容貌上用功，则于中心照管不及者多矣。”

有太直率者。先生曰：“如今讲此学，却外面全不检束，又分心与事为二矣。”

※ 译文

在座的门生中，有一个人的举止过于矜持。先生说：“人如果太过矜持，终究是存在弊端。”

黄直问：“为什么说过于矜持就存在弊端？”

先生说：“人的精力毕竟有限，如果一味在容貌上下功夫，那么就会经常照顾不到内心了。”

门人中有过于直率的人。先生这样说：“现在讲习致良知学说，如果在外表上完全不加约束，又是把心与事看作两回事了。”

三二

※ 原文

门人作文送友行，问先生曰：“作文字不免费思，作了后又一二日常记在怀。”

曰：“文字思索亦无害，但作了常记在怀，则为文所累，心中有一物矣，此则未可也。”

又作诗送人。先生看诗毕，谓曰：“凡作文字，要随我分限所及，若说得太过了，亦非修辞立诚[1]矣。”

※ 注释

1 修辞立诚：意为修饰言辞以诚信为本。语出《周易·乾卦·文言》。

※ 译文

有一个学生写文章为朋友送行，于是他问先生说：“写文章难免费心思，写过后一两天还总记挂在心上。”

先生说：“写文章时思考并无害处。但写完了常记在心上，那么就会被文章所牵累，心中存有一件事物，这就不好了。”

又有人写诗送人。先生看了之后，说：“凡是写诗作文，都要依据自己的才智水平的极限，如果说得太过分了，也就不是修辞立诚了。”

三三

※ 原文

“文公格物之说，只是少头脑。如所谓‘察之于念虑之微’，此一句不该与‘求之文字之中’、‘验之于事为之著’、‘索之讲论之际’[1]混作一例看，是无轻重也。”

※ 注释

1 “所谓”四句：语出朱熹《大学或问》。

※ 译文

先生说：“朱熹先生格物的学说，只是不得要领。就像他所说的‘察之于念虑之微’，这一句不应该和‘求之文字之中’‘验之于事为之著’‘索之讲论之际’混作一个例子来谈，这是没有轻重之分呀！”

三四

※ 原文

问“有所忿懥[1]”一条。

先生曰：“忿懥几件，人心怎能无得？只是不可‘有所’耳。凡人忿懥，着了一分意思，便怒得过当，非廓然大公之体了。故有所忿懥，便不得其正也。如今于凡忿懥等件，只是个物来顺应，不要着一分意思，便心体廓然大公，得其本体之正了。且如出外见人相斗，其不是的，我心亦怒，然虽怒，却此心廓然，不曾动些子气。如今怒人，亦得如此，方才是正。”

※ 注释

1 有所忿懥（zhì）：语出《大学》“身有所忿懥，则不得其正；有所恐惧，则不得其正；有所好乐，则不得其正；有所忧患，则不得其正”。

※ 译文

有人就《大学》中“有所忿懥”这一说法向先生请教。

先生说：“就像愤怒、恐惧、好乐、忧患等情绪，人的心中怎会没有呢？只是不应该有罢了。一个人在忿懥时，哪怕是多一分意思，愤怒也会过度，这样就失去了心胸宽广无私的本体了。因此，有所忿懥，心就不能中正。如今，对于忿懥等情绪，只要顺其自然，不过分在意，心体自然会宽广无私，从而实现本体的中正平和了。例如，出门看见有人打斗，对于错误的一方，我心中很忿懥，虽然愤怒，但我心坦然，不曾生过多的气。现在对别人有怒气时，也应该这样，这才为中正平和。”

三五

※ 原文

先生尝言：“佛氏不著相[1]，其实著了相。吾儒著相，其实不著相。”

请问。

曰：“佛怕父子累，却逃了父子；怕君臣累，却逃了君臣；怕夫妇累，却逃了夫妇。都是为个君臣、父子、夫妇著了相，便须逃避。如吾儒有个父子，还他以仁；有个君臣，还他以义；有个夫妇，还他以别。何曾著父子、君臣、夫妇的相？”

※ 注释

1 著相：执着于事物的外在形式。相，佛教名词，相对“性”而言。佛教把一切事物的外观、形象、状态称之为“相”。

※ 译文

先生曾经说：“佛教不执着于相，其实也是执着于相。儒家执着于相，其实也是不执着于相。”

学生向先生请教。

先生说：“佛教害怕被父子关系牵累，就逃脱了父子亲情；害怕被君臣关系所牵累，就逃脱了君臣忠义；害怕被夫妻关系所牵累，就逃脱了夫妻情分。这都是因为执着于君臣、父子、夫妻的相，才要逃避。像我们儒家，有父子关系的，就还他以仁爱；有君臣关系的，就还他以忠义；有夫妻关系的，就还他以礼节。什么时候有过执着于父子、君臣、夫妻的相呢？”

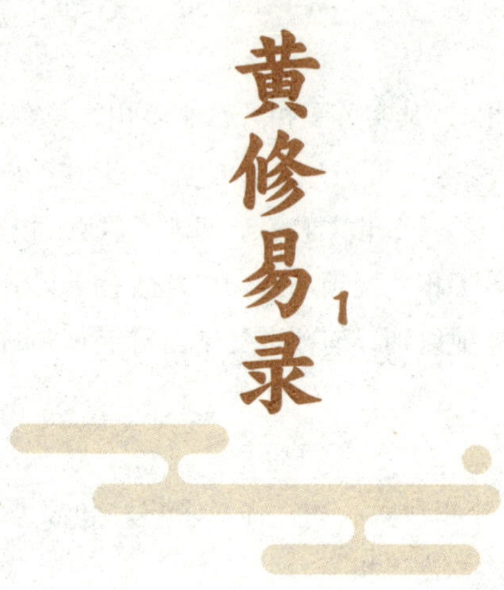

黄修易录[1]

三六

※ 原文

黄勉叔问：“心无恶念时，此心空空荡荡的，不知亦须存个善念否？”

先生曰：“既去恶念，便是善念，便复心之本体矣。譬如日光被云来遮蔽，云去光已复矣。若恶念既去，又要存个善念，即是日光之中添燃一灯。”

※ 注释

1 黄修易：字勉叔，王阳明的弟子。

※ 译文

黄修易问：“心中没有恶念时，这个心就空空荡荡，不知是否需要存养一个善念？”

先生说：“既然除去了恶念，就是善念了，也就恢复了心的本体。比如阳光被乌云遮挡，当乌云散去后，阳光就会重现。如果恶念已经除去，而又要存养一个善念，这就像是在阳光下又添一盏灯。”

三七

※ 原文

问："近来用功，亦颇觉妄念不生，但腔子里黑窣窣的，不知如何打得光明？"

先生曰："初下手用功，如何腔子里便得光明？譬如奔流浊水，才贮在缸里，初然虽定，也只是昏浊的。须俟澄定既久，自然渣滓尽去，复得清来。汝只要在良知上用功，良知存久，黑窣窣自能光明也。今便要责效，却是助长，不成功夫。"

※ 译文

黄修易问："最近用功，也颇感虚妄的念头不再滋生，然而，内心深处却是一团漆黑，不知怎样才能让它光明？"

先生说："刚开始着手下功夫时，心里怎么会立刻光明？就好比奔流着的污水刚倒入缸中，刚开始即使已经静止不动，也仍然是浑浊的。必须等待长时间的澄清，水中的渣滓才会沉淀，才会成为清水。你只要在良知上用功，存养良知的时间长了，心中的黑暗自然能变成光明。如今想要它立刻见效，却是揠苗助长，不能看成是功夫。"

三八

※ 原文

先生曰："吾教人致良知，在格物上用功，却是有根本的学问，日长进一日，愈久愈觉精明。世儒教人事事物物上去寻讨，却是无根本的学问。方其壮时，虽暂能外面修饰，不见有过，老则精神衰迈，终须放倒。譬如无根之树，移栽水边，虽暂时鲜好，终久要憔悴。"

※ 译文

先生说："我教导人致良知，需要在格物上下功夫，它是有根本的学问，一天比一天有所进步，时间越长就越精明。朱熹先生教人到万事万物上去寻求探讨，那是没有根本的学问。人年轻的时候，虽然暂时能修饰外表，即使有过错也看不出来，到老年时精力衰竭，最终会支持不住而倒下去。比如，把一棵没有根的树移栽到水边，短时间内树虽生机勃勃，但最终自然会枯萎而死。"

三九

※ 原文

问"志于道"[1]一章。

先生曰："只'志于道'一句便含下面数句功夫，自住不得。譬如做此屋，'志于道’是念念要去择地鸠材，经营成个区宅；‘据德’却是经画已成，有可据矣；‘依仁’却是常常住在区宅内，更不离去；‘游艺’却是加些画采，美此区宅。艺者义也，理之所宜者也。如诵诗、读书、弹琴、习射之类，皆所以调习此心，使之熟于道也。苟不志道而游艺，却如无状小子，不先去置造区宅，只管要去买画挂，做门面，不知将挂在何处？”

※ 注释

1 志于道：意为志向在“道”。语出《论语·述而》：“子曰：‘志于道，据于德，依于仁，游于艺。’”

※ 译文

有人向先生请教“志于道”这一章。

先生说：“只‘志于道’这一句便已经包含了下面几句话的功夫，不能只停留在‘志于道’上。就像盖房子，‘志于道’就是念念不忘地要去挑选地皮和木材，把房子盖好；而‘据于德’却是房子已经建好，可以居住了；‘依于仁’则是时常住在房子里，不要离开；‘游于艺’则是在房子里增加些图画，美化房子。艺就是义，是天理的适宜处，比如诵诗、读书、弹琴、射箭等，都是为了调节心性，使它能够熟悉圣道。假如不先志于道就游于艺，那就像毛头小子不先建造好房子，只管去买些装饰品挂着，当作门面，不知道要把这些装饰品挂在哪里？”

四〇

※ 原文

问：“读书所以调摄此心，不可缺的。但读之之时，一种科目意思牵引而来，不知何以免此？”

先生曰：“只要良知真切，虽做举业，不为心累；纵有累亦易觉，克之而已。且如读书时，良知知得强记之心不是，即克去之；有欲速之心不是，即克去之；有夸多斗靡之心不是，即克去之。如此亦只是终日与圣贤印对，是个纯乎天理之心，任他读书，亦只是调摄此心而已，何累之有？”

曰：“虽蒙开示，奈资质庸下，实难免累。窃闻穷通有命，上智之人，恐不屑此。不肖为声利牵缠，甘心为此，徒自苦耳。欲屏弃之，又制于亲，不能舍去。奈何？”

先生曰：“此事归辞于亲者多矣，其实只是无志。志立得时，良知千事万事，只是一事，读书作文，安能累人？人自累于得失耳。”因叹曰：“此学不明，不知此处耽搁了几多英雄汉！”

※ 译文

有人问："读书就是为了调节我的心性，它是不可缺少的。然而在读书时，又有科举功名的思虑产生，这种情况如何才能避免出现呢？"

先生说："只要良知真切，即使是为了科举功名，也不会成为心的负担；纵然有了负担，也容易发觉并得以克制。例如读书时，良知清楚有强记的心不对，就去克制它；良知清楚急于求成的心不对，就去克制它；良知清楚有好胜的心不对，就去克制它。这样一来，就是整天与圣贤的心彼此印证，就是一个纯乎天理的心，任凭他怎么读书，也只是调节心性罢了，怎么会有负担呢？"

有人问："虽然承蒙先生启发，无奈我天资愚钝，实在很难除去这一负担。我私下里听说，人的穷困和通达都是由命运安排的，天资聪颖的人，对科举等事情大概会不屑一顾。而我不贤明，才会被功利所纠缠，心甘情愿为科举而读书，我只能独自苦恼。想摒除这个念头，又被父母双亲管制，不能抛弃。到底该怎么办？"

先生说："把这类事情归罪于父母的，天下并不少见。归根结底，还是他自己没有志向。志向坚定了，在良知的主宰下，万事万物也只是一件事，读书作文，怎么会成为人的负担呢？人还是被自己的那个计较得失的心给困扰了啊！"因此，先生感慨道："良知的学问不昌明，在这里不知道耽搁了多少英雄好汉！"

四一

※ 原文

问："'生之谓性'，告子亦说得是，孟子如何非之？"

先生曰："固是性，但告子认得一边去了，不晓得头脑；若晓得头脑，如此说亦是。孟子亦曰：'形色，天性也。'[1]这也是指气说。"

又曰："凡人信口说，任意行，皆说'此是依我心性出来'。此是所谓生之谓性，然却要有过差。若晓得头脑，依吾良知上说出来，行将去，便自是停当。然良知亦只是这口说，这身行，岂能外得气，别有个去行去说？故曰'论性不论气不备，论气不论性不明'。[2]气亦性也，性亦气也，但须认得头脑是当。"

※ 注释

1 "形色，天性也"语出《孟子·尽心上》："孟子曰：'形色，天性也；惟圣人然后可以践形。'"2 "论性"二句：程颐语，出自《河南程氏遗书》卷六。意为只讲性不讲气，不完整；只讲气不讲性，不明晰。

※ 译文

有人问："告子说'生之谓性'是正确的，孟子为什么要否定他呢？"

先生说："固然是性，但是告子只认识了一个方面，没有知晓要领；如果知晓了要领，这样说也正确。孟子也说：'形色，天性也'，这也是针对气来说的。"

先生又说："凡是一个人信口开河、任意妄为，都会说'这是依据我的心性来做的'，这就是所谓的生之谓性，然而这样却会有很多差错。如果知晓了要领，依照自己的良知说话、做事，便自然会安稳妥当。然而良知只是依靠我们的嘴来说，身体来实践，怎么能抛开气，另外有个东西去说去做呢？所以程颐先生说：'论性不论气不备，论气不论性不明。'气也是性，性也是气。但必须认得要领才行。"

四二

※ 原文

又曰："诸君功夫，最不可助长。上智绝少，学者无超入圣人之理。一起一伏，一进一退，自是功夫节次。不可以我前日用得功夫了，今却不济，便要矫强做出一个没破绽的模样，这便是助长，连前些子功夫都坏了，此非小过。譬如行路的人，遭一蹶跌，起来便走，不要欺人做那不曾跌倒的样子出来。诸君只要常常怀个'遁世无闷，不见是而无闷'之心，依此良知，忍耐做去，不管人非笑，不管人毁谤，不管人荣辱，任他功夫有进有退，我只是这致良知的主宰不息，久久自然有得力处，一切外事亦自能不动。"

又曰"人若着实用功，随人毁谤，随人欺慢，处处得益，处处是进德之资；若不用功，只是魔也，终被累倒。"

※ 译文

先生又说："各位下功夫时，千万不能揠苗助长。智力超群的人很少，学者没有直接成为圣人的道理。有起有伏，有进有退，是用功过程中自然的事情。不能因为我前几天用功了，今天已经不管用了，却还勉强装出一个没有破绽的样子，这样就是揠苗助长，如果这样做了，便连从前下的那点功夫也给遗弃了。这可不是小小的错误。就像一个人走路，不小心跌了一跤，爬起来就走，不要假装一副没有跌倒的模样来欺骗人。你们只要经常怀着一颗'遁世无闷，不见是而无闷'的心，依据这良知的功夫耐心地做下去，不在乎别人的嘲笑、诽谤，也不管别人的赞赏、侮辱，任凭他的功夫有进有退，我只要抓住致良知的要领坚持用功不停息，久而久之，自会感到有力，一切外界事物自然也不能动摇我。"

先生又说："人如果实实在在地用功，不管别人如何诽谤和侮辱，依然会处处受益，处处都是增进品德的资本；如果不下功夫，别人的诽谤和侮辱就会像魔鬼，最终会把你累垮。”

四三

※ 原文

先生一日出游禹穴[1]，顾田间禾曰：“能几何时，又如此长了。”

范兆期[2]在旁曰：“此只是有根。学问能自植根，亦不患无长。”

先生曰：“人孰无根？良知即是天植灵根，自生生不息，但着了私累，把此根戕贼蔽塞，不得发生耳。”

※ 注释

1 禹穴：在今浙江绍兴的会稽山上，传说大禹出巡死在浙江，葬在会稽山。
2 范兆期：范引年，字兆期，号半野，王阳明弟子。

※ 译文

有一天，先生到禹穴游历参观，他环视田间的禾苗说：“这才多长时间，禾苗就又长这么高了。”

旁边的范兆期说：“这是因为它有根。做学问如果自己能种根，就不用担心学问不进步了。”

先生说：“哪一个人没有根？良知就是天生的灵根，原本是生生不息的，只因为被私欲牵累，这灵根被残害蒙蔽了，使它不能正常地生长发育罢了。”

四四

※ 原文

一友常易动气责人。先生警之曰：“学须反己，若徒责人，只见得人不是，不见自己非。若能反己，方见自己有许多未尽处，奚暇责人？舜能化象的傲[1]，其机括只是不见象的不是。若舜只要正他的奸恶，就见得象的不是矣。象是傲人，必不肯相下，如何感化得他？”

是友感悔。

曰：“你今后只不要去论人之是非，凡当责辨人时，就把做一件大己私克去，方可。”

※ 注释

1 舜能化象的傲：语出《尚书·尧典》。

※ 译文

有位朋友经常容易生气而指责别人。先生告诫他说："学习必须反省自己，如果只去指责别人，就只能看到别人的错误，而看不到自己的缺点。如果能反省自己，才能发现自己有许多不足之处，哪还有时间去指责别人？舜之所以能感化象的傲慢，最主要的就是舜不去挑剔象的缺点。如果舜只是要纠正象的奸诈险恶，就会发现象的很多缺点。像是狂傲的人，一定不会甘拜下风，如果这样怎么能感化他呢？"

那位朋友听了既感动又后悔。

先生说："从今往后，你只要不去谈论别人的是非，凡是想要指责别人的时候，就把它当作自己的一大私欲去加以克治，这样才行。"

四五

※ 原文

先生曰："凡朋友问难，纵有浅近粗疏，或露才扬己，皆是病发。当因其病而药之可也，不可便怀鄙薄之心，非君子与人为善[1]之心矣。"

※ 注释

1 与人为善语出《孟子·公孙丑上》"取诸人以为善，是与人为善者也"。

※ 译文

先生说："凡是朋友在一块讨论问题，纵然有人显得浅近粗疏，或者有人想显露自己的才智，恃才放狂，这都是毛病在发作。只有对症下药才行，不能因此而怀有鄙视轻薄别人的心。否则，就不是君子与人为善的心了。"

四六

※ 原文

问："《易》，朱子主卜筮[1]，程《传》主理[2]，何如？"

先生曰："卜筮是理，理亦是卜筮。天下之理孰有大于卜筮者乎？只为后世将卜筮专主在占卦上看了，所以看得卜筮似小艺，不知今之师友问答，博学、审问、慎思、明辨、笃行之类，皆是卜筮。卜筮者，不过求决狐疑，神明吾心而已。《易》是问诸天，人有疑，自信不及，故以《易》问天；谓人心尚有所涉，惟天不容伪耳。"

※ 注释

1 朱子主卜筮：朱熹著《周易本义》《易学启蒙》，认为《周易》原为卜筮之书。2 程《传》主理：程颐著《易传》四卷，认为《周易》是为了阐明天理的。

※ 译文

有人问："朱熹认为《周易》是卜筮之书，而程颐则认为是讲天理的书。你觉得呢？"

先生说："朱熹先生认为《易经》主要是占卜。天下的道理难道有比占卜还大的吗？只因为后世专门把占卜看成是算卦了，所以把占卜看作了雕虫小技，而不知道现在师生朋友间的问答，博学、审问、慎思、明辨、笃行等，都属于占卜的范畴。占卜只不过是解决人们的疑问，使人们的心变得清晰明白罢了。《易经》是向天请教，人有疑问，但又没有自信，所以就借助《易经》向天请教。认为人心还有所偏颇，只有天是容不得半点虚伪的。"

黄省曾[1]录

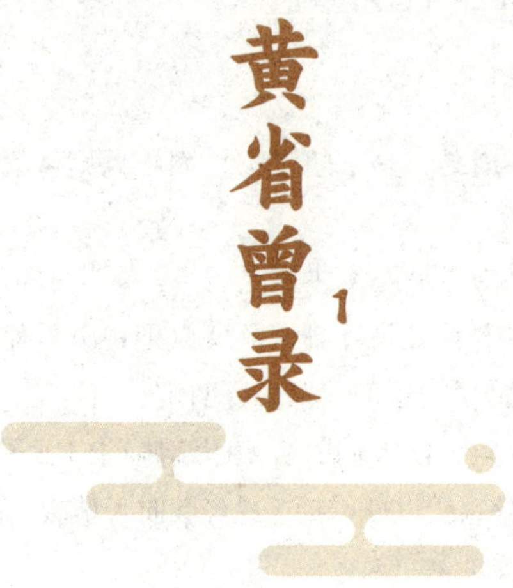

四七

※ 原文

黄勉之问："'无适也，无莫也，义之与比。[2]'事事要如此否？"

先生曰："固是事事要如此，须是识得个头脑乃可。义即是良知，晓得良知是个头脑，方无执着。且如受人馈送，也有今日当受的，他日不当受的；也有今日不当受的，他日当受的。你若执着了今日当受的便一切受去，执着了今日不当受的便一切不受去，便是'适''莫'，便不是良知的本体，如何唤得做义？"

※ 注释

1 黄省曾：字勉之，苏州人，王阳明的弟子，著有《会稽问道录》。2 "无适也"三句：意为没有固定的肯定模式，也没有固定的否定模式，符合义则可，不符合义则不可。语出《论语·里仁》。

※ 译文

黄勉之问："《论语》中说：'无适也，无莫也，义之与比。'难道什么事都要如此吗？"

先生说："当然是什么事都要如此，还必须是知晓了一个要领才可以这样。义就是良知，知晓良知就是个要领，这样才不会执着。就像接受别人的馈赠，有现在可以接受，而别的时候不应当接受的；也有现在不应当接受，而别的时候可以接受的。你如果执着于今天可以接受的，就把一切都接受了，执着于今天不应当接受的，就什么都不接受，这就是'适''莫'，就不是良知的本体，怎么能叫作义呢？"

四八

※ 原文

问："'思无邪'[1]一言，如何便盖得三百篇之义？"

先生曰："岂特三百篇，《六经》只此一言便可该贯，以至穷古今天下圣贤的话，'思无邪'一言也可该贯。此外更有何说？此是一了百当的功夫。"

※ 注释

1 思无邪：意为思想纯正没有邪念。语出《论语·为政》。

※ 译文

黄勉之问："'思无邪'一句话，如何就概括得了《诗经》三百篇的意思呢？"

先生说："岂止是《诗经》三百篇，《六经》只要用这一句话也可以贯穿概括，乃至古今天下圣贤的话，'思无邪'这句话，也都可以概括。除了这句话，还能用别的什么来概括呢？这就是一了百了的功夫。"

四九

※ 原文

问道心人心。

先生曰："'率性之谓道'，便是道心。但着些人的意思在，便是人心。道心本是无声无臭，故曰'微'。依着人心行去，便有许多不安稳处，故曰'惟危'。"

※ 译文

有人向先生请教"道心""人心"。

先生曰："'率性之为道'，便是道心。但掺杂些人的意思在里边，便是人心。道心本是无声无味的，所以说'道心惟微'。依据人心去做事，便会有许多不安稳的地方，所以说是'人心惟危'。"

五〇

※ 原文

问："'中人以下，不可以语上'[1]，愚的人，与之语上尚且不进，况不与之语，可乎？"

先生曰："不是圣人终不与语，圣人的心忧不得人人都做圣人，只是人的资质不同，施教不可躐等。中人以下的人，便与他说性说命，他也不省得，也须慢慢琢磨他起来。"

※ 注释

1 中人以下，不可以语上：意为中等水平以下的人，不可以给他讲高深的学问。语出《论语·雍也》"中人以上，可以语上也；中人以下，不可以语上也"。

※ 译文

有人问："《论语》中说'中等水平以下的人，不可以给他讲高深的学问'，愚蠢的人，给他讲高深的学问尚且不能进步，何况不给他讲呢，这样可以吗？"

先生说："不是圣人始终不给愚蠢的人讲，圣人在心中恨不得人人都成为圣人，只是人的资质不同，实施教育不能不分等级。中等资质以下的人，就是和他说人性、天理，他也不会了解，需要慢慢地磨炼开导他。"

五一

※ 原文

一友问："读书不记得，如何？"

先生曰："只要晓得，如何要记得？要晓得，已是落第二义了，只要明得自家本体。若徒要记得，便不晓得；若徒要晓得，便明不得自家的本体。"

※ 译文

一个朋友问："读书不记得内容，怎么办？"

先生说："只要理解就行，为什么要记住呢？要理解，就是次要的道理了，首先要让自己的本体清明就行。如果仅仅要记住内容，就不会理解；如果单单要理解，就不会使自己的本体清明。"

五二

※ 原文

问："'逝者如斯'[1]，是说自家心性活泼泼地否？"

先生曰："然。须要时时用致良知的功夫，方才活泼泼地，方才与他川水一般；若须臾间断，便与天地不相似。此是学问极至处，圣人也只如此。"

※ 注释

1 逝者如斯：语出《论语·子罕》。

※ 译文

有人问："孔子说'逝者如斯'是说他自己的心性活泼吗？"

先生说："是的。必须要时时下致良知的功夫，才能使心体生动活泼，才能像奔流不息的河水一样；如果稍微有间断，就与天地的生机不相似了。这就是做学问的最高境界，圣人也是这样的。"

五三

※ 原文

问："志士仁人"[1]章。

先生曰："只为世上人都把生身命子看得太重，不问当死不当死，定要宛转委曲保全，以此把天理却丢去了，忍心害理，何者不为？若违了天理，便与禽兽无异，便偷生在世上百千年，也不过做了千百年的禽兽。学者要于此等处看得明白。比干、龙逄[2]，只为他看得分明，所以能成就得他的仁。"

※ 注释

1 志士仁人：语出《论语·卫灵公》"子曰：'志士仁人，无求生以害仁，有杀身以成仁。'"2 龙逄：姓吴，夏王桀的贤臣，因多次直谏而被桀杀。

※ 译文

有人向先生请教《论语》中的"志士仁人"一章。

先生说："只因世人都把生命看得太重，不问应当不应当死，一定要委曲求全、苟且偷生，这样就把天理丢掉了。忍心用私心残害天理，还有什么做不到的呢？如果违背了天理，就和禽兽没有区别了，纵使在世上苟活成百上千年，也不过是做了千百年的禽兽。学者要在这个地方考虑清楚。比干、龙逄就是由于看得明白，所以才成就他们的仁。"

五四

※ 原文

问："叔孙武叔毁仲尼，大圣人如何犹不免于毁谤？"

先生曰："毁谤自外来的，虽圣人如何免得？人只贵于自修，若自己实实落落是个圣贤，纵然人都毁他，也说他不着；却若浮云掩日，如何损得日的光明？若自己是个象恭色庄、不坚不介的，纵然没一个人说他，他的恶慝终须一日发露。所以孟子说'有求全之毁，有不虞之誉。[1]'毁誉在外的，安能避得？只要自修何如尔。"

※ 注释

1 有求全之毁，有不虞之誉：语出《孟子·离娄上》。意为有意想不到的赞扬，也有过于苛求的诋毁。

※ 译文

有人问："《论语》中记载叔孙武叔诋毁孔子，大圣人为什么也不能免于被诋毁？"

先生说："诋毁是从外界而来的，即使是圣人又怎么能免俗呢？人贵在自身修养，如果自己确确实实是个圣贤，纵然人人都诋毁他，也丝毫不能损害他；就像浮云遮住太阳又怎么会损伤太阳的光芒呢？如果是自己表里不一，不能坚持原则的人，纵然没有人诋毁他，他的本来面目终究会被揭穿的。所以孟子说'有求全之毁，有不虞之誉'。诋毁、赞誉都是外在的东西，怎么能避开呢？只要自己修身养性，外来的毁誉又能将你怎么样？"

五五

※ 原文

刘君亮[1]要在山中静坐。

先生曰："汝若以厌外物之心去求之静，是反养成一个骄惰之气了。汝若不厌外物，复于静处涵养却好。"

※ 注释

1 刘君亮：字元道，王阳明的弟子。

※ 译文

刘君亮要在山中静坐修养。

先生说：“你若是用排斥外物的心思去求得清静，反而会养成骄惰的习气。你若是不用排斥外物的心思，又去寂静的地方修养，却是非常好的。”

五六

※ 原文

王汝中[1]、省曾侍坐。

先生握扇命曰：“你们用扇。”

省曾起对曰：“不敢。”

先生曰：“圣人之学，不是这等捆缚苦楚的，不是装做道学的模样。”

汝中曰：“观仲尼与曾点言志一章略见。”

先生曰：“然。以此章观之，圣人何等宽洪包含气象！且为师者问志于群弟子，三子皆整顿以对。至于曾点，飘飘然不看那三子在眼，自去鼓起瑟来，何等狂态！及至言志，又不对师之问目，都是狂言。设在伊川，或斥骂起来了[2]。圣人乃复称许他，何等气象！圣人教人，不是个束缚他通做一般，只如狂者便从狂处成就他，狷者便从狷处成就他，人之才气如何同得？”

※ 注释

1 王汝中：王畿（公元 1498—1583 年），字汝中，浙江绍兴人。王阳明的得意门生，终生致力于传播王学。2 “设在”二句：语出《河南程氏遗书》卷十二。

※ 译文

王汝中和省曾陪着先生闲坐。

先生手握扇子命令说：“你们用扇子吧。”

省曾站起回答：“不敢。”

先生说：“圣人的学问不是这样束缚人让人痛苦的，不是装作道学的模样。”

汝中说：“从《论语》中看孔子和曾点谈论志向那一章就可以知道。”

先生说：“对。从这章可以看出，圣人的心胸是何等宽宏，包罗万象呀！况且作为老师询问众位弟子的志向，三个人都严谨地对答。到了曾点，飘飘然没有将那三个人看在眼中，径自去弹起瑟来，这是何等的狂傲不羁呀！等到谈论自己的志向，又不回答老师的问题，口出狂言。若是在程颐先生，或许早就斥骂起来了。圣人却称赞曾点，是何等气度！圣人教导人，不是把人都束缚成一个模样，对那些狂妄的人就从他的狂妄处成就他，性格耿直的人就从耿直处成就他，人的才气怎么会是相同的呢？”

五七

※ 原文

先生语陆元静曰："元静少年亦要解《五经》，志亦好博。但圣人教人，只怕人不简易，他说的皆是简易之规。以今人好博之心观之，却似圣人教人差了。"

※ 译文

先生对陆元静说："元静年少的时候就想要解读《五经》，志向比较广博。但是圣人教育别人，生怕人不能简单明了，他说的都是简单明了的规则。用现在人喜好广博的心思来看，却似乎是圣人的教育方式错了。"

五八

※ 原文

先生曰："孔子无不知而作[1]，颜子有不善未尝不知，此是圣学真血脉路。"

※ 注释

1 孔子无不知而作：语出《论语·述而》"子曰：'盖有不知而作之者，我无是也。多闻，择其善者而从之。多见而识之，知之次也。'"

※ 译文

先生说："孔子不做那些自己不知道的事情，颜渊对于不善没有不知道的，这才是圣学的真正的脉络。"

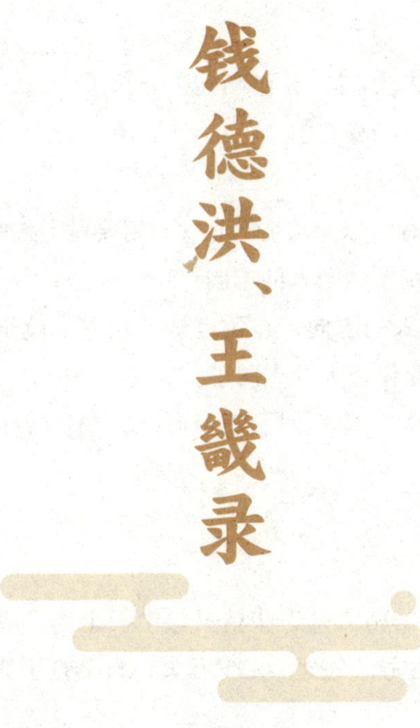

钱德洪、王畿录

五九

※ 原文

何廷仁[1]、黄正之[2]、李侯璧[3]、汝中、德洪侍坐。先生顾而言曰："汝辈学问不得长进，只是未立志。"

侯璧起而对曰："珙亦愿立志。"

先生曰："难说不立，未是必为圣人之志耳。"

对曰"愿立必为圣人之志。"

先生曰："你真有圣人之志，良知上更无不尽，良知上留得些子别念挂带，便非必为圣人之志矣。"

洪初闻时心若未服，听说到不觉悚汗。

※ 注释

1 何廷仁：字性之，号善山，江西雩都人，曾任新会县知县，王阳明的得意门生。2 黄正之：黄弘纲，字正之，号洛村，江西雩都人。王阳明的得意门生。3 李侯璧：名珙，浙江永康人，阳明弟子。

※ 译文

何廷仁、黄正之、李侯璧、汝中、德洪陪先生一起坐谈。先生环顾大家说道："你们的学问没有进步，只是由于没有立志。"

侯璧站起来说："我愿意立志。"

先生说："很难说你没有立志，只是没有立一定要做圣人的志向。"

他回答："我愿意立一定要做圣人的志向。"

先生说："你真有做圣人的志向，在致良知的功夫上就不会不全力以赴，如果良知上还有别的挂念，就不是做圣人的志向了。"

德洪刚开始听的时候心中不服气，后来听到这里，不觉就出一身冷汗。

六〇

※ 原文

先生曰："良知是造化的精灵，这些精灵，生天生地，成鬼成帝，皆从此出，真是与物无对[1]。人若复得他完完全全，无少亏欠，自不觉手舞足蹈，不知天地间更有何乐可代！"

※ 注释

1 与物无对：程颢语，出自《河南程氏遗书》卷二："此道与物无对。"

※ 译文

先生说："良知是造化的精灵，这些精灵产生了天、地，成就了鬼神、上帝，都是从这里产生出来的，真是任何事物都无法和它相比。人如果能把良知恢复得完全彻底，没有欠缺之处，就会不自觉地手舞足蹈，不知天地之间还有什么比这更快乐的！"

六一

※ 原文

一友静坐有见，驰问先生。

答曰："吾昔居滁时，见诸生多务知解，口耳异同，无益于得。姑教之静坐，一时窥见光景，颇收近效；久之渐有喜静厌动，流入枯槁之病，或务为玄解妙觉，动人听闻。故迩来只说致良知，良知明白，随你去静处体悟也好，随你去事上磨炼也好。良知本体原是无动无静的，此便是学问头脑。我这个话头，自滁州到今，亦较过几番，只是致良知三字无病。医经折肱，方能察人病理。[1]"

※ 注释

1 “医经折肱”二句：语出《左传·定公十三年》：“三折肱，知为良医。”

※ 译文

一位朋友在静坐时有所领悟，跑来请教先生。

先生回答道：“我以前在滁州的时候，看见各位学生多注重对口耳相传的知识的理解，争辩异同，对学习没有什么好处。就姑且教他们静坐，一时之间倒也有了些成就，很有些收效；久而久之，就有喜静厌动、沦入枯槁的毛病，有的人就转而钻研玄学，来撼动别人的听闻。所以最近我只说致良知，只要良知上弄明白了，随你去静处体悟也好，随你去事上磨炼也罢。良知的本体原是无动无静的，这就是做学问的要害。我这句话，从滁州到现在，也仔细思索过好几次，只有致良知三个字没有毛病。这就好比医生要亲身经历了骨折，才能体察病人的病理。”

六二

※ 原文

一友问：“功夫欲得此知时时接续，一切应感处反觉照管不及；若去事上周旋，又觉不见了。如何则可？”

先生曰：“此只认良知未真，尚有内外之间。我这里功夫不由人急心，认得良知头脑是当，去朴实用功，自会透彻。到此便是内外两忘[1]，又何心事不合一？”

※ 注释

1 内外两忘：意为不去分别内外。语出程颢《答横渠先生定性书》“与其非外而是内，不若内外之两忘也”。

※ 译文

一个朋友问：“做功夫时我想让良知不间断，而在应付事情时反而感觉照管不过来；如果只在事物上周旋，又感觉良知不在了。这该怎么办呢？”

先生说：“这只是由于对良知认识的不真切，还有内外的分别。我这里致良知的功夫不能急于求成，认清良知的要领去做朴实的功夫，自然就会透彻。到了这个境界就是内外两忘，又有什么心思、事物不能合而为一的？”

六三

※ 原文

又曰："功夫不是透得这个真机，如何得他充实光辉？若能透得时，不由你聪明知解接得来，须胸中渣滓浑化[1]，不使有毫发沾带始得。"

※ 注释

1 渣滓浑化：意为消融心中私欲。语出朱熹《论语集注》："八音之节，可以养人之性情而荡涤其邪秽，消融其渣滓。"

※ 译文

先生又说："如果不能在用功时领略良知的真谛，如何能让本心充实而有光辉呢？如果想透彻领略，不能仅靠你的聪明才智取得，必须将胸中的私欲消除掉，不带有丝毫私心才能做到。"

六四

※ 原文

先生曰："'天命之谓性'，命即是性。'率性之谓道'，性即是道。'修道之谓教'，道即是教。"

问："如何道即是教？"

曰："道即是良知。良知原是完完全全，是的还他是，非的还他非，是非只依着他，更无有不是处。这良知还是你的明师。"

※ 译文

先生说："'天命之谓性'，天命就是人性。'率性之谓道'，人性就是圣道。'修道之谓教'，圣道就是教。"

有人问："为何道就是教？"

先生说："道就是良知。良知原是完完全全的，是的就还他是，非的就还他非，是非只依照良知来判断，更没有其他的差错。这良知还是你高明的老师。"

六五

※ 原文

问："'不睹不闻'是说本体，'戒慎恐惧'是说功夫否？"

先生曰："此处须信得本体原是不睹不闻的，亦原是戒慎恐惧的。戒慎恐惧不曾在不睹不闻上加得些子。见得真时，便谓戒慎恐惧是本体，不睹不闻是功夫亦得。”

※ 译文

问：“《中庸》中‘不睹不闻’是说本体，‘戒慎恐惧’是说功夫吗？”

先生曰：“这里必须坚信本体原是不睹不闻的，也原是戒慎恐惧的，戒慎恐惧不曾在不睹不闻上增加丝毫东西。如果认识得真切了，便说戒慎恐惧是本体，不睹不闻是功夫也正确。”

六六

※ 原文

问：“通乎昼夜之道而知。”

先生曰：“良知原是知昼知夜的。”

又问：“人睡熟时，良知亦不知了。”

曰：“不知，何以一叫便应？”

曰：“良知常知，如何有睡熟时？”

曰：“向晦宴息，此亦造化常理。夜来天地混沌，形色俱泯，人亦耳目无所睹闻，众窍俱翕，此即良知收敛凝一时。天地既开，庶物露生，人亦耳目无所睹闻，众窍俱辟，此即良知妙用发生时。可见人心与天地一体，故‘上下与天地同流[1]’。今人不会宴息，夜来不是昏睡即是妄思魇寐。”

曰：“睡时功夫如何用？”

先生曰：“知昼即知夜矣。日间良知是顺应无滞的，夜间良知即是收敛凝一的，有梦即先兆。”

※ 注释

1 上下与天地同流：意为君子之心与天地同为一体。语出《孟子·尽心上》“夫君子所过者化，所存者神，上下与天地同流，岂曰小补之哉？”。

※ 译文

有人问《周易》中的：“精通昼夜的道理就是致良知。”

先生说：“良知原本是知道昼夜的。”

又问：“人在熟睡的时候，良知就什么也不知道了？”

先生说：“不知道为什么一叫就答应？”

又问：“既然良知常知，怎么还会有熟睡的时候？”

先生说：“夜晚来临就要休息，这也是造化的常理。夜晚来临的时候天地间混沌一片，事物的形状颜色全都消失了，人们的眼睛耳朵也没有什么可以看可以听了，所有的器官都停止了活动，这正是良知收敛凝聚时的情景。白天到来，万物都又重现生机，人的耳朵眼睛又有可以听可以看的东西了，各种器官重新开始活动了，这正是良知的奇妙作用发挥的时候。可见人心和天地万物都是一体的，因此孟子说‘上下与天地同流’。现在的人不会休息，晚上不是昏昏沉沉地睡觉，就是噩梦连连。”

问道：“睡觉的时候怎么用功夫？”

先生说：“知道白天怎样用功，就知道黑夜怎么用功了。白天良知是顺畅无阻的，夜间良知是收敛聚合的，有梦就是预兆。”

六七

※ 原文

又曰：“良知在夜气发的方是本体，以其无物欲之杂也。学者要使事物纷扰之时，常如夜气一般，就是‘通乎昼夜之道而知’。”

※ 译文

先生又说：“良知在夜气中生发出来的才是本体，由于它没有掺杂物欲的杂质。学者要在事物纷扰的时候，常常像夜气生发时一样，就是‘通乎昼夜之道而智’。”

六八

※ 原文

先生曰：“仙家说到虚，圣人岂能虚上加得一毫实？佛氏说到无，圣人岂能无上加得一毫有？但仙家说虚，从养生上来，佛氏说无，从出离生死苦海[1]上来，却于本体上加却这些子意思在，便不是他虚无的本色了，便于本体有障碍。圣人只是还他良知的本色，更不着些子意在。良知之虚便是天之太虚[2]，良知之无便是太虚之无形。日月风雷，山川民物，凡有貌象形色，皆在太虚无形中发用流行，未尝作得天的障碍。圣人只是顺其良知之发用，天地万物俱在我良知的发用流行中，何尝又有一物起于良知之外，能作得障碍？”

※ 注释

1 苦海：佛教名词，比喻世俗人间的烦恼痛苦像大海一样无边。2 太虚：指浩瀚的宇宙空间。张载《正蒙·太和》云：“太虚无形，气之本体。”

※ 译文

先生说："道家说到虚，圣人难道能在虚上加上一丝一毫实？佛教说到无，圣人难道能在无上加上一丝一毫的有？但是道家说虚是从养生上来说的，佛教说无是从脱离生死苦海中来说的，佛、道两家在本体上加上了这些东西，就不是它们虚无的本色了，对于本体就有所障碍。圣人只是还原良知的本色，也不要添加其他东西。这样良知的虚就是天的太虚；良知的无就是太虚的无形。太阳、月亮、风雨、雷电、高山、河流、民众、物体，凡是有外形颜色的，都在太虚无形之中产生流动，未曾成为天的障碍。圣人只是顺应良知的产生来发挥作用，天地万物都在我的良知的产生流动之中，何尝又有一个事物在良知之外产生而成为良知的障碍的？"

六九

※ 原文

或问："释氏亦务养心，然要之不可以治天下，何也？"

先生曰："吾儒养心，未尝离却事物，只顺其天则[1]自然就是功夫。释氏却要尽绝事物，把心看做幻相，渐入虚寂去了，与世间若无些子交涉，所以不可治天下。"

或问异端。

先生曰："与愚夫愚妇同的，是谓同德；与愚夫愚妇异的，是谓异端。"

※ 注释

1 天则：意为自然法则。语出《周易·乾卦·文言》。

※ 译文

有人问道："佛教也讲求修养身心，然而却不能用来治理天下，这是为什么？"

先生说："我认为修养身心，不曾离开过事物，只是顺应天地自然法则就是功夫。佛教却要完全抛开事物，把心看作幻相，渐渐进入虚无空寂的境地，和世间事物好像无所交涉，所以不可以治理天下。"

有人请教关于异端的问题。

先生说："和愚昧的男人、愚昧的女人相同的，就叫作同德；和愚昧的男人、愚昧的女人不同的，就叫作异端。"

七〇

※ 原文

先生曰："孟子不动心与告子不动心，所异只在毫厘间。告子只在不动心上着功，孟子便直从此心原不动处分晓。心之本体原是不动的，只为所行有不合义便动了。孟子不论心之动与不动，只是集义，所行无不是义，此心自然无可动处。若告子只要此心不动，便是把捉此心，将他生生不息之根反阻挠了，此非徒无益，而又害之。孟子集义功夫，自是养得充满，并无馁歉，自是纵横自在，活泼泼地，此便是浩然之气。”

※ 译文

先生说：“孟子所说的不动心与告子所说的不动心，两者之间的差别只是毫厘。告子只是在不动心上做功夫，孟子却直接从心的原本不动处着手。心的本体原本是不动的，只是由于行为有不符合义的地方才动了。孟子不论心动或不动，只是集义，所作所为没有不符合义的，这颗心自然也没有什么好动摇的。像告子只要求这颗心不动摇，就是抓住这颗心，将它生生不息的根源阻挡了，这不但没有好处，反而会损害了心。孟子说的集义的功夫，就是把心养得非常充实完满，没有欠缺，自然是自由自在，生动活泼，这就是所谓的浩然之气。”

七一

※ 原文

又曰：“告子病源，从性无善无不善上见来。性无善无不善，虽如此说，亦无大差；但告子执定看了，便有个无善无不善的性在内；有善有恶又在物感上看，便有个物在外；却做两边看了，便会差。无善无不善，性原是如此。悟得及时，只此一句便尽了，更无有内外之间。告子见一个性在内，见一个物在外，便见他于性有未透彻处。”

※ 译文

先生又说：“告子的病根，在于他认为人性没有善和不善的分别。虽然这样说也没有什么大的错误；但是告子在这个问题上太过偏执，心中就有个无所谓善和不善的人性在里面；认为人性有善和恶在对事物的感觉上来看，就有心外之物存在；这就把心和物分开了，就会产生差错。没有善和不善，人性本来就是这样的。悟到这一点，就只要这一句就好了，更没有什么内外之分。告子看见一个人性在里面，看见一个物在外边，可见，他对人性还有没有看透的地方。”

七二

※ 原文

朱本思[1]问：“人有虚灵方有良知，若草木瓦石之类，亦有良知否？”

先生曰："人的良知，就是草木瓦石的真知。若草木瓦石无人的良知，不可以为草木瓦石矣。岂惟草木瓦石为然，天地无人的良知，亦不可为天地矣。盖天地万物与人原是一体，其发窍之最精处，是人心一点灵明。风雨露雷，日月星辰，禽兽草木，山川土石，与人原只一体。故五谷禽兽之类，皆可以养人，药石之类皆可以疗疾。只为同此一气，故能相通耳。"

※ 注释

1 朱本思：朱得之，字本思，号近斋。江苏靖江人，王阳明弟子。

※ 译文

朱本思问道："人有虚明灵觉才会有良知，像那些草、树木、瓦块、石头之类，也有良知吗？"

先生说："人的良知，就是草、树木、瓦块、石头的良知。如果草、树木、瓦块、石头没有人的良知，就称不上草、树木、瓦块、石头了。难道只是草、树木、瓦块、石头是这样吗？天地没有人的良知，也不能成为天地。总的说来，天地和人原本是一体的，它们最重要的开窍处就是人的一点灵明。风、雨、露水、雷电，太阳、月亮、星辰，飞禽、走兽、草木，高山、大河、土丘、石头，和人原本是一体的。所以五谷、禽兽之类，都可以养人，药石之类都可以治疗疾病。只是因为它们和人的气是相同的，所以才能相通。"

七三

※ 原文

先生游南镇[1]。一友指岩中花树问曰："天下无心外之物。如此花树，在深山中自开自落，于我心亦何相关？"

先生曰："你未看此花时，此花与汝心同归于寂；你来看此花时，则此花颜色一时明白起来，便知此花不在你的心外。"

※ 注释

1 南镇：浙江会稽山在隋文帝开皇年间被封为南镇。

※ 译文

先生在南镇游玩，一个朋友指着岩石中的一棵花树问道："先生说天下没有心灵之外的事物。像这棵花树在深山之中自开自落，和我的心有什么相通之处呢？"

先生说："你没有看见这棵花树的时候，这棵花树和你的心一样沉寂；你看到这棵花树的时候，那么这棵花树一时间就显露出来了，由此可见这棵花树不在你的心灵之外。"

七四

※ 原文

问："大人与物同体。如何《大学》又说个厚薄[1]？"

先生曰："惟是道理自有厚薄。比如身是一体，把手足捍头目，岂是隔要薄手足？其道理合如此。禽兽与草木同是爱的，把草木去养禽兽，心又忍得？人与禽兽同是爱的，宰禽兽以养亲与供祭祀、燕宾客，心又忍得？至亲与路人同是爱的，如箪食豆羹，得则生，不得则死[2]，不能两全，宁救至亲，不救路人，心又忍得？这是道理合该如此。及至吾身与至亲，更不得分别彼此厚薄。盖以仁民爱物，皆从此出，此处可忍，更无所不忍矣。《大学》所谓厚薄，是良知上自然的条理，不可逾越，此便谓之义；顺这个条理，便谓之礼；知此条理，便谓之智；终始是这个条理，便谓之信。"

※ 注释

1 "如何"一句：语出《大学》"其所厚者薄，而其所薄者厚，未之有也"。

2 "如箪食豆羹"三句：语出《孟子·告子上》。

※ 译文

有人问道："先生认为伟人和事物是一体的，为什么《大学》中却要说什么厚薄？"

先生说："只是因为道理原本就有厚薄之分。比如人身是一个整体，用手脚保护脑袋，难道是故意要鄙薄手脚吗？只是道理是这样的。禽兽和草木都是应该爱护的，用草木去喂养禽兽，怎么能忍心呢？人和禽兽都是需要爱护的，把禽兽宰杀了来奉养双亲和祭祀，宴请宾客，怎么能忍心呢？至亲和路人都是需要爱护的，如果只有一碗饭、一碗汤，有了就会活下去，没有了就要死去，不能两全其美，宁可救助亲人，不救助路人，又怎么能忍心呢？这是道理应该如此，至于自己和至亲，就更加不能分别彼此厚薄了。因为对人的仁和对物的爱都是从亲情这里得来的，这里都可以忍心，就没有什么不忍心的了。《大学》所说的厚薄，是良知上自然的条理，不能逾越，这就是所说的义；顺从这个条理，就是所谓的礼；了解这个条理，就是所谓的智；始终坚持这个条理，就是所谓的信。"

七五

※ 原文

又曰："目无体，以万物之色为体；耳无体，以万物之声为体；鼻无体，以万物之臭为体；口无体，以万物之味为体；心无体，以天地万物感应之是非为体。"

※ 译文

先生又说："眼睛没有本体，万物的颜色就是它的本体；耳朵没有本体，万物的声音就是它的本体；鼻子没有本体，万物的气味就是它的本体；嘴巴没有本体，万物的味道就是它的本体；心灵没有本体，天地万物的感觉的是非就是它的本体。"

七六

※ 原文

问："夭寿不贰。"

先生曰："学问功夫，于一切声利嗜好俱能脱落殆尽，尚有一种生死念头毫发挂带，便于全体有未融释处。人于生死念头，本从生身命根上带来，故不易去。若于此处见得破，透得过，此心全体方是流行无碍，方是尽性至命[1]之学。"

※ 注释

1 尽性知命：语出《周易·说卦传》"穷理尽性，以至于命"。

※ 译文

有人问"夭寿不贰"的意思。

先生说："学问功夫，对一切声色、嗜好都能完全脱离，然而还有一丝贪生怕死的念头挂念在心头，就是没有完全和本体融会贯通。人的生死念头，本来就是从生命根本处带来的，所以不容易去掉。若是能在这个地方看得破，参得透，这颗心才能全部融会贯通没有阻碍，这才是尽性知命的学说。"

七七

※ 原文

一友问："欲于静坐时，将好名、好色、好货等根逐一搜寻，扫除廓清，恐是剜肉做疮否？"

先生正色曰："这是我医人的方子，真是去得人病根。更有大本事人，过了十数年亦还用得着。你如不用，且放起，不要作坏我的方子！"

是友愧谢。

少间曰："此量非你事，必吾门稍知意思者为此说以误汝。"

在坐者皆悚然。

※ 译文

一个朋友问："我现在静坐的时候，将好名、好色、好钱财等根源，逐一寻找出来，加以清扫，这恐怕是剜肉补疮吧？"

先生严肃地说："这是我医治人的方子，真的能去掉人的病根。本事再大的人过了十几年也还用得着。你若是不用就把它放下，不要作践了我的方子！

这个朋友十分愧疚地道歉。

过了一会儿，先生说："我琢磨这不是你的意思，一定是我的那些稍微知道一些意思的学生对你这么说误导你的。"

在座的人都严肃起来。

七八

※ 原文

一友问功夫不切。

先生曰："学问功夫，我已曾一句道尽。如何今日转说转远，都不着根？"

对曰："致良知，盖闻教矣。然亦须讲明。"

先生曰："既知致良知，又何可讲明？良知本是明白，实落用功便是。不肯用功，只在语言上转说转糊涂。"

曰："正求讲明致之之功。"

先生曰："此亦须你自家求，我亦无别法可道。昔有禅师，人来问法，只把麈尾[1]提起。一日，其徒将其麈尾藏过，试他如何设法。禅师寻麈尾不见，又只空手提起。我这个良知，就是设法的麈尾，舍了这个有何可提得？"

少间，又一友请问功夫切要。

先生旁顾曰："我麈尾安在？"

一时在座者皆跃然。

※ 注释

1 麈尾：即拂尘。

※ 译文

一位朋友请教先生功夫不真切如何是好。

先生说："做学问功夫，我已经用一句话说明白了，为什么今天越说越远，都不得要领。"

朋友说："听你讲过致良知，然而仍需要加以说明。"

先生说："既然已经知道致良知了，又有什么可以说明的呢？良知原本就是明明白白的，实实在在用功就可以了，不肯用功，只会在语言上反复说，就会越说越糊涂。"

朋友说："正希望您讲明白致良知的功夫。"

先生说："这必须是你自己去求得，我也没有办法可传授。以前有位禅师，有人来问佛法，他只是把手里的拂尘提起来。有一天，他的徒弟把他的拂尘藏了起来，试验他怎么讲佛法。禅师寻不到拂尘，就把空手提起来。我的这个良知就是讲解佛法的拂尘，除掉这个，还有什么可提的？"

过了一会儿，又有一个朋友问做功夫的要领。

先生往四周看了看，问道："我的拂尘在哪里呢？"

一时之间在座的人都哄堂大笑。

七九

※ 原文

或问至诚前知。

先生曰："诚是实理，只是一个良知。实理之妙用流行就是神，其萌动处就是几。'诚、神、几曰圣人'[1]。圣人不贵前知，祸福之来，虽圣人有所不免。圣人只是知几，遇变而通耳。良知无前后，只知得见在的几，便是一了百了。若有个前知的心，就是私心，就有趋避利害的意。邵子必于前知，终是利害心未尽处。"

※ 注释

1 诚、神、几曰圣人：语出周敦颐《通书》"寂然不动者，诚也；感而遂通者，神也；动而未形、有无之间者，几也。诚精故明，神应故妙，几微故幽，诚、神、几曰圣人"。

※ 译文

有人问《中庸》中至诚前知的问题。

先生说："诚是实实在在的道理，只是一个良知。实理的妙用流行就是神，它的萌动处就是几。‘诚、神、几都具备的就是圣人’。圣人并不看重预测未来，祸福的到来，即使是圣人也不能避免。圣人只是知道事物的发生，遇到变化随时能变通罢了。良知没有前后，只要知晓眼前的规律，就是一了百了。若是有了前知的心，就是私心，就是有趋利避害的意思。邵雍专注于预测未来，终究是因为利害的私心没有完全清除。”

八〇

※ 原文

先生曰：“无知无不知，本体原是如此。譬如日未尝有心照物，而自无物不照。无照无不照，原是日的本体。良知本无知，今却要有知，本无不知，今却疑有不知，只是信不及耳。”

※ 译文

先生说：“没有知也没有不知，本体原本就是这样的。比如太阳不曾有意照耀万物，却没有一物不被照耀。无意照耀却无所不照，这原本就是太阳的本体。良知本来没有知，现在却要它有知，本来是没有不知的，却怀疑它有不知，只是因为对良知没有达到坚信罢了。”

八一

※ 原文

先生曰：“‘惟天下至圣，为能聪明睿知’，旧看何等玄妙，今看来原是人人自有的。耳原是聪，目原是明，心思原是睿知，圣人只是一能之尔，能处正是良知。众人不能，只是个不致知。何等明白简易！”

※ 译文

先生说：“《中庸》中说‘只有天下最圣贤的人，才能聪明睿智’，以前看来是何等的玄妙，现在看来原本是人人都有的。耳朵原本就聪，眼睛原本就明，心体原本就睿智，圣人只是有一种才能罢了，这才能就是致良知。普通人不能聪明睿智，只是因为不能致良知。这是多么明白晓畅啊！”

八二

※ 原文

问：“孔子所谓‘远虑’[1]，周公‘夜以继日’[2]，与将迎不同。何如？”

先生曰："远虑不是茫茫荡荡去思虑，只是要存这天理。天理在人心，亘古亘今，无有终始。天理即是良知，千思万虑，只是要致良知。良知愈思愈精明，若不精思，漫然随事应去，良知便粗了。若只着在事上茫茫荡荡去思教做远虑，便不免有毁誉得丧人欲搀入其中，就是将迎了。周公终夜以思，只是戒慎不睹、恐惧不闻的功夫。见得时其气象与将迎自别。"

※ 注释

1 远虑：语出《论语・卫灵公》"子曰：'人无远虑，必有近忧'"。2 夜以继日：语出《孟子・离娄下》"周公思兼三王，以施四事；其有不合者，仰而思之，夜以继日；幸而得之，坐以待旦"。

※ 译文

有人问："孔子所谓的'远虑'，

周公的'夜以继日'，与将迎有什么区别？"

先生说："远虑不是茫茫荡荡去思虑，只是要存养天理。天理存在于人的心中，亘古至今，无始无终。天理就是良知，千思万虑，只是要致良知。良知越思考越精明，若是不精心思考，漫不经心地随事应付，良知就粗俗了。如果只是在事情上茫茫荡荡去思考叫作远虑，就不免掺杂毁誉得失欲望在其中，这就是将迎了。周公夜以继日来思考，就是戒慎不睹，恐惧不闻的功夫。知道了这一点，从中就可以看见周公的气象和将迎的区别了。"

八三

※ 原文

问："'一日克己复礼，天下归仁'，朱子作效验说[1]，如何？"

先生曰："圣贤只是为己之学，重功夫，不重效验。仁者以万物为一体，不能一体，只是己私未忘。全得仁体，则天下皆归于吾仁，就是'八荒皆在我闼'[2]意，天下皆与，其仁亦在其中。如'在邦无怨，在家无怨'[3]，亦只是自家不怨，如'不怨天，不尤人'之意。然家邦无怨，于我亦在其中，但所重不在此。"

※ 注释

1 朱子作效验说：语出朱熹《论语集注》"极言其效之甚速而至大也"。2 八荒皆在我闼：意为八方荒远之地都在我的门内。语出吕大临《克己铭》。3 在邦无怨，在家无怨：意为在诸侯国工作没有怨恨，在卿大夫家工作也没有怨恨。语出《论语・颜渊》“己所不欲，勿施于人。在邦无怨，在家无怨”。

※ 译文

有人问：“《论语》中的‘一日克己复礼，天下归仁’，朱熹说是从效验说的，他说的对吗？”

先生说：“圣贤只是为了自己的学问，注重功夫而不注重效验。有仁爱之心的人与天地万物同为一体，如果不能和万物合为一体，只是由于个人的私心没有遗忘。完全得到仁义的本体，那么天下都归于我的仁义，就是八荒都在我的意念之中，天下都是这样，那仁义也在其中。例如‘在邦无怨，在家无怨’，也只是自己不怨，就像‘不怨天，不尤人’的意思。然而如果在诸侯国、卿大夫家工作都没有怨恨，那么我自然也在其中，但是所看重的不是这个效验。”

八四

※ 原文

问：“孟子‘巧力圣智’[1]之说，朱子云：‘三子力有余而巧不足[2]’。何如？”

先生曰：“三子固有力，亦有巧。巧力实非两事，巧亦只在用力处，力而不巧，亦是徒力。三子譬如射：一能步箭，一能马箭，一能远箭。他射得到俱谓之力，中处俱可谓之巧。但步不能马，马不能远，各有所长，便是才力分限有不同处。孔子则三者皆长。然孔子之和只到得柳下惠[3]而极，清只到得伯夷而极，任只到得伊尹而极，何曾加得些子？若谓‘三子力有余而巧不足’，则其力反过孔子了。巧力只是发明圣知之义，若识得圣知本体是何物，便自了然。”

※ 注释

1 巧、力、圣、智：孟子用巧比喻智，用力比喻圣。语出《孟子·万章下》。2 三子力有余而巧不足：朱熹认为伊尹、伯夷、柳下惠三人力（圣）有余巧（智）不足。语出朱熹《孟子集注》。3 柳下惠：展获，字禽。春秋时鲁国的贤大夫，食邑在柳下，谥惠，后世称之柳下惠，以擅长贵族礼仪著称。

※ 译文

有人问：“孟子的‘巧力圣智’的说法，朱熹说是‘三子力有余而巧不足’。怎么理解呢？”

先生说：“伊尹、伯夷、柳下惠三个人固然有力，但也有巧。巧和力实际上并不是两件事，巧也只是在用力的地方，用力却不用巧，就是白白费力。用射箭来比喻这三人：一个能步射，一个能骑马射箭，一个能远射，只要能射到靶子附近的都叫作用力，射中靶子的都可以叫作巧。但是会步射的不会骑马射箭，骑马射箭的不会远射，各有专长，这就是才能极限有区别。孔子就是兼有三人之长。然而孔子的和最多只能达到柳下惠的极点，清最多只能达到伯夷的极点，任最多只能达到伊尹的极点，哪里还能再增加了一点点呢？若是说‘三子力有余而巧不足’，那么他们的力反而超过孔子了。巧力只是来明确圣和智的意义，若是认得圣和智的本体是什么东西，就自然会明了。”

八五

※ 原文

先生曰：“‘先天而天弗违’，天即良知也；‘后天而奉天时’，良知即天也。”

“良知只是个是非之心，是非只是个好恶。只好恶就尽了是非，只是非就尽了万事万变。”

又曰：“是非两字是个大规矩。巧处则存乎其人。”

“圣人之知如青天之日，贤人如浮云天日，愚人如阴霾天日，虽有昏明不同，其能辨黑白则一。虽昏黑夜里，亦影影见得黑白，就是日之余光未尽处。困学[1]功夫，亦只从这点明处精察去耳。”

※ 注释

1 困学：意为遇到困难才开始学习。语出《论语·季氏》。

※ 译文

先生说：“‘先天而天弗违’，天就是良知了，‘后天而奉天时’，良知就是天。”

“良知只是个辨别是非的心，是非就是好恶。有了好恶就穷尽了是非，知道了是非就穷尽了万事万物的变化。”

先生又说：“是非两个字是个大规矩，关键在于因人而异。”

“圣人的良知就像晴天的太阳，贤能的人的良知就像有浮云时的太阳，愚蠢的人的良知就像乌云密布时的太阳，虽然昏暗和晴朗有所不同，但在能辨别黑白上是一样的。即使是昏暗的黑夜，也影影绰绰地看得见黑白，就是太阳光线的余光没有消失的地方。因此遇到困难才开始学习的功夫，也只是从这点光明的地方去精心体察的。”

八六

※ 原文

问：“知譬日，欲譬云。云虽能蔽日，亦是天之一气合有的，欲亦莫非人心合有否？”

先生曰：“喜怒哀惧爱恶欲，谓之七情，七者俱是人心合有的，但要认得良知明白。比如日光，亦不可指着方所，一隙通明，皆是日光所在。虽云雾四塞，太虚中色象可辨，亦是日光不灭处。不可以云能蔽日，教天不要生云。七情顺其自然之流行，皆是良知之用，不可分别善恶，但不可有所著。七情有著，俱谓之欲，俱为良知之蔽。然才有著时，良知亦自会觉；觉即蔽去，复其体矣。此处能勘得破，方是简易透彻功夫。”

※ 译文

有人问：“良知好比是太阳，欲望好比是浮云。浮云虽然能遮挡太阳，也是天上的气象中多应该有的，欲望莫非也是人心所应该有的？”

先生说：“欢喜、大怒、悲哀、惧怕、仁爱、厌恶、欲望，这就是七种感情，这七种感情都是人心里所拥有的，但是要把良知认识明白。比如阳光，也不能指着一个地方照，只要有一丝光明，都是阳光的所在之处。即使云雾缭绕，只要太虚之中的颜色形象还可以辨别，也是阳光没有消灭的证据。不可以因为浮云能遮蔽太阳，就让天不生浮云。七种感情顺其自然而产生流动，都是良知的运用，不可以把七情做善恶之分，但是也不可以有执着之处。执着于七种情感的任何一种，都叫作欲望，都是良知的蒙蔽。然而一旦有了执着，良知也会有知觉的；产生了知觉，蒙蔽就会被去除，良知的本体也就得以恢复了。在这个地方能够看破，才是简易透彻的功夫。”

八七

※ 原文

问：“‘圣人生知安行是自然的’，如何？有甚功夫？”

先生曰：“‘知行’二字即是功夫，但有浅深难易之殊耳。良知原是精精明明的，如欲孝亲，生知安行的只是依此良知落实尽孝而已；学知利行者，只是时时省觉，务要依此良知尽孝而已；至于困知勉行者，蔽锢已深，虽要依此良知去孝，又为私欲所阻，是以不能，必须加人一己百、人十己千之功，方能依此良知以尽其孝。圣人虽是生知安行，然其心不敢自是，肯做困知勉行的功夫。困知勉行的却要思量做生知安行的事，怎生成得！”

※ 译文

有人问：“‘圣人生知安行是自然的’，这样说对吗？怎样用功才能做到这一点呢？”

先生说：“‘知行’两个字就是功夫，只是有深浅难易的区别罢了。良知原本是精精明明的，比如孝顺父母，生知安行的人只是依照良知去落实尽孝而已；学知利行的人只是时时反省，一定要依照良知来尽孝罢了；至于困知勉行的人，良知被蒙蔽禁锢已经很久了，即使要依照良知来尽孝，又被私欲所阻挡，所以不能，必须付出比别人多百倍、千倍的功夫，才能依照良知去尽孝。圣人虽然是生知安行，然而他的内心不敢自以为是，而愿意做困知勉行的功夫。困知勉行的人却要考虑做生知安行的事，怎么能行呢？”

八八

※ 原文

问：“‘乐是心之本体’，不知遇大故，于哀哭时，此乐还在否？”

先生曰：“须是大哭一番了方乐，不哭便不乐矣。虽哭，此心安处即是乐也，本体未尝有动。”

※ 译文

有人问：“‘快乐是心的本体’，不知道遭遇大的变故的时候，在悲哀痛哭的时候，这个快乐还在不在？”

先生说：“必须是大哭一场之后才快乐，不痛哭就不能快乐。即使在哭的时候，这颗心得到了安慰还是快乐的，本体不曾有变动。”

八九

※ 原文

问：“良知一而已。文王作彖，周公系爻，孔子赞《易》，何以各自看理不同？”

先生曰：“圣人何能拘得死格？大要出于良知同，便各为说何害？且如一园竹，只要同此枝节，便是大同；若拘定枝枝节节，都要高下大小一样，便非造化妙手矣。汝辈只要去培养良知，良知同更不妨有异处。汝辈若不肯用功，连笋也不曾抽得，何处去论枝节？”

※ 译文

有人问：“良知只有一个而已。但周文王制作了卦辞，周公制作了爻辞，孔子称赞《易经》，为什么同是圣人而各自看待《易》理有所不同？”

先生说：“圣人怎么能拘于一格？只要大的方面都是出于良知，就是各自见解不同有什么关系呢？就像满园竹子，只要枝节相同，就是根本上相同；如果硬要拘泥于每棵竹子的细枝末节，都要大小高低相同，就不是造化的奇妙了。你们只要培养良知，良知相同了，就是有不同的地方也无妨。你们若是不肯用功，连竹笋都没有长出来，哪里去谈论枝节的问题呢？”

九〇

※ 原文

乡人有父子讼狱，请诉于先生，侍者欲阻之，先生听之。言不终辞，其父子相抱恸哭而去。

柴鸣治[1]入问曰：“先生何言，致伊感悔之速？”

先生曰：“我言舜是世间大不孝的子，瞽叟是世间大慈的父。”

鸣治愕然，请问。

先生曰：“舜常自以为大不孝，所以能孝。瞽叟常自以为大慈，所以不能慈。瞽叟记得舜是我提孩长的，今何不曾豫悦我？不知自心已为后妻所移了，尚谓自家能慈，所以愈不能慈。舜只思父提孩我时如何爱我，今日不爱只是我不能尽孝，日思所以不能尽孝处，所以愈能孝。及至瞽叟底豫时，又不过复得此心原慈的本体。所以后世称舜是个古今大孝的子，瞽叟亦做成个慈父。”

※ 注释

1 柴鸣治：王阳明弟子。

※ 译文

乡下有父子二人告状到先生那里，想请先生裁决，先生的侍从想要阻拦，先生却听他们诉说。先生劝解的话还没有说完，父子俩就抱头痛哭继而离去。

柴鸣治进来问道：“先生说了什么话，让他们这么快知道悔恨的？”

先生说：“我说大舜是世间大不孝的儿子，瞽叟是世间大慈爱的父亲。”

鸣治惊奇地问缘故。

先生说：“大舜常常认为自己大不孝，所以能孝顺。瞽叟常常认为自己大慈爱，所以不能慈爱。瞽叟只记得大舜是我从小养大的，现在为什么不让我高兴？却不知道自己的心已经被后妻改变，还自认为慈爱，所以更加不能慈爱。大舜只考虑孩提时父亲如何爱我，现在不爱我，只是我不能尽孝，天天思考为什么不能尽孝，所以更加孝顺。等到在瞽叟愉悦的时候，只不过是恢复慈爱的本体。所以后世称赞大舜是个古今大孝的儿子，瞽叟也做成个慈爱的父亲。”

九一

※ 原文

先生曰：“孔子有鄙夫来问，未尝先有知识以应之，其心只空空而已；但叩他自知的是非两端[1]，与之一剖决，鄙夫之心便已了然。鄙夫自知的是非，便是他本来天则，虽圣人聪明，如何可与增减得一毫？他只不能自信，夫子与之一剖决，便已竭尽无余了。若夫子与鄙夫言时，留得些子知识在，便是不能竭他的良知，道体即有二了。”

※ 注释

1 “孔子”四句：语出《论语·子罕》“子曰：‘吾有知乎哉？无知也。有鄙夫问于我，空空如也。我叩其两端而竭焉’”。

※ 译文

先生说：“有农夫来向孔子请教，孔子没有现有的知识来回答他，他的心里也是空空如也；但是孔子只要询问农夫知道的是是非非，从是非两个反面一一剖析，农夫心里就明白了。农夫所知道的是非，就是他内心本来的天理，虽然圣人聪明，怎么能增减一丝一毫呢？农夫只是不能自己觉察，孔子为他一一剖析，一切是非就全明白了。若是孔子对农夫解释时，保留了一些知识，就不能完全启发他的良知了，那样的话良知的本体就分为两个了。”

九二

※ 原文

先生曰：“‘蒸蒸乂，不格奸’[1]，本注说象已进于义，不至大为奸恶。舜征庸后，象犹日以杀舜为事[2]，何大奸恶如之！舜只是自进于乂，以乂熏蒸，不去正他奸恶。凡文过掩慝，此是恶人常态，若要指摘他是非，反去激他恶性。舜初时致得象要杀己，亦是要象好的心太急，此就是舜之过处。经过来，乃知功夫只在自己，不去责人，所以致得‘克谐’。此是舜动心忍性，增益不能处。古人言语，俱是自家经历过来，所以说得亲切，遗之后世，曲当人情。若非自家经过，如何得他许多苦心处？”

※ 注释

1 蒸蒸乂，不格奸：语出《尚书·尧典》。2 象犹日以杀舜为事：语出《孟子·万章上》。

※ 译文

先生说："《尚书》中的'烝烝乂，不格奸'，这条注解说象已经接近义了，不至于去干奸恶的事情。大舜被尧征召做官后，象还天天想要杀掉大舜，这与大奸恶有什么区别！大舜只是自己达到义，用义来熏陶感化象，而不是直接去纠正他的奸恶。大凡文过饰非，掩盖罪行的，都是恶人经常的做法。若是要指责他的是非，反而会激起他的恶性。大舜刚开始的时候得知象要杀自己，也是希望象向善的心思太急了，这就是大舜的过错。经历了这件事以后，才知道功夫只在自己，不去指责别人，所以才能和象和谐相处。这也是大舜转变观念、磨炼性格、提高能力的地方。古人的言语，都是自己经历过后的总结，所以说得十分确切，流传后世，符合人情。若非自己亲身经历过的，怎么能体会他的许多苦心呢？"

九三

※ 原文

先生曰："古乐不作久矣。今之戏子尚与古乐意思相近。"

未达，请问。

先生曰："《韶》之九成[1]，便是舜的一本戏子。《舞》[2]之九变，便是武王的一本戏子。圣人一生实事，俱播在乐中，所以有德者闻之，便知他尽善尽美与尽美未尽善处。若后世作乐，只是做些词调，于民俗风化绝无关涉，何以化民善俗！今要民俗反朴还淳，取今之戏子，将妖淫词调俱去了，只取忠臣孝子故事，使愚俗百姓人人易晓，无意中感激他良知起来，却于风化有益，然后古乐渐次可复矣。"

曰："洪要求元声[3]不可得，恐于古乐亦难复。"

先生曰："你说元声在何处求？"

对曰："古人制管候气，恐是求元声之法？"

先生曰："若要去葭灰黍粒中求元声，却如水底捞月，如何可得？元声只在你心上求。"

曰："心如何求？"

先生曰："古人为治，先养得人心和平，然后作乐。比如在此歌诗，你的心气和平，听者自然悦怿兴起，只此便是元声之始。《书》云'诗言志'，志便是乐的本；'歌永言'，歌便是作乐的本；'声依永，律和声'[4]，律只要和声，和声便是制律的本。

何尝求之于外？”

曰：“古人制候气法，是意何取？”

先生曰：“古人具中和之体以作乐。我的中和原与天地之气相应，候天地之气，协凤凰之音，不过去验我的气果和否。此是成律已后事，非必待此以成律也。今要候灰管先须定至日，然至日子时，恐又不准，又何处取得准来？”

※ 注释

1《韶》之九成：韶相传为舜所作的乐曲名。成，相当于现在的乐章，奏完一章谓之一成，转入下一章谓之一变。2《舞》：相传为武王所作的乐曲名。3 元声：黄钟管发出的声音，为十二律所依据的基准音。4 “《书》云”几句：语出《尚书·舜曲》“诗言志，歌永言，声依永，律和声”。意为诗表达的是思想感情，歌曲咏唱的是诗句，声音的高低与咏唱的风格相符合，音律则与声音高低相和谐。

※ 译文

先生说：“古代的音乐很久不兴盛了。现在的戏曲，还与古代的音乐有点接近。”

德洪不明白，向先生请教。

先生说：“《韶》乐的九章，就是大舜的一本戏曲。《舞》乐的九变，就是周武王的一本戏曲。圣人一生的盛事，都包含在音乐中，所以有德能的听见了，就知道其中尽善尽美和尽美而不尽善的地方。像后代做的音乐，只是做一些词调，和民风民俗没有一点关系，怎么能教化人民向善！现在想要使民俗返璞归淳，把现在的戏曲中的淫辞滥调都去掉，只留下忠臣孝子的故事，让愚民百姓人人通晓，无意中激起他们的良知，却对民风教化有好处，然后古代的音乐才渐渐可以恢复。”

德洪说：“我要寻求元声却不能得到，恐怕古代的音乐也很难恢复。”

先生说：“你说元声在哪里寻求？”

德洪说：“古人制作律管来测定气节，恐怕就是寻求元声的方法？”

先生说：“若是向草灰黍粒中寻求元声，就好像水底捞月，怎么能得到？元声只能从你的心上寻求。”

德洪说：“心上如何寻求？”

先生说：“古人要治理天下，先要把人心培养得平和，然后才制作音乐。比如在这里朗诵诗篇，你心平气和，听众就自然愉悦，兴趣盎然，这就是元声的兴起。《尚书》上说：‘诗言志’，这里的‘志’就是音乐的本体；‘歌永言’，歌就是制作音乐的本体；‘声依永，律和声’，韵律只要声音和谐，声音和谐就是制作韵律的本体。怎么会向外寻求呢？”

德洪说：“古人制作律管测定节气的依据是什么？”

先生说：“古人具备了中正平和的心体才制作音乐。人的中正平和原本和天地之气相感应，观测天地之气，协调凤凰的鸣声，不过是验证我们胸中的气是否中正平和罢了。这是制作成韵律之后的事情，不是必须等到这之后才制作韵律。若是要用律管测节气，一定要先确定冬至的日子，然而到了冬至的子时又恐怕不准确，那么，又从哪里取得准确呢？”

九四

※ 原文

先生曰：“学问也要点化，但不如自家解化者，自一了百当。不然，亦点化许多不得。”

“孔子气魄极大，凡帝王事业，无不一一理会，也只从那心上来。譬如大树有多少枝叶，也只是根本上用得培养功夫，故自然能如此，非是从枝叶上用功做得根本也。学者学孔子，不在心上用功，汲汲然去学那气魄，却倒做了。”

“人有过，多于过上用功，就是补甑，其流必归于文过。”

“今人于吃饭时，虽无一事在前，其心常役役不宁。只缘此心忙惯了，所以收摄不住。”

“琴瑟简编，学者不可无。盖有业以居之[1]，心就不放。”

※ 注释

1 业以居之：语出《周易·乾卦·文言》。

※ 译文

先生说：“做学问需要别人点化，但是不如自己理解消化的，自己理解就能永远掌握。不然的话，仅靠别人点化也掌握不了多少。”

先生说：“孔子的气魄很大，大凡帝王的事业，没有不一一理会的，也只是从他的本心上来的。好比大树，不管它有多少枝枝叶叶，也是从树根上去用功培养，所以能够枝叶茂盛，而不是从枝叶上做功夫去培养树根。学者学习孔子，不在心上用功，急急忙忙地去学习那气魄，却是弄颠倒了。”

先生说：“人有了过错，如果多在过错上用功，就好比在补破了的甑，必然会沦为文过饰非的毛病。”

先生说：“现在的人在吃饭的时候，即使眼前没有一件事，他的心常常不得安宁。只是因为这颗心忙惯了，所以收摄不住。”

先生说："琴瑟书籍，学者不能没有。以为有了这些正当的东西，学者的心就不会放纵堕落了。"

九五

※ 原文

先生叹曰："世间知学的人，只有这些病痛打不破，就不是善与人同[1]。"

崇一曰："这病痛只是个好高不能忘己尔。"

※ 注释

1 善与人同：意为善的标准与别人相同。语出《孟子·公孙丑上》。

※ 译文

先生叹息着说："世间知道学习的人，只要这些毛病不改，就不是善与人同。"

欧阳崇一说："这个毛病就是好高骛远、不能忘却自己罢了。"

九六

※ 原文

问："良知原是中和的，如何却有过不及？"

先生曰："知得过不及处，就是中和。"

"'所恶于上'是良知，'毋以使下'[1]即是致知。"

※ 注释

1 所恶于上，毋以使下：意为上级的无礼让我讨厌，将心比心，我对下级不要无礼。语出《大学》。

※ 译文

有人问："良知原本是中正和平的，为什么却有过和不及呢？"

先生说："知道了过和不及的地方，就是中正平和。"

先生说："'所恶于上'是良知，'毋以使下'就是致良知。"

九七

※ 原文

先生曰："苏秦、张仪之智，也是圣人之资。后世事业文章，许多豪杰名家，只是学得仪、秦故智。仪、秦学术善揣摸人情，无一些不中肯綮，故其说不能穷。仪、秦亦是窥见得良知妙用处，但用之于不善尔。”

※ 译文

先生说：“苏秦、张仪等人的智力，也是圣人的资质。后世的事业文章，许多豪杰名家只是学到苏秦、张仪智慧的皮毛。苏秦、张仪善于揣摩人的感情，没有不切中人情世故，因此他们的学说能够层出不穷。张仪、苏秦也是看到良知的妙用，只是把他们用在不好的地方罢了。”

九八

※ 原文

或问未发已发。

先生曰：“只缘后儒将未发已发分说了，只得劈头说个无未发已发，使人自思得之。若说有个已发未发，听者依旧落在后儒见解。若真见得无未发已发，说个有未发已发原不妨，原有个未发已发在。”

问曰：“未发未尝不和，已发未尝不中。譬如钟声，未扣不付谓无，即扣不付谓有。毕竟有个扣与不扣，何如？”

先生曰：“未扣时原是惊天动地，即扣时也只是寂天寞地。”

※ 译文

有人向先生请教未发已发。

先生说：“只是由于后世的儒生将未发和已发分开说了，只能开头说个没有未发已发，使人自己思量去。若是说有已发未发，听者依旧落在后世儒者的窠臼里。如果真正看出来没有未发和已发，即使说出个未发和已发来，也不妨事。原本就有个未发和已发存在。”

有人问：“未发未尝不平和，已发未尝不中正。比如钟声，没有叩击它的时候不能说没有，叩响了也不能说有。毕竟有个叩击和不叩击的分别，这样说对不对？”

先生说：“没有叩击的时候原本就是惊天动地，叩响了之后也是寂然无声。”

九九

※ 原文

问：“古人论性各有异同，何者乃为定论？”

先生曰：“性无定体，论亦无定体。有自本体上说者，有自发用上说者，有自源头上说者，有自流弊处说者，总而言之，只是一个性。但所见有浅深尔，若执定一边，便不是了。性之本体，原是无善无恶的；发用上也原是可以为善，可以为不善的；其流弊也原是一定善一定恶的。譬如眼，有喜时的眼，有怒时的眼，直视就是看的眼，微视就是觑的眼，总而言之，只是这个眼。若见得怒时眼，就说未尝有喜的眼；见得看时眼，就说未尝有觑的眼，皆是执定，就知是错。孟子说性[1]，直从源头上说来，亦是说个大概如此。荀子性恶之说[2]，是从流弊上说来，也未可尽说他不是，只是见得未精耳。众人则失了心之本体。”

问：“孟子从源头上说性，要人用功在源头上明彻；荀子从流弊说性，功夫只在末流上救正，便费力了。”

先生曰：“然。”

※ 注释

1 孟子说性：孟子持人性善的观点。语出《孟子·告子上》。2 荀子性恶之说：荀子持人性恶的观点。语出《荀子·性恶》。

※ 译文

有人问：“古人谈论人的本性，说法各不相同，哪种说法才是定论呢？”

先生说：“人性没有固定的体，人性的论述也没有固定的体。有的是从本体上说的，有的是从实用的角度说的，有的是从源头上说的，有的是从弊端上说的，总而言之，也只是这一个人性。但是他们的见解有深浅的差别，若是坚持一家的见解，就不对了。人性的本体，原本是没有善、没有恶的；发生作用上可以是善，也可以是不善；人性的弊端也是有一些是善的一些是恶的。比如眼睛，有高兴时候的眼睛，有发怒时候的眼睛，直视就是正面看的眼睛，偷看就是窥视的眼睛，总而言之，还是这一双眼睛。若是看见发怒时候的眼睛，就说没有高兴时候的眼睛；看见正视的眼睛，就说没有偷看的眼睛，这都是太过于执着，就是认识上的错误。孟子说人性，只是从源头上说起，也是说个大概而已。荀子主张性恶的学说，是从流弊上说的，也不能都说他说的完全不对，只是不够精确而已。但一般人却失去了心的本体。”

有人问：“孟子从源头上说性，是让人用功使人性从源头上明晰透彻；荀子从流弊上说性，是让人只在末流上下功夫纠正错误，这就费力了。”

先生说：“是这样的。”

一〇〇

※ 原文

先生曰："用功到精处，愈着不得言语，说理愈难。若着意在精微上，全体功夫反蔽泥了。"

"杨慈湖[1]不为无见，又着在无声无臭上见了。"

"人一日间，古今世界都经过一番，只是人不见耳。夜气清明时，无视无听，无思无作，淡然平怀，就是羲皇世界。平旦时神清气朗，雍雍穆穆，就是尧舜世界。日中以前，礼仪交会，气象秩然，就是三代世界。日中以后，神气渐昏，往来杂扰，就是春秋战国世界。渐渐昏夜，万物寝息，景象寂寥，就是人消物尽世界。学者信得良知过，不为气所乱，便常做个羲皇已上人。"

※ 注释

1 杨慈湖：杨简（公元1140—1226年），字敬仲，浙江慈溪人。陆九渊的弟子，对心学发展有重要作用。

※ 译文

先生说："用功到了精微之处，就越发不能用语言来表达了，说理也越难。若是执着于精微上，全部的功夫反而被蒙蔽拘泥了。"

先生说："杨简不是没有见识，只是执着于无声无味的状态上认识了。"

先生说："人在一天之内，古今世界都经过了一遍，只是人意识不到而已。夜气清明的时候，不看不听，不想不做，淡然平静，就是伏羲时的世界。天亮时，神清气爽，万物祥和，就是尧舜时的世界。中午之前，人们礼尚往来，井井有条，这就是夏、商、周三代时的世界。中午之后，神气逐渐昏迷，往来喧闹，就是春秋战国时的世界。逐渐进入夜晚，万物休息，空旷寂寥，就是人和事物消失时的世界。学者如果能坚信良知，不被气所扰乱，便能经常做个伏羲时代以前的人。"

一〇一

※ 原文

薛尚谦、邹谦之、马子莘、王汝止[1]侍坐，因叹先生自征宁藩[2]以来，天下谤议益众，请各言其故。有言先生功业势位日隆，天下忌之者日众；有言先生之学日明，故为宋儒争是非者亦日博；有言先生自南都以后，同志信从者日众，而四方排阻者日益力。

先生曰："诸君之言，信皆有之。但吾一段自知处，诸君俱未道及耳。"

诸友请问。

先生曰："我在南都已前，尚有些子乡愿[3]的意思在。我今信得这良知真是真非，信手行去，更不着些覆藏。我今才做得个狂者[4]的胸次，使天下之人都说我行不掩言也罢。"

尚谦出曰："信得此过，方是圣人的真血脉。"

※ 注释

1 王汝止：王艮（公元1483—1541年），字汝止，号心斋，江苏泰州人，泰州学派的创始人。后师从王阳明，但又"时时不满其师说"。2 征宁藩：正德十四年（公元1519年），宁王朱宸濠叛乱，王阳明奇计迭出，仅用43天便平定叛乱，生擒朱宸濠。3 乡愿：指不讲原则的好好先生。语出《论语·阳货》。4 狂者：指有进取精神、耿直敢言的人。语出《论语·子路》。

※ 译文

薛尚谦、邹谦之、马子莘、王汝止陪着先生坐着。于是叹息先生自从征伐宁藩以来，天下诽谤议论越来越多，先生就让大家说说其中的缘故。有的说先生功劳业绩权位日益显赫，天下嫉恨的人越来越多；有的说先生的学说日益昌明，因此替宋儒争辩是非的人也越来越多；有的说先生自从南京讲学之后，志同道合信从的人越来越多，因而四方排斥阻拦的人也越来越多。

先生说："你们的话，我相信都有道理。但是我还有一点自己的感觉，你们都还没有说到。"

大家都向先生请教。

先生说："我在南京讲学之前，尚有一些想要做老好人的意思。我现在坚信这良知的真是真非，信手去说去做，更加不用掩藏。所以我现在才有敢说敢当的胸怀，即使天下人都说我行为不符合言语也罢。"

薛尚谦站起来说："有了这样的信念，才是圣人的真正血脉。"

一〇二

※ 原文

先生锻炼人处，一言之下，感人最深。一日，王汝止出游归，先生问曰："游何见？"对曰："见满街人都是圣人[1]。"先生曰："你看满街人是圣人，满街人倒看你是圣人在。"

又一日，董萝石[2]出游而归，见先生曰："今日见一异事。"先生曰："何异？"对曰："见满街人都是圣人。"

先生曰："此亦常事耳，何足为异！"

盖汝止圭角[3]未融，萝石恍见有悟，故问同答异，皆反其言而进之。

洪与黄正之、张叔谦[4]、汝中丙戌会试归，为先生道途中讲学，有信有不信。先生曰："你们拿一个圣人去与人讲学，人见圣人来，都怕走了，如何讲得行？须做得个愚夫愚妇，方可与人讲学。"

洪又言："今日要见人品高下最易。"先生曰："何以见之？"对曰："先生譬如泰山在前，有不知仰者，须是无目人。"先生曰："泰山不如平地大，平地有何可见？"先生一言翦裁，剖破终年为外好高之病，在座者莫不悚惧。

※ 注释

1 见满街都是圣人：王阳明的弟子们的一句口头禅，是弟子们从王阳明良知的学说中体悟出来的。2 董萝石：字复宗，号萝石，晚号从吾道人，68 岁始从学王阳明。浙江海盐人。3 圭角：比喻锋芒。圭，玉制的礼器，上尖下方。4 张叔谦：名元冲，号浮峰，浙江绍兴人，阳明弟子。进士，官至右副都御史，以敢谏著称。

※ 译文

先生教育指点人，一句话说出，总是感人至深。一天，王汝止出游回来，先生问道："出游有何见识？"王汝止回答："看见满大街都是圣人。"先生说："你看满大街都是圣人，满大街的人看你也是圣人。"

又有一天，董萝石出游回来，见到先生说："今天遇见一件怪事。"

先生说："什么怪事？"董萝石回答："看见满大街都是圣人。"

先生说："这也不过是平常事罢了，有什么奇怪的！"

大概因为王汝止为人棱角分明，董萝石恍惚有所悟，因此问题相同而答案不同，都是针对他们的话故意来激励他们的。

钱德洪和黄正之、张叔谦、王汝中丙戌年（公元 1526 年）会试回来，途中讲授先生的学说，有人相信，有人不相信。先生说："你们端着一个圣人的架子给别人讲学，人们看到圣人来了，都吓跑了，怎么能讲好呢？必须先做个蠢笨的人，才能给别人讲学。"

钱德洪又说："现在要看人品的高下最容易。"先生说："何以见得？"回答说："先生好比泰山在前，有不知道仰慕的，一定是不长眼睛的人。"先生说："泰山不如平地那样阔大，站在平地上怎么能看到泰山呢？"先生一句话，破除了我们终年好高骛远的毛病，在座的人无不惊惧。

一〇三

※ 原文

癸未春，邹谦之来越问学，居数日，先生送别于浮峰。是夕与希渊诸友移舟宿延寿寺，秉烛夜坐，先生慨怅不已，曰："江涛烟柳，故人倏在百里外矣。"

一友问曰："先生何念谦之之深也？"

先生曰："曾子所谓'以能问于不能，以多问于寡，有若无，实若虚，犯而不校'[1]，若谦之者良近之矣。"

※ 注释

1 "以能问于不能问"五句：意为有才能的却向没有才能的人请教，知识丰富的却向知识贫乏的人请教，有学问的却看似没学问，满腹经纶却看似腹中空空，即使别人触犯了他也不计较。语出《论语·泰伯》。

※ 译文

嘉靖二年（公元 1523 年）春天，邹谦之来浙江绍兴请教先生学问，居住了几天，先生到浮峰送别。这天晚上先生和希渊等各位朋友乘船借宿在延寿寺，秉烛夜谈，先生感慨惆怅不已，说："江上波涛烟柳，好朋友倏忽间已经在百里之外了。"

一个朋友问道："先生为什么对邹谦之思念这么深？"

先生说："曾子所说的'以能问于不能，以多问于寡，有若无，实若虚，犯而不校'，像邹谦之就接近这样了。"

一〇四

※ 原文

丁亥年九月，先生起复[1]，征思、田，将命行。时德洪与汝中论学，汝中举先生教言曰："无善无恶是心之体，有善有恶是意之动，知善知恶是良知，为善去恶是格物。"

德洪曰："此意如何？"

汝中曰："此恐未是究竟话头，若说心体是无善无恶，意亦是无善无恶的意，知亦是无善无恶的知，物亦是无善无恶的物矣。若说意有善恶，毕竟心体还有善恶在。"

德洪曰："心体是天命之性，原是无善无恶的，但人有习心，意念上见有善恶在。格致诚正修，此正是复那性体功夫，若原无善恶，功夫亦不消说矣。"

是夕侍坐天泉桥[2]，各举，请正。

先生曰："我今将行，正要你们来讲破此意。二君之见，正好相资为用，不可各执一边。我这里接人，原有此二种。利根之人直从本原上悟入，人心本体原是明莹无滞的，原是个未发之中，利根之人一悟本体，即是功夫，人己内外，一齐俱透了。其次不免有习心在，本体受蔽，故且教在意念上实落为善去恶，功夫熟后，渣滓去得尽时，本体亦明尽了。汝中之见，是我这里接利根人的。德洪之见，是我这里为其次立法的。二君相取为用，则中人上下，皆可引入于道；若各执一边，眼前便有失人，便于道体各有未尽。"

既而曰："已后与朋友讲学，切不可失了我的宗旨：'无善无恶是心之体，有善有恶是意之动，知善知恶是良知，为善去恶是格物。'[3]只依我这话头，随人指点，自没病痛，此原是彻上彻下功夫。利根之人，世亦难遇，本体功夫一悟尽透，此颜子、明道所不敢承当，岂可轻易望人？人有习心，不教他在良知上实用为善去恶功夫，只去悬空想个本体，一切事为俱不着实，不过养成一个虚寂，此个病痛不是小小，不可不早说破。"

是日德洪、汝中俱有省。

※ 注释

1 起复：古代官员遇父母丧事要停职回家守孝，是谓丁忧；守孝期满重新任职叫起复。2 天泉桥：王阳明府内碧霞池上的一座桥。王阳明师徒此次谈话被称作"天泉证道"。3 "无善无恶是心之体"四句：据《王阳明年谱》记载，是日王阳明对钱、王二弟子说："我年来立教，又更几番，今始立此四句。"这四句话被称作王门四句教。

※ 译文

嘉靖六年（公元 1527 年）九月，先生为父守孝期满，出征讨伐思恩、田州。出行前，钱德洪和王汝中谈论学问，汝中举出先生教育的话："没有善没有恶是心的本体，有善有恶是意识的萌动，知道善知道恶是良知，为善去恶是格物。"

钱德洪说："你觉得先生这话如何？"

汝中说："这话恐怕没有说完全，如果说心的本体是没有善没有恶的，那么意识也是没有善没有恶的意识，知也是没有善没有恶的智慧，物也是没有善没有恶的物了。如果说意识有善恶区别，那么心的本体上还有善恶存在。"

钱德洪说："心的本体是天命之性，原本是没有善没有恶的，但是人心都受世俗的沾染，意念上便有善恶在，格物、致知、诚心、正意、修身，都正是恢复人性本体的功夫，若是意念上原本没有善恶，功夫也就不用说了。"

当天晚上，德洪和汝中陪先生坐在天泉桥上，各自谈了自己的见解，请先生指正。

先生说："我现在即将出征，正要给你们讲解这个意思。你们两个的见解，正好相互印证，不可以各执一词。我这里开导人的方法原本有两种：聪明伶俐的人，直接从本源上领悟，人心的本体原本是晶莹无瑕的，原本是个未发之中，聪明伶俐的人一旦悟到本体就是功夫，人和己、内和外一起都透彻了。稍微差一点的人，不免会受到世俗的浸染，本体受到蒙蔽，因此暂且教育他在意念上落实为善去恶，功夫纯熟后，渣滓完全去掉的时候，本体也就完全明白了。汝中的见解，是我这里开导聪明伶俐的人的方法。德洪的见解，是我为那些稍差的人做的。你们两个相互学习补充，那么资质中等上下的人，都可以引入道中。若是各执一词，你们眼前就会有很多人不能步入正轨，这就不是穷尽天道的本体了。"

过了一会儿先生又说："以后和朋友讲学，千万不可失了我的宗旨：'没有善没有恶是心的本体，有善有恶是意念的萌动，知道善知道恶是良知，为善去恶是格物。'只要根据我的这个意思来因人施教，自然就没有什么弊病，这原本是通彻上下的功夫。聪明伶俐的人，世间也难以遇到，把本体功夫一下子悟透，这即使是颜回、程颢先生也不能做到的，怎么敢随便寄希望于他人？人心都会受到世俗的浸染，不教他在良知上着实下为善去恶的功夫，只是悬空想个本体，一切事情都不落在实处，不过养成一个空虚寂寥的毛病，这个毛病不是个小事，所以我不能不早日对你们说破。"

这天，德洪、汝中都与所省悟。

钱德洪附记

※ 原文

先生初归越时，朋友踪迹尚寥落，既后四方来游者日进。癸未年已后，环先生而居者比屋，如天妃、光相诸刹，每当一室，常合食者数十人，夜无卧处，更相就帟[1]，歌声彻昏旦。南镇、禹穴、阳明洞诸山远近寺刹，徒足所到，无非同志游寓所在。先生每临讲座，前后左右环坐而听者，常不下数百人，送往迎来，月无虚日，至有在侍更岁，不能遍记其姓名者。每临别，先生常叹曰："君等虽别，不出天地间，苟同此志，吾亦可以忘形似矣。"诸生每听讲出门，未尝不跳跃称快。尝闻之同门先辈曰："南都以前，朋友从游者虽众，未有如在越之盛者。"此虽讲学日久，信孚渐博，要亦先生之学日进，感召之机，申变无方，亦自有不同也。

※ 注释

1 帟（yì）：小帐幕。

※ 译文

先生刚刚回到绍兴时，朋友前来拜见的非常少，后来各地前来拜访先生的人日益增多。嘉靖二年（公元1523年）以后，环绕先生而住的学生比比皆是，例如天妃、光相等寺庙，每间屋子都是满堂济济，经常几十个人一起吃饭，晚上没有睡觉的地方，就轮流去小帐幕中休息，歌声通宵达旦。南镇、禹穴、阳明洞等山中的远近庙堂，大凡徒步能到达的，无不是志同道合的游学者的住所。先生每次登台讲学，前后左右坐着听的人，常常不下数百人，每天迎来送往，月月如此，甚至有的在旁边听讲了一年多，先生都不能完全记住他的姓名。每当分别的时候，先生都叹息着说："你们虽然离开了，但是没有走出天地之间，若能志趣相投，即使我忘了你们的样子也无关紧要。"众学生每次听讲后出门，没有不是欢呼跳跃，口称"痛快"的。我曾经听同门的前辈说："南京讲学前，向先生求教的朋友虽然很多，但是没有像绍兴这样兴盛的。"这虽然是先生讲学的日子久了，得到的信仰日渐广泛了，但也是先生的学问日益增进，感召学生的时机和方法灵活自如，其效果当然就不同了。

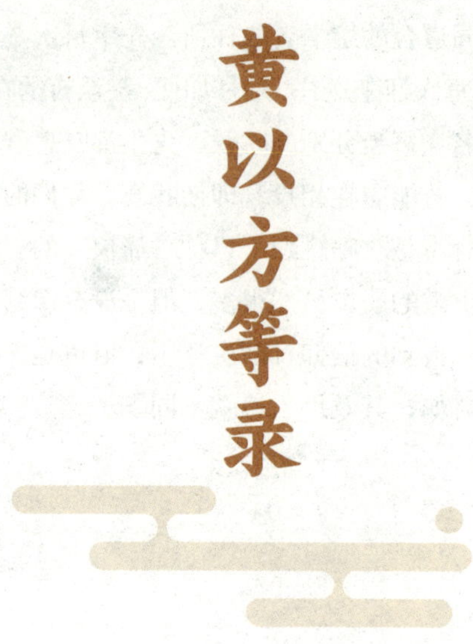

黄以方等录

一〇五

※ 原文

黄以方问："'博学于文'为随事学存此天理[1]，然则谓'行有余力，则以学文'[2]，其说似不相合。"

先生曰："《诗》《书》六艺皆是天理之发见，文字都包在其中。考之《诗》《书》六艺，皆所以学存此天理也，不特发见于事为者方为文耳。余力学文，亦只博学于文中事。"

或问"学而不思"[3]二句。

曰："此亦有为而言，其实思即学也，学有所疑，便须思之。思而不学者，盖有此等人，只悬空去思，要想出一个道理，却不在身心上宜用其力，以学存此天理。思与学作两事做，故有罔与殆之病。其实思只是思其所学，原非两事也。"

※ 注释

1 天理：大自然的规律。2 行有余力，则以学文：意为在学习、实践道德原则并有余力的情况下，再来学习文献方面的知识。语出《论语·学而》。3 "学而不思"语出《论语·为政》："子曰：'学而不思则罔，思而不学则殆。'"

※ 译文

黄以方问："先生您认为'博学于文'说的是从身边发生的事情上学习生存的天理，然而这和'行有余力，则以学文'，两者似乎有矛盾之处。"

先生说："《诗》《书》等六艺都是天理的表现，文字都包含在内了。考察《诗》《书》等六艺，都是用来学习生存天理的，不仅仅是表现到具体事情上的才是文。孔子说的'余力学文'也是'博学于文'的事情。

有人问《论语》中"学而不思则罔，思而不学则殆"两句话的意思。

先生说："孔子的这两句话也是有感而发的，其实思考就是学习，学习的过程中有疑问，就需要思考。思而不学的人也有，他们只是凭空去想象，要想琢磨出一个道理，却不在自己身心上踏实下功夫，去学习存养天理。把思考和学习分成了两件事，因此才会有罔和殆的毛病。其实思考本来就是思考自己所学习的东西，两者原本不是两件事。"

一〇六

※ 原文

先生曰："先儒解格物[1]为格天下之物，天下之物如何格得？且谓'一草一木亦皆有理'，今如何去格？纵格得草木来，如何反来诚得自家意？我解格作正字义，物作事字义。《大学》之所谓身，即耳目口鼻四肢是也。欲修身，便是要目非礼勿视，耳非礼勿听，口非礼勿言，四肢非礼勿动。要修这个身，身上如何用得功夫？心者身之主宰，目虽视而所以视者心也，耳虽听而所以听者心也，口与四肢虽言动，而所以言动者心也。故欲修身在于体当自家心体，常令廓然大公，无有些子不正处。主宰一正，则发窍于目自无非礼之视，发窍于耳自无非礼之听，发窍于口与四肢自无非礼之言动，此便是修身在正其心。"

"然至善者心之本体也，心之本体那有不善？如今要正心，本体上何处用得功？必就心之发动处才可着力也。心之发动不能无不善，故须就此处着力，便是在诚意，如一念发在好善上，便实实落落去好善；一念发在恶恶上，便实实落落去恶恶。意之所发既无不诚，则其本体如何有不正的？故欲正其心在诚意。功夫到诚意始有着落处。"

"然诚意之本又在于致知也。所谓人虽不知而己所独知[2]者，此正是吾心良知处。然知得善却不依这个良知便做去；知得不善却不依这个良知便不去做，则这个良知便遮蔽了，是不能致知也。吾心良知既不得扩充到底，则善虽知好，不能着实好了；恶虽知恶，不能着实恶了，如何得意诚？故致知者，意诚之本也。"

"然亦不是悬空的致知，致知在实事上格。如意在于为善，便就这件事上去为；意在于去恶，便就这件事上去不为。去恶固是格不正以归于正，为善则不善正了，亦是格不正以归于正也。如此，则吾心良知无私欲蔽了，得以致其极，而意之所发，好善去恶，无有不诚矣。诚意功夫实下手处在格物也。若如此格物，人人便做得，人皆可以为尧舜，正在此也。”

※ 注释

1 格物：推究事物的原理。2 人虽不知而己所独知：语出朱熹《大学章句》，是解释“慎独”的“独”字。

※ 译文

先生说：“程颐先生解释格物为格天下的事物，天下的事物如何能格？且说那一草一木都含有天理，现在如何去格呢？纵然能够格出什么草木的原理，又如何能够反过来诚自家的意呢？我认为‘格’应该做‘正’字来解释，‘物’做‘事’字来解释。《大学》里所说的‘身’，就是耳朵、眼睛、嘴巴、鼻子、四肢。想要修身就是要眼睛不看不合乎礼节的事，耳朵不听不合乎礼节的事，嘴巴不说不合乎礼节的事，四肢的举动不能不合乎礼。想要修身，如何在身上下功夫呢？心是身体的主宰，眼睛虽然用来看，但让眼看的是心，耳朵虽然用来听，但让耳朵听的是心，嘴巴和四肢虽然能说话、走动，但也是心让它们这么做的，因此想要修身，就要体悟自己的心，经常使心保持豁达开朗，没有些许不中正平和的地方。心一旦中正了，眼睛自然能非礼勿视，耳朵自然能非礼勿听，嘴巴和四肢也自然能非礼勿言、非礼勿动了，这就是修身在于修心的道理。”

“然而所谓的至善，就是心的本体，心的本体哪有不善的呢？现在要端正心思，那么在本体的什么地方上下功夫呢？必定要在心的发动处才可以用功。心的发动不可能没有不善，因此应该在这个地方用功，这就是诚意。如果有一个好的、善的念头，就要实实在在地做好事、善事；有一个厌烦恶的念头，就实实在在地去除恶。既然意念的发动没有不诚的，那么这个本体怎么会有不端正的呢？所以想要端正心思就要有诚意，功夫用到了，诚意才有着落。”

“然而诚意的根本又在于致知。朱熹先生所谓的别人不知道而自己却独独知道，这就是我们内心的良知之所在。然而，了解了善，却不依照良知去做；了解了不善，却不依照这个良知不去做，那么这个良知就会被蒙蔽，就不能致知了。良知既然不能彻底扩充，那么，尽管知道善是好的，却不能是实实在在地去落实；尽管知道恶是不好的，也不能着实去除恶，这怎么会得到诚意呢？因此致知是诚意的根本。”

“然而也不是凭空去致知，致知是在实事上去格。如果心意在于为善，那就落实在行善的事上；如果心意在于除恶上，就要落实在除恶的事上。去恶固然是把不端正的心思改作端正的心思，那为善就是使不善归正了，也就是纠正不正使其正确。这样，我们的良知就不会被私欲遮盖了，就可以达到最高境界了，而意的发动，便是好善去恶，这就没有不诚了。因此，诚意功夫实际可以下手的地方在格物。像这样格物，人人都可以做到，孟子讲‘人人都可以成为尧舜’的道理也正在于此。”

一〇七

※ 原文

先生曰：“众人只说格物要依晦翁[1]，何曾把他的说去用？我着实曾用来。初年与钱友同论做圣贤要格天下之物，如今安得这等大的力量？因指亭前竹子，令去格看。钱子早夜去穷格竹子的道理，竭其心思，至于三日便致劳神成疾。当初说他这是精力不足，某因自去穷格，早夜不得其理，到七日亦以劳思致疾。遂相与叹圣贤是做不得的，无他大力量去格物了。及在夷中三年，颇见得此意思，乃知天下之物本无可格者，其格物之功，只在身心上做。决然以圣人为人人可到，便自有担当了。这里意思，却要说与诸公知道。”

※ 注释

1 晦翁：即朱熹，字晦庵，徽州婺源人，我国宋代著名的理学家。

※ 译文

先生说：“众人只说格物要按照朱熹的说法，有谁曾把他的话付诸实践过？我却着实实践过。当初我和姓钱的朋友谈论说做圣贤要格天下万物，现在怎么会有这样大的力量？我就指着亭前的竹子，让他去格。他从早到晚去推究竹子的道理，竭尽心思一直到第三天就积劳成疾。当时我说他是精力不足，就亲自前去格竹子的道理，从早到晚都没有弄明白，到第七天，也积劳成疾。就相互叹息圣贤是做不得的，因为没有那么大的精力去格物。等到在贵州龙场的三年，才颇有心得，知道天下之物本来就没有什么可格的，格物的功夫，只是在身心上做就行。果断地认为圣人是人人都可以做到的，便有了担当圣人的使命感。这其中的道理，我要说给你们知道。”

一〇八

※ 原文

门人有言，邵端峰论童子不能格物，只教以洒扫应对之说。

先生曰：“洒扫应对，就是一件物。童子良知只到此，便教去洒扫应对，就是致他这一点良知了。又如童子知畏先生长者，此亦是他良知处，故虽嬉戏中，见了先生长者便去作揖恭敬，是他能格物以致敬师长之良知了。童子自有童子的格物致知。”

又曰：“我这里言格物，自童子以至圣人皆是此等功夫，但圣人格物，便更熟得些子，不消费力。如此格物，虽卖柴人亦是做得，虽公卿大夫以至天子，皆是如此做。”

※ 译文

学生中有人说，邵端峰谈论儿童不能格物，只能教一些洒扫应对的道理。

先生说：“洒扫应对本来就是一件事情。儿童的良知只达到这种程度，教他们洒扫应对，这就是致他们这一点的良知。再比如儿童知道尊敬老师和长者，这也是他们的良知的表现了，所以即使是在嬉戏打闹时见到了老师长者，也会上前敬礼问好，这就是他能格物而求得尊敬师长的道理了。儿童有儿童的格物致知。”

先生又说：“我这里说的格物，从儿童乃至圣人都是同样的功夫，但是圣人格物，显然更熟练些，不需要耗费太大力气。这样格物，即使是卖柴的人也能做到，即使是公卿大夫乃至皇帝，也都是这样做的。”

一〇九

※ 原文

或疑知行不合一，以“知之匪艰”[1]二句为问。

先生曰：“良知自知原是容易的，只是不能致那良知，便是‘知之匪艰，行之惟艰’。”

※ 注释

1 “知之匪艰”：语出《尚书·说命中》“非知之艰，行之惟艰”。意为懂得道理不难，难的是去实践它。

※ 译文

有人怀疑知行不能合一，就问先生《尚书》中“非知之艰，行之惟艰”两句话的意思。

先生回答说：“良知自然知道原本是容易的，只是因为不能致良知，才会‘知之匪艰，行之惟艰’。”

一一〇

※ 原文

门人问曰：“知行如何得合一？且如《中庸》言‘博学之’，又说个‘笃行之’，分明知行是两件。”

先生曰：“博学只是事事学存此天理，笃行只是学之不已之意。”

又问：“《易》‘学以聚之’，又言‘仁以行之[1]’，此是如何？”

先生曰：“也是如此。事事去学存此天理，则此心更无放失时，故曰‘学以聚之’。然常常学存此天理，更无私欲间断，此即是此心不息处，故曰‘仁以行之’。”

又问：“孔子言‘知及之，仁不能守之’[2]，知行却是两个了。”

先生曰：“说‘及之’，已是行了，但不能常常行，已为私欲间断，便是‘仁不能守’。”

又问：“心即理之说，程子云‘在物为理’，如何谓心即理？”

先生曰：“‘在物为理’，在字上当添一心字，此心在物则为理，如此心在事父则为孝，在事君则为忠之类。”

先生因谓之曰：“诸君要识得我立言宗旨。我如今说个心即理是如何？只为世人分心与理为二，故便有许多病痛，如五伯攘夷狄，尊周室，都是一个私心，便不当理，人却说他做得当理，只心有未纯，往往悦慕其所为，要来外面做得好看，却与心全不相干。分心与理为二，其流至于伯道之伪而不自知。故我说个心即理，要使知心理是一个，便来心上做功夫，不去袭义于外，便是王道之真。此我立言宗旨。”

又问：“圣贤言语许多，如何却要打做一个？”

曰：“我不是要打做一个，如曰‘夫道一而已矣’，又曰‘其为物不二，则其生物不测’[3]。天地圣人皆是一个，如何二得？”

※ 注释

1 学以聚之，仁以行之：意为通过学习积累知识，并用仁爱之心去实践。语出《周易·乾卦·文言》。2 “知及之，仁不能守之”语出《论语·卫灵公》：“子曰：‘知及之，仁不能守之；虽得之，必失之。’”意为认识了大道，但是不能用仁心来保持它，虽然得到了，必将还会失去。3 其为物不二，则其生物不测：意为天地的法则是至诚纯一的，所以它化育的万物无法测量。语出《中庸》“天地之道，可一言而尽也。其为物不二，则其生物不测”。

※ 译文

有学生问：“知行如何才能合一？就好比《中庸》中说‘博学之’，又说个‘笃行之’，分明把知行说成了两件事。”

先生说：“博学就是从每件事上去学习存养天理，而笃行只是不间断地学习的意思。”

学生又问："《易经》中说'学以聚之'，又说'仁以行之'，这又是为何？"

先生说："也是这样的道理。从每件事上学习存养天理，那么心就更不会放纵丢失，所以说'学以聚之'。然而经常学习存养天理，就更没有私欲可以间断，这就是本心会生生不息的原因，因此说'仁以行之'。"

又问："孔子说'知及之，仁不能守之'，知行却成了两件事。"

先生说："说'及之'，就是行了，但不能经常行而不间断，为私欲所打断，便是'仁不能守'。"

又问："关于心就是理的说法，程颐先生说'在物为理'，先生为什么说心就是理？"

先生说："'在物为理'，'在'字前应当加上一个'心'字，即心在事物上就是理，比如心在侍奉父亲上就是孝，在辅佐国君上就是忠等之类。"

先生因此又说："各位要明白我这番话的宗旨。我今天说心就是理是为什么？只因为世人把心和理一分为二，所以就出现了许多错误。比如春秋五霸抵御夷狄，尊崇周王，都是为了私心，就不符合天理，人们却说他们做的符合天理，这是因为人们的心术还有不纯正的地方，往往会仰慕他们的所作所为，求得表面上做得体面，却与自己的内心毫不相干。把心和理分成两件事，其沦为霸道的虚伪自己却不知道。所以我说这个心就是理，就是要大家知道心和理是一体的，就在心上下功夫，而不去心外求义，这便是行王道的真理。也是我此番立论的宗旨。"

又问："圣贤的话很多，为何却要把它们归纳为一个呢？"

先生说："我不是要归纳为一个，比如孟子说'道只有一个'，《中庸》又说'其为物不二，则其生物不测'。天地、圣人都是一体的，怎么能分成两个呢？"

※ 原文

"心不是一块血肉，凡知觉处便是心。如耳目之知视听，手足之知痛痒，此知觉便是心也。"

以方问曰："先生之说格物，凡《中庸》之慎独及集义、博约等说，皆为格物之事？"

先生曰："非也。格物即慎独，即戒惧。至于集义、博约，功夫只一般，不是以那数件都做格物底事。"

※ 译文

先生说："心不只是一块血肉，凡是有知觉的地方就是心。比如耳朵和眼睛知道听和看，手和脚知道痛痒，这里的知觉就是心。"

以方问："先生对格物的解说，像《中庸》中的慎独、《孟子》中的集义、《论语》中的博约等说法，都是格物中的事情吧？"

先生说："错了。格物就是慎独，就是戒惧。至于集义和博约，只是一般功夫。不能把他们都当作格物的事。"

一一二

※ 原文

以方问"尊德性"[1]一条。

先生曰："道问学即所以尊德性也。晦翁言：'子静[2]以尊德性诲人，某教人岂不是道问学处多了些子？'是分尊德性、道问学作两件。且如今讲习讨论，下许多功夫，无非只是存此心，不失其德性而已。岂有尊德性只空空去尊，更不去问学，问学只是空空去问学？更与德性无关涉？如此，则不知今之所以讲习讨论者，更学何事？"

问"致广大"二句。

曰："尽精微即所以致广大也，道中庸即所以极高明也。盖心之本体自是广大底，人不能尽精微，则便为私欲所蔽，有不胜其小者矣。故能细微曲折无所不尽，则私意不足以蔽之，自无许多障碍遮隔处。如何广大不致？"

又问："精微还是念虑之精微，是事理之精微？"

曰："念虑之精微，即事理之精微也。"

※ 注释

1 尊德性：语出《中庸》"故君子尊德性而道问学，致广大而尽精微，极高明而道中庸"。2 子静：陆九渊的字。

※ 译文

以方问《中庸》中"尊德性"一条是什么意思。

先生说："道问学就是用来尊德性的。朱熹先生说：'子静以尊德性教育人，我教人岂不是道问学处多了些子？'这是把尊德性、道问学分作两件事了。而如今我们下功夫讲解讨论，只不过是想存养此心，使它不失德性而已。哪有尊德性只凭空去尊，而不去问学，只凭空去问学而与尊德性无关呢？如果这样的话，就不知道今天我们这样讲解讨论，究竟学到了什么？"

黄以方问《中庸》中"致广大而尽精微，极高明而道中庸"两句的意思。

先生说："尽精微是为了致广大，道中庸是为了极高明。因为人心的本体是广大的，人不能尽精微，就会被私欲所蒙蔽，就不能战胜细微处的私欲。所以能在细微曲折的地方尽精微，这样私欲就不能蒙蔽心体，自然就没了许多障碍阻挡，心体怎么能不致广大呢？”

又问：“精微是意念上的精微，还是事理上的精微呢？”

先生说：“意念上的精微，就是事理上的精微。”

一一三

※ 原文

先生曰：“今之论性者纷纷异同，皆是说性，非见性[1]也。见性者无异同之可言矣。”

问：“声色货利，恐良知亦不能无？”

先生曰：“固然，但初学用功，却须扫除荡涤，勿使留积，则适然来遇，始不为累，自然顺而应之。良知只在声色货利上用功，能致得良知精精明明，毫发无蔽，则声色货利之交，无非天则流行矣。”

※ 注释

1 见性：佛教名词，指能够见到芸芸众生具有的佛性而顿悟成佛。王阳明经常借佛教用语阐发自己的学说。

※ 译文

先生说：“现在谈论性的人，都在为不同的观点而争论不休，大家都是在谈性，而不是见性。真正见性的人是没有不同观点可以争论的。”

有人问：“声色货利，恐怕良知中也不能没有吧？”

先生说：“本来就是这样。但刚开始用功，必须要扫除涤荡，不要有一点残留，这样偶然遇到，也不会被它所牵累，自然能够顺利应对。致良知只要在声色货利上用功，就能把良知致得精精明明，一丝一毫都不会遮蔽，因而同声色货利打交道，也就是顺行天理了。”

一一四

※ 原文

先生曰：“吾与诸公讲致知格物，日日是此，讲一二十年俱是如此。诸君听吾言实去用功，见吾讲一番，自觉长进一番。否则只作一场话说，虽听之亦何用！”

先生曰：“人之本体，常常是寂然不动的，常常是感而遂通的。‘未应不是先，已应不是后。[1]’”

※ 注释

1 未应不是先，已应不是后：程颐语，语出《河南程氏遗书》卷十五。

※ 译文

先生说：我给你们讲致知格物，天天是这样，讲一二十年也还是这样。你们按照我的话实实在在去用功，那么听我讲一番，自然会觉得有一番的长进。否则只把我的谈话当作一次平常的说话，即使听了又有何用！”

先生说：“人的本体，通常是寂静不动的，又常常是相互感应而相通的。就像程颐先生所说：‘人的本体掩藏在未应中，又在已应中显现，未应、已应互相包容，没有先后之分。’”

一一五

※ 原文

一友举“佛家以手指显出，问曰：‘众曾见否？’众曰：‘见之。’复以手指入袖，问曰：‘众还见否？’众曰：‘不见。’佛说：‘还未见性。’此义未明。”

先生曰：“手指有见有不见，尔之见性常在。人之心神只在有睹有闻上驰骛，不在不睹不闻上着实用功。盖不睹不闻是良知本体，戒慎恐惧是致良知的功夫。学者时时刻刻常睹其所不睹，常闻其所不闻，功夫方有个实落处。久久成熟后，则不须着力，不待防检，而真性自不息亦。岂以在外者之闻见为累哉？”

※ 译文

一位朋友举了一个佛教例子说：“佛伸出手指问：‘大家可曾看见？’众人回答：‘看见了。’佛又把手指缩进衣袖里，问：‘大家还能看见吗？’众人回答：‘看不见了。’佛说：‘你们还没有见性。’佛的意思我不明白。”

先生说：“手指有时能看见有时看不见，而你能悟到的性却一直存在。人的心神只在看得见听得见的事物上驰骋，而不在看不见听不见的地方实实在在下功夫。听不见看不见是良知的本体，戒慎恐惧是致良知的功夫。学者时时刻刻能看到眼睛看不到的东西，听到耳朵听不到的东西，功夫才能落到实处。久而久之功夫练熟后，就不需要费力，也不需要防备检察，而真性自然会生生不息。怎么能被表面的见闻所牵制呢？”

一一六

※ 原文

问："先儒谓'鸢飞鱼跃'，与'必有事焉"，同一活泼泼地。[1]"

先生曰："亦是。天地间活泼泼地，无非此理，便是吾良知的流行不息，致良知便是必有事的功夫。此理非惟不可离，实亦不得而离也。无往而非道，无往而非功夫。"

※ 注释

1 "先儒谓"句：程颢语，语出《河南程氏遗书》卷三"'鸢飞戾天，鱼跃于渊'，言其上下察也。此一段子思吃紧为人处，与'必有事焉，而心无正'之意同一活泼泼地"。程颢认为鹰飞蓝天，鱼跃深渊所体现的天地阴阳之道和人致良知的"必有事焉"一样是生动活泼的。鸢飞戾天，鱼跃于渊：语出《诗经》。

※ 译文

有人问："程颢先生认为'鸢飞鱼跃'和'必有事焉'，同样是生动活泼的吗？"

先生说："这样说也行。天地间生动活泼的东西，无非都是这个天理，就是我们的良知生生不息地运动，致良知就是必有事焉的功夫。天理不仅不可脱离，也实在是脱离不了。天地间没有什么不是道，也没有什么不是功夫。"

一一七

※ 原文

先生曰："诸公在此，务要立个必为圣人之心，时时刻刻须是'一棒一条痕，一掴一掌血'[1]，方能听吾说话句句得力。若茫茫荡荡度日，譬如一块死肉，打也不知得痛痒，恐终不济事，回家只寻得旧时伎俩而已，岂不惜哉？"

※ 注释

1 "一棒一条痕，一掴一掌血"语出《朱子语类》，比喻做事要痛下决心，扎实用功。

※ 译文

先生说："各位在这里，务必立下一个做圣人的决心，时刻都要有'一棒一条痕，一掴一掌血'的精神，才能在听我讲课时，感到句句有力，印象深刻。如果整天浑浑噩噩混日子，就好比是一块死肉，打也不知道痛，恐怕最终也是无济于事，什么也学不到，回家后只得把旧方法继续拿出来用，这样难道不可惜吗？”

一一八

※ 原文

问：“近来妄念也觉少，亦觉不曾着想定要如何用功，不知此是功夫否？”

先生曰：“汝且去着实用功，便多这些着想也不妨，久久自会妥帖。若才下得些功，便说效验，何足为恃[1]？”

※ 注释

1 恃：依靠。

※ 译文

有人问：“近来我觉得虚妄的念头也少了，也觉得不曾想过一定要怎样用功，不知这算不算功夫？”

先生说：“你尽管去踏实用功，即使有这些想法也无妨，久而久之自然会恰当稳妥。如果刚刚下了一点功夫，就讲求效果，怎么能够依靠得住呢？”

一一九

※ 原文

一友自叹：“私意萌时，分明自心知得，只是不能使他即去。”

先生曰：“你萌时，这一知处便是你的命根。当下即去消磨，便是立命功夫。”

※ 译文

有位朋友感慨：“当私欲萌生时，我自己心里清楚地知道，就是不能马上除去它。”

先生说：“私欲萌生时，你能知道，这一点就是你的命根子，也就是你的良知。当时立即消除它，就是立命的功夫，也是致良知的功夫。”

一二〇

※ 原文

“夫子说性相近[1]，即孟子说性善，不可专在气质上说。若说气质，如刚与柔对，如何相近得？惟性善则同耳。人生初时，善原是同的，但刚的习于善则为刚善，习于恶则为刚恶，柔的习于善则为柔善，习于恶则为柔恶[2]，便日相远了。”

※ 注释

1 性相近：语出《论语·阳货》："子曰：'性相近也，习相远也。'"2 刚善、刚恶、柔善、柔恶：此为周敦颐对善恶的分类。周氏《通书》云："刚善，为义，为直，为断，为严毅，为干固；刚恶，为猛，为隘，为强梁。柔善，为顺，为巽；柔恶，为懦弱，为无断，为邪佞。"

※ 译文

先生说："孔子说的性相近，就是孟子说的性善，不能专门从气质方面谈论人性。如果只从气质上说，就像刚和柔是相对的，怎么会相近呢？只有在性善方面才能说是相同的。人刚生下来时，性善本来就是相同的，但气质刚烈的人受善的熏染就表现为刚善，受恶的熏染就表现为刚恶，气质柔顺的人受善的熏染就表现为柔善，受恶的熏染就表现为柔恶，差距于是日渐远了。"

一二一

※ 原文

先生尝语学者曰："心体上着不得一念留滞，就如眼着不得些子尘沙，些子能得几多，满眼便昏天黑地了。"

又曰："这一念不但是私念，便好的念头亦着不得些子，如眼中放些金玉屑，眼亦开不得了。"

※ 译文

先生曾经对学生说："人的心体上存不得一丝的杂念，就好比眼睛里揉不得一点沙子一样，一点沙子能有多少，但是弄得人满眼都是昏天暗地的。"

又说："这一念头不仅仅是私念，即使是好的念头也留不得，就像在眼睛里放一些金玉屑，眼睛照样会睁不开的。"

一二二

※ 原文

问："人心与物同体，如吾身原是血气流通的，所以谓之同体。若于人便异体了，禽兽草木益远矣，而何谓之同体？"

先生曰："你只在感应之几[1]上看，岂但禽兽草木，虽天地也与我同体的，鬼神也与我同体的。"

请问。

先生曰："你看这个天地中间，甚么是天地的心？"

对曰："尝闻人是天地的心[2]。"

曰："人又甚么教做心？"

对曰："只是一个灵明。"

"可知充天塞地中间，只有这个灵明，人只为形体自间隔了。我的灵明，便是天地鬼神的主宰。天没有我的灵明，谁去仰他高？地没有我的灵明，谁去俯他深？鬼神没有我的灵明，谁去辩他吉凶灾祥？天地鬼神万物离却我的灵明，便没有天地鬼神万物了。我的灵明，离却天地鬼神万物，亦没有我的灵明。如此，便是一气流通的，如何与他间隔得？"

又问："天地鬼神万物千古见在，何没了我的灵明，便俱无了？"

曰："今看死的人，他这些精灵游散了，他的天地鬼神万物尚在何处？"

※ 注释

1 感应之机：意为主体与客体之间微妙的感应。2 人是天地的心：语出《礼记·礼运》："故人者，天地之心也，五行之端也，食味、别声、被色而生者也。"

※ 译文

有人问："先生说人心和万物是一体的，比如我的身体原来是气血相通的，所以可以称作同体。如果相对于他人就是异体了，同禽兽草木的差距就更远了，怎么能称得上我的心与万物同体呢？"

先生说："你只需从万物与人的微妙感应上看，岂止是禽兽草木，就是天地也是与我同体的，鬼神也与我同体。"

大家请先生解释一下。

先生说："你看天地之间什么是天地的核心？"

回答说："我曾听说人是天地的核心。"

先生说："人又为什么叫作天地的心呢？"

回答说："只因为人有灵魂。"

先生说："可见充塞天地之间的只有人这个灵魂，人与天地万物只是被人的身体隔开了。人的灵魂就是天地鬼神的主宰。天如果没有人的灵魂，谁去仰望他的高远？地如果没有人的灵魂，谁去俯瞰它的深厚？鬼神没有人的灵魂，谁去辨别它的吉凶灾祥？天地鬼神万物，离开了人的灵魂，就没有天地鬼神万物了。人的灵魂离开了天地鬼神万物，也就没有人的灵魂了。因此，天地鬼神万物与人都是一气相通的，怎么能把它们分开呢？"

又问："天地鬼神万物，留存千古，为什么没了人的灵魂，就什么也不存在了呢？"

先生说："现在去看看那些死人，他们的灵魂都游散了，他们的天地鬼神万物又在何方呢？"

一二三

※ 原文

先生起行征思田，德洪与汝中追送严滩[1]。汝中举佛家实相幻相之说[2]。

先生曰："有心俱是实，无心俱是幻。无心俱是实，有心俱是幻。"

汝中曰："有心俱是实，无心俱是幻，是本体上说功夫；无心俱是实，有心俱是幻，是功夫上说本体。"

先生然其言。

洪于是时尚未了达，数年用功，始信本体功夫合一。但先生是时因问偶谈，若吾儒指点人处，不必借此立言耳。

※ 注释

1 严滩：西汉末年严光（子陵）隐居于浙江桐庐县富春江边的富春山，后人称此处为严子陵钓台、严滩、子陵滩。2 实相、幻相：佛教名词。实相，指宇宙间万物的实体，相当于哲学上的本质。幻相，指宇宙间万物所表现出来的现象。佛教认为所有的相即万事万物的现象都是虚幻的，不真实的，只有佛性才是不变的、永恒的真实。

※ 译文

先生被起用做征讨思恩、田州的将军，学生德洪和汝中追随先生把他送到严滩。汝中举出佛教中的实相、幻相问题向先生请教。

先生说："有心都是实相，无心都的幻相。无心都是实相，有心都是幻相。"

汝中说："有心都是实相，无心都是幻相，是就本体上说功夫的；无心都是实相，有心都是幻相，这是从功夫上说本体的。"

先生认为他说得对。

德洪当时尚没有完全明白，经过几年的用功，才开始相信本体和功夫是可以合而为一的。但是先生当初是因为汝中那样问才偶然那样说的，如果我们儒家要指点别人，就不需要借这种说法立论了。

一二四

※ 原文

尝见先生送二三耆宿出门，退坐于中轩[1]，若有忧色。德洪趋进请问。

先生曰："顷与诸老论及此学，真圆凿方枘。此道坦如道路，世儒往往自加荒塞，终身陷荆棘之场而不悔，吾不知其何说也。"

德洪退谓朋友曰："先生诲人不择衰朽，仁人悯物之心也。"

※ 注释

1 中轩：轩，长廊。

※ 译文

我曾经看见先生送两三位老先生出门，回来后坐在中间的长廊里，好像很忧虑的样子。德洪上前问先生原因。

先生说："刚才我和几位老先生谈论到致良知的学说，我们的见解就像圆榫孔和方榫头一样不相匹配。真理像大路一样平坦，但世间的儒生偏偏自己把它荒芜阻塞了，并一生陷于荆棘丛中而不知悔悟，我不知道该怎么说好了。"

德洪回去后告诉朋友："先生教育人，不挑剔对方是否老朽，真是有一颗仁爱怜惜的心呢。"

一二五

※ 原文

先生曰："人生大病，只是一傲字。为子而傲必不孝，为臣而傲必不忠，为父而傲必不慈，为友而傲必不信。故象与丹朱俱不肖[1]，亦只一傲字，便结果了此生。诸君常要体此。人心本是天然之理，精精明明，无纤介染着，只是一无我而已。胸中切不可有，有即傲也。古先圣人许多好处，也只是无我而已。无我自能谦，谦者众善之基，傲者众恶之魁。"

※ 注释

1 象：舜的弟弟，为人狂傲，常怀杀舜之心。丹朱，尧的儿子，傲慢荒淫，尧将王位禅让于舜而不传丹朱。

※ 译文

先生说："人生最大的弊病就是一个傲字。做儿子的如果傲慢必定不会孝顺，做臣子的如果狂傲必定不会忠心，作为父亲如果傲慢必定不会慈祥，作为朋友如果傲慢必定不可相信。所以象和丹朱不成器，也只因为一个傲字，而毁了自己一生。因此你们要经常体察这一点。人心本来就是天生的理，晶莹剔透，没有丝毫杂质浸染，只是一个无我罢了。因而，人心中千万不能有我，有我就是傲。古代圣人的很多长处，也不过是无我罢了。无我自然会谦恭谨慎，谦是所有善的基础，傲是所有恶的源头。”

一二六

※ 原文

又曰：“此道至简至易的，亦至精至微的。孔子曰：‘其如示诸掌乎！’[1]且人于掌何日不见？及至问他掌中多少文理，却便不知。即如我良知二字，一讲便明，谁不知得？若欲的见良知，却谁能见得？”

问曰：“此知恐是无方体[2]的，最难捉摸。”

先生曰：“良知即是《易》：‘其为道也屡迁，变动不居，周流六虚，上下无常，刚柔相易，不可为典要，惟变所适。’[3]此知如何捉摸得？见得透时便是圣人。”

※ 注释

1 其如示诸掌乎：语出《中庸》。2 方体：语出《周易·系辞传上》“故神无方而易无体”。方，方位。体，形体。3 其为道也屡迁，变动不居，周流六虚，上下无常，刚柔相易，不可为典要，惟变所适：语出《周易·系辞下》。意为易的法则常常变迁不止，在六个爻位之间流动，或变在上，或变在下，阴变为阳，阳变为阴，没有一定的模式，不可拘泥，只有顺应它的变化才能恰当应用。

※ 译文

先生又说：“真理是最简单最容易的，也是最精深最微妙的。孔子说：‘就像看自己的手掌一样。’人哪一天不看到自己的手掌？等到问他掌中有多少道纹路时，他却不知道。就好比我说的良知二字，一讲就明白，谁不知道？倘若要真的致良知，又有谁能做到呢？”

有人问：“这良知恐怕是没有方位、形体的，所以很难把握。”

先生说：“良知就像《易》理：‘易的法则常常变迁不止，在六个爻位之间流动，或变在上，或变在下，阴变为阳，阳变为阴，没有一定的模式，不可拘泥，只有顺应它的变化才能恰当应用。’这良知如何才能把握得住呢？能看得透的人就是圣人了。”

一二七

※ 原文

问："孔子曰：'回也，非助我者也。'[1]是圣人果以相助望门弟子否？"

先生曰："亦是实话。此道本无穷尽，问难愈多，则精微愈显。圣人之言本自周遍，但有问难的人，胸中窒碍，圣人被他一难，发挥得愈加精神。若颜子闻一知十[2]，胸中了然，如何得问难？圣人亦寂然不动，无所发挥，故曰非助。"

※ 注释

1 "回也，非助我者也"语出《论语·先进》："子曰：'回也，非助我者也，于吾言无所不说。'"意为孔子说，颜回不是帮助我的人，我的话他都欣然接受。

2 颜子闻一知十：语出《论语·公冶长》"回也，闻一以知十；赐也，闻一以知二"。

※ 译文

有人问："孔子说：'回也，非助我者也。'圣人是不是真期望学生帮助他呢？"

先生说："这也是实话。真理本是没有穷尽的，疑难问题越多，那么精微奇妙的地方就越发显现得多。圣人的言论本来就周密，但胸中有疑问的人被困惑阻碍，圣人被他求教发难，愈发把圣道发挥得精妙高超。如果都像颜回那样听一而知十，心中什么都一目了然，怎么会问一些奇怪的问题呢？那样的话圣人也就一成不变，没有什么好发挥的，因此孔子说'不能帮助我'。"

一二八

※ 原文

邹谦之尝语德洪曰："舒国裳曾持一张纸，请先生写'拱把之桐梓'一章[1]。先生悬笔为书，到'至于身而不知所以养之者'，顾而笑曰：'国裳读书中过状元来，岂诚不知身之所以当养，还须诵此以求警？'一时在侍诸友皆惕然。"

※ 注释

1 "拱把之桐梓"一章：语出《孟子·告子上》"孟子曰：'拱把之桐梓，人苟欲生之，皆知所以养之者。至于身，而不知所以养之者，岂爱身不若桐梓哉？弗思甚也！'"。拱，两手合握。把，一只手握。身，指人自身。

※ 译文

邹谦之曾经告诉德洪说："舒国裳曾经拿一张纸，请先生写'拱把之桐梓'一章。

先生提笔写道‘至于身而不知所以养之者’时，回过头来笑道：‘国裳读书中过状元来着，难道真的不知道应该怎么修身养性吗？但他还要读这一章来警诫自己？’于是在座的朋友都警惕起来。”

钱德洪跋

※ 原文

嘉靖戊子冬，德洪与王汝中奔师丧至广信，讣告同门，约三年收录遗言。

继后同门各以所见遗，洪择其切于问正者，合所私录，得若干条。居吴时，将与《文录》[1]并刻矣，适以忧去，未遂。当是时也，四方讲学日众，师门宗旨既明，若无事于赘刻者，故不复萦念。

去年，同门曾子才汉[2]得洪手抄，复傍为采辑，名曰《遗言》，以刻行于荆。洪读之，觉当时采录未精，乃为删其重复，削去芜蔓，存其三分之一，名曰《传习续录》，复刻于宁国之水西精舍。

今年夏，洪来游蕲，沈君思畏[3]曰："师门之教，久行于四方，而独未及于蕲。蕲之士得读《遗言》，若亲炙夫子之教，指见良知，若重睹日月之光。惟恐传习之不博，而未以重复之为繁也。请裒其所逸者增刻之，若何？"洪曰："然。师门致知格物之旨，开示来学，学者躬修默悟，不敢以知解承，而惟以实体得。故吾师终日言是，而不惮其烦，学者终日听是，而不厌其数。盖指示专一，则体悟日精，几迎于言前，神发于言外，感遇之诚也。今吾师之没未及三纪，而格言微旨，渐觉沦晦，岂非吾党身践之不力，多言有以病之耶？学者之趋不一，师门之教不宣也。"乃复取逸稿，采其语之不背者，得一卷。其余影响不真，与《文录》既载者，皆削之。并易中卷为问答语，以付黄梅尹张君[4]增刻之。庶几读者不以知解承而惟以实体得，则无疑于是录矣。

嘉靖丙辰夏四月门人钱德洪拜古于蕲之崇正书院

※ 注释

1《文录》：指《王文成公全书》卷四至卷八。2 曾子才汉：曾才汉，王阳明的弟子。3 沈君思畏：名宠，号古林，字思畏，安徽宣城人，欧阳崇一和王汝中的弟子。4 黄梅尹张君：黄梅，今湖北黄梅县人。张君，黄梅县令。

※ 译文

嘉靖七年（公元 1528 年）冬，我与王汝中奔先生的丧来到江西上饶，给同学发讣告，约定三年内把先生的遗言整理出来。

后来各位同门各自把自己所记录的遗言寄来了，我选择其中比较切合先生思想的，加上我自己的记录，得到若干条。在苏州的时候，我本来打算将这些记录和先生的《文录》一并刻录，当时正好赶上回家守丧，没有办成此事。当时，全国各地讲授先生学说的人日渐增多，先生的宗旨既然已经非常昌明，好像没必要加以刻录，所以就没有再考虑这件事。

去年，同学曾才汉得到了我的手抄版本，又进行广泛搜集，名叫《遗言》，在江陵刻录出版。我读了之后，感觉当时采集收录的不精细，于是删去很多重复的，削减了芜杂零碎的，保留了《遗言》的三分之一，名叫《传习续录》，又在安徽宁国的水西书院刻录。

今年夏天，我出游来到湖北蕲春，沈思畏先生说："先生的教导流行于全国已经很久了，却独独没有在蕲春传播。蕲春的读书人阅读《遗言》就像亲自听了先生的教导，明白了良知，就像重新看见了日月之光。唯恐收录不够广博，并不以其中的重复感到繁杂。请你把删减的部分增加刻录出来，怎么样？"我说："行。先生格物致知的宗旨，开导启示了后来的学者，学者刻苦研究思考，不敢仅从知识上继承学问，而只希望通过实践来获得。因此我的老师终日说这些话儿而不感到厌烦，学者终日倾听而不嫌重复。正因为指导开示比较专一，所以学生悟道越来越精细，几乎先生还未开口，学生已经提前领悟，先生的话外之音，学生都能领会，这都是师生间感遇比较真诚的缘故。现在我的老师去世不到三十年，而他的格言宗旨已经渐渐沉沦，难道不是我们做学生的不能身体力行，言语多有弊病的原因吗？学者的目标不一样，先生的教诲就不能广泛流传。"于是我又收集了一些遗失的稿子，采纳了其中不违背先生意思的内容，编成一卷。其余影响不真切的和《文录》中已经刊载的，都削减了。又把中卷改为问答句式，交给黄梅的县令张君增订出版。希望读者不仅能从知识解释上来继承，而且能从实践中具体领悟先生的学说，这样我才会觉得此书刻录出版得有价值。

嘉靖三十五年夏天四月，学生钱德洪谨拜书于蕲春崇正书院